# 気候変動規範と
# 国際エネルギーレジーム

国際エネルギー機関の役割とアジアのエネルギー政策の変遷

服部　崇 著

文眞堂

# 目　　次

## 第一部
## 国際エネルギーレジームにおける気候変動規範の受容

第三部
## IEA の政策手法に関する実態分析

# 図表一覧

# 略語一覧

Ad Hoc Working Group on the Durban Platform for Enhanced Action
ADP　対策の促進のためのダーバン・プラットフォーム作業部会

ASEAN Economic Community
AEC　ASEAN 経済共同体

ASEAN Economic Ministers Meeting on Energy Cooperation
AEMMEC　ASEAN エネルギー協力に関する経済大臣会合

ASEAN Ministers of Energy Meeting
AMEM　ASEAN エネルギー大臣会合

ASEAN Ministerial Meeting on the Environment
AMME　ASEAN 環境大臣会合

Asia–Pacific Partnership on Clean Development and Climate
APP　クリーン開発と気候に関するアジア太平洋パートナーシップ

ASEAN Political–Security Community
APSC　ASEAN 政治・安全保障共同体

ASEAN Socio–Cultural Community
ASCC　ASEAN 社会・文化共同体

Association of South-East Asian Nations
ASEAN　東南アジア諸国連合

ASEAN Senior Officials on the Environment
ASOEN　ASEAN 環境高級事務レベル会合

Advanced Ultra Super Critical Steam Condition
A-USC　先進的超超臨界圧発電

Common But Differentiated Responsibilities
CBDR　共通だが差異ある責任

Carbon Capture and Storage
CCS　二酸化炭素回収・貯留

Carbon Capture, Utilization and Storage
CCUS　二酸化炭素回収・利用・貯留

Climate Change Expert Group
CCXG　気候変動専門家グループ

Clean Development Mechanism
CDM　クリーン開発メカニズム

Clean Energy Ministerial
CEM　クリーンエネルギー大臣会合

Conference of the Parties serving as the meeting of the Parties to the Kyoto Protocol
CMP　京都議定書締約国会合

Conference of the Parties
COP　締約国会議

Climate Technology Initiative
CTI　気候技術イニシアティブ

Economic Research Institute for ASEAN and East Asia
ERIA　東アジア・アセアン経済研究センター

European Union
EU　欧州連合

European Union Emission Trading Scheme
EU-ETS　欧州連合域内排出量取引制度

Working Party on Energy End-Use Technologies
EUWP　エネルギー最終用途技術に関する作業部会

Feed-in-Tariff
FIT　固定価格買取制度

Fusion Power Co-ordinating Committee
FPCC　核融合開発調整委員会

Gross Domestic Product
GDP　国内総生産

Greenhouse gas
GHG　温室効果ガス

International Atomic Energy Agency
IAEA　国際原子力機関

International Energy Agency
IEA　国際エネルギー機関

International Energy Programme
IEP　国際エネルギープログラム

Integrated coal Gasification Combined Cycle
IGCC　石炭ガス化複合発電

Integrated coal Gasification Fuel cell Combined Cycle
IGFC　石炭ガス化燃料電池複合発電

Intergovernmental Negotiating Committee
INC　政府間交渉委員会

Intended Nationally Determined Contribution
INDC　自国が自主的に決定する貢献案（約束草案）

Intergovernmental Panel on Climate Change
IPCC　気候変動に関する政府間パネル

International Partnership for Energy Efficiency Cooperation
IPEEC　国際省エネルギー協力パートナーシップ

International Renewable Energy Agency
IRENA　国際再生可能エネルギー機関

Joint Crediting Mechanism
JCM　二国間クレジット制度

Major Economies Forum on Energy and Climate
MEF　エネルギーと気候に関する主要経済国フォーラム

Measurement, Reporting and Verification
MRV　測定・報告・検証

Nationally Determined Contribution
NDC　自国が決定する貢献

Nuclear Energy Agency
NEA 経済協力開発機構原子力機関

National Energy and Climate Plan
NECP 国家エネルギー・気候変動計画

Non-Governmental Organization
NGO 非政府組織

Organisation for Economic Co-operation and Development
OECD 経済協力開発機構

Organization of the Petroleum Exporting Countries
OPEC 石油輸出国機構

Reducing Emissions from Deforestation and Forest Degradation Plus
REDD+ 森林減少・劣化からの温室効果ガス排出削減，森林保全，持続可能な森林管理，森林炭素蓄積の増強

Working Party on Renewable Energy Technologies
REWP 再生可能エネルギー技術に関する作業部会

Renewable Portforio Standard
RPS 再生可能エネルギー利用割合基準

Sustainable Development Goals
SDGs 持続可能な開発目標

Standing Group on Long-Term Co-operation
SLT 長期協力作業部会

Technology Collaboration Programme
TCP 技術協力プログラム

United Nations Conference on Environment and Development
UNCED 国連環境開発会議

United Nations Environment Programme
UNEP 国連環境計画

United Nations Educational, Scientific and Cultural Organization
UNESCO 国連教育科学文化機関

United Nations Framework Convention on Climate Change
UNFCCC 国連気候変動枠組条約

Ultra Super Critical Steam Condition
USC 超超臨界圧発電

World Energy Outlook
WEO 世界エネルギー展望

World Meteorological Organization
WMO 世界気象機関

Working Party on Fossil Fuels
WPFF 化石燃料に関する作業部会

World Summit on Sustainable Development
WSSD 持続可能な開発に関する世界首脳会議

# 序章
# 分析の枠組み

## 1. はじめに

　気候変動とエネルギーは密接不可分な関係にある。世界の温室効果ガスの排出の大部分は化石燃料の使用による二酸化炭素の排出が占めている。地球の気候変動を緩和するには化石燃料の生産・消費を削減し，世界の温室効果ガスの排出を削減することが必要である。他方，各国が自国の経済活動を維持・発展させるためのエネルギーの安定供給は欠かせない。そのエネルギーの供給には，二酸化炭素を排出する石油，石炭，天然ガスといった化石燃料がこれまで大きな割合を占めてきた。このため，エネルギー分野の政策領域においては長きにわたり気候変動問題への対応に関する模索が続いてきた。

　1980年代後半に気候変動問題が国際的な政治課題として認識されて以降，国連気候変動枠組条約，京都議定書からパリ協定に至る気候変動に関する国際交渉を経る中で，世界の温室効果ガスの排出を削減し，地球の気候変動を緩和することが必要であるとする国際規範が形成されてきた。こうした気候変動に関する国際規範はエネルギーの領域における政策形成に影響を与えてきたはずである。その際，気候変動に関する国際規範はエネルギーの世界に，どのような過程を経て，どのような影響を与えてきたのであろうか。それは，地球の気候変動を緩和する目的を達成するのに十分な規模やスピードでの影響を与えられたのであろうか。

　本書では，気候変動に関する国際規範がエネルギーの世界に与えた影響について分析する。エネルギーの政策領域においては，1970年代の石油危機を受け，国際エネルギー機関（IEA）を中心とした国際的な政策協調・協力体制が

形成されていた。こうした中で，気候変動に関する国際規範が形成されることにより，エネルギーにおける国際的な政策協調・協力体制や各国ごとの政策形成においては，何が変わって，何が変わらなかったのか。本書は，エネルギーの政策領域における国際レジームの変遷および各国の政策形成の両面から気候変動に関する規範の受容について検証することを目的とする。

　以下，本章では，本研究の意義と分析の枠組みについて述べる。第2節では，先行研究を整理し，本研究の意義を述べる。第3節では本研究の分析視角と具体的な方法について述べる。そして，第4節では本書の構成を説明する。

## 2．先行研究の整理と本研究の意義

　本書は，気候変動に関する国際規範の受容がエネルギーに関する国際レジームおよび各国の政策形成においてどのようになされてきたかを検討する。以下では，先行研究を整理し，本研究の意義を述べる。

　従来，気候変動のグローバル・ガバナンスとエネルギーのグローバル・ガバナンスはそれぞれ独立して検討されてきた。しかしながら，両者については重なる部分も大きい。気候変動とエネルギーのグローバル・ガバナンスの関係を図式的に示せば次のように表すことができる（図序-1）。気候変動のガバナンスについては，気候の観測，自然科学的根拠，影響・適応・脆弱性，発生源部門の管理，吸収源・貯蔵庫，資金供与，技術移転などが挙げられる。エネルギーのガバナンスについては，エネルギー安全保障，石油協調備蓄体制（石油の安定供給），天然ガスの安定供給，エネルギー市場の整備，エネルギーの安全性，エネルギー・アクセスなどが挙げられる。これらの各点は気候変動のガバナンスとして，あるいはエネルギーのガバナンスとしてそれぞれ独立して管理できる面が強い。他方，温室効果ガスの排出を削減するには，エネルギーの需要と供給における温室効果ガスの大気中への放出を削減し，また，放出される温室効果ガスを回収することが必要である。このためのエネルギー転換については，気候変動とエネルギーのガバナンスの両面に深く関わるものと考えられる。

　グローバル・ガバナンス論の観点からは，気候変動とエネルギーには，国際

図序-1　気候変動とエネルギーのグローバル・ガバナンスの関係

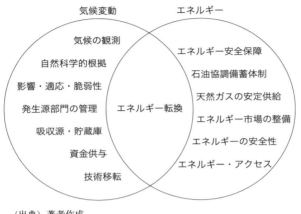

（出典）著者作成。

公共財，クラブ財，市場など検討すべき共通点が多い[1]。また，例えば，経済成長に伴うアジアの各国におけるエネルギー消費の増加と温室効果ガスの排出の増加は，各国に任せられるのか，あるいは，グローバルに対処すべきか，対処できるのかという問題を孕んでいる。気候変動とエネルギーは密接不可分な関係にあることから，双方の研究を統合したグローバル環境エネルギーガバナンス論が必要となるものと考えらえる。

　こうした気候変動とエネルギーの関連性にも関わらず，これまでのエネルギーに関する国際レジームの研究の多くは，エネルギー安全保障の観点に特化してなされてきた。国際レジームに関する古典的な研究の1つであるKeohane（1984）は，1974年から1981年の期間における石油消費国間の国際レジームとしての国際エネルギー機関（IEA）を事例として分析している（pp. 217-240）。同書が書かれたのは気候変動問題が顕在化するより以前のことであり，気候変動との関連が見られないのは当然である。

　しかし，近年の研究においても，多くの場合，エネルギーの議論における気候変動の取り扱いは限定的である。例えば，Goldthau and Witte（2010）は新たなグローバル・エネルギー・ガバナンスに関する議論を展開しているが，石油と天然ガスの市場や投資の管理に関する議論が中心となっており，気候変動問題との関連に関する議論は限られている。このほか，近年に至るまで，石油

や天然ガスなど化石燃料をめぐる国際的なエネルギーのランドスケープに関する研究[2]，再生可能エネルギーをめぐる地政学的な競争関係に関する研究[3]，米国におけるシェール革命がエネルギーをめぐる国際秩序に与えた影響に関する研究[4]など多岐にわたる研究がみられるが，これらの多くは研究のスコープをエネルギーの議論に限定し，気候変動にはほとんど触れていない。

　また，エネルギーを巡る国際関係を政治経済学の観点から分析する場合にあっても多くはエネルギーのみに焦点を当てた分析となっている。例えば，Balmaceda（2013）は，旧ソ連諸国のエネルギー安全保障を分析する際，IEAがウクライナに対して行ったエネルギー政策に関する国別審査は参照しているが[5]，気候変動は分析対象から外している。再生可能エネルギーの世界的な潮流を巡る国際政治経済を分析した最近の研究である Aklin and Urpelainen（2018）においても気候変動を巡る動向にはマージナルな関心が寄せられているだけである。

　エネルギーに関する国際レジーム研究においては，近年のエネルギーに関する複数の国際機関や国際イニシアティブの乱立の状況を踏まえ，複数の国際機関の役割に着目した研究がみられるようになってきている。例えば，Van de Graaf（2013）は，グローバルなエネルギー・ガバナンスにおける国際エネルギー機関（IEA）と国際再生可能エネルギー機関（IRENA）の競合関係を分析している。しかしながら，エネルギー分野内における複数のレジームの関係を分析するにとどまっている。ここでも，エネルギーに関する国際レジームにおける気候変動の受容に関する分析はほとんどみられない[6]。

　Goldthau が編者となった *The Handbook of Global Energy Policy*（2013）では，グローバルなエネルギー政策を市場，安全保障，持続可能性，開発の4つの側面に分けている。このうちの持続可能性が気候変動に関連する。同書に収められている Bradshaw（2013）は気候変動の制約の下におけるエネルギー転換の重要性と困難を指摘する。また，同じく同書に収められている Zelli, Pattberg, Stephan and van Asselt（2013）は気候変動とエネルギーに関する関連性に着目する内容となっている。しかしながら，後者の Zelli らは，気候変動に関する国際レジームと IEA や G8 によるエネルギー関連の制度との相互関連性を指摘はするものの，極めて簡潔なものにとどまっている[7]。

　近年，エネルギー問題を取り扱う場合に気候変動問題との関係を視野に入れることが必要になってきていることはしばしば指摘されている。長年にわたって国際的なエネルギー情勢を分析してきた Yergin は，1991 年の著書では石油をめぐる企業と国家の紛争の歴史をまとめたが[8]，2011 年の著書では，石油に限らずエネルギー全般を取り扱うとともに，エネルギーと気候変動との関係にも触れることとなった[9]。さらに，エネルギーに関する国際レジームを研究するものではないが，2020 年の著書では，副題にエネルギーと並んで気候変動を掲げ，気候変動に関する記述により多くのページを割くようになっている[10]。

　以上のように，エネルギーに関する国際レジーム研究において気候変動問題との関係を視野に入れた分析研究を行うことは，長らく必要であったにもかかわらず，これまで十分に行われてこなかった。このため，本書が行おうとしている，エネルギーに関する国際レジームにおける気候変動の取り扱いを分析し，その関係性を明らかにすることには意義があるものと考えられる。

　また，気候変動問題への対応においては，欧米諸国における政策形成に関する分析を行うことのみならず，経済成長が著しく温室効果ガスの排出量の増加が続いている中国をはじめとするアジア各国のエネルギー政策における気候変動との関連を検討することが重要である。エネルギーに関する国際レジーム研究に比較すると，各国のエネルギー政策に関する政策形成における研究においては，エネルギーと気候変動との関連を分析する研究は多い。特に，2000 年代に入ってからの欧州連合（EU）における気候変動とエネルギーの政策パッケージに関する政策形成過程については，一定程度，研究がなされている[11]。アジアにおいても，エネルギー政策と気候変動政策に関わる分析は様々な側面から行われている[12]。しかし，これらの研究には，またいくつかの問題点が残されている。まず，エネルギー政策あるいは気候変動政策の一方が中心となる研究がほとんどである。エネルギー政策と気候変動政策は，一国の中でも政策目標が異なり，アクター間の相互作用によって政策形成経路と政策の実施には大きな相違が現れる。また，グローバルな課題である気候変動問題に関する対策の形成と実施には他国，国際機関からの影響も無視できない。そこで本研究では，エネルギーと気候変動の政策をそれぞれの政策形成経路と実施に焦点を

当てて分析するにあたり，国内アクターのみならず，国際機関，国際レジーム
を視野に入れる。また，先行研究においては，政策研究の立場から，アジア諸
国のエネルギーと気候変動全般の体系的研究を行っているものは少ない。アジ
アにおいては，日本，中国，東南アジア諸国連合（ASEAN）各国など，多様
な経済成長の段階にある国が存在し，アジア諸国は政治体制と国際交渉のスタ
ンスが異なっている。エネルギー政策における気候変動の取り扱いについても
それぞれに異なった特徴が見られるものと予想される。このため，アジア各国
のエネルギー政策における気候変動の取り扱いを分析し，各国における取り扱
いを比較検討する必要がある。

　エネルギーに関する国際レジームやアジア各国のエネルギー政策における気
候変動の取り扱いを分析するに当たって，本書では，国際規範としての気候変
動に着目する。規範とは，「行動主張の共通理解」[13]，「行動の適切な基準」[14] と
いった定義が示すように，主体の行動のパターンを規定する基準である。ここ
にいう規範は，たんにアイデア（idea）にとどまるものではなくアクターの行
動（behavior）を規定するものである[15]。国際規範は，国際的に通用する「規
範」と定義することができる。

　国際レジームは，スティーブン・D・クラズナー（Stephen D. Krasner）に
よって，「所与の争点領域においてアクターの期待が収斂するところの明示的
もしくは暗黙の原則，規範，ルール，および意思決定手続き」[16] との定義が示
されている。クラズナーは，「原則および規範と，ルールおよび手続きとの間
には，基本的な区別がなされなければならない」[17] とした。「原則と規範は，
レジームを定義するような基本的特徴を付与するものである」としたうえで，
「原則や規範が変わらない中で，ルールないし意思決定手続きが変化すれば，
それは同じレジームの中で起こった変化である」，「原則もしくは規範の変化
は，レジームそれ自体の変化である」と説明する[18]。こうしたクラズナーの説
明に則せば，ルールよりも規範が国際レジームの本質をより強く規定している
と言うことができる。

　国際規範の研究は，コンストラクティビズムの研究の発展に合わせて，
発展してきた。大矢根（2013）によれば，コンストラクティビズムは以下
の４つの観点から整理することができる。第一は，「社会的構成」（social

construction）という概念であり，概念的・理念的に関係が構成されていくことを強調する考え方である。第二は，個々のアクターと国際的な構造の間の相互作用を検証しようとする考え方である。第三は，観念的な要素・アイディアがどのように生まれ，国際的に位置づけられるのかを見ていく考え方である。そして，第四は，国際規範の形成とその影響を特に強調する考え方である。

　国際規範の形成に関する研究における初期のイメージは，Finnemore and Sikkink（1998）の規範ライフサイクル論にみられるように，特定の概念・アイディアが生まれ（emergence），伝播し（cascade），内部化されていく（internalization），というものであった。ここでは，国際規範は固定的な概念・アイディアが広がることがイメージされていた[19]。

　これに対し，最近の規範研究では，国際規範の内容自体の変化に着目することも徐々になされるようになってきている。例えば，足立（2015）は国際規範の変容を分析視角として提示し，毒禁止規範から化学兵器禁止規範への変容を事例として取り上げている。気候変動に関する国際規範についても固定した行動基準としてではなく，変容する国際規範と捉えて分析に適用できるとするのが本書の立場である。

　気候変動に関する国際規範のエネルギーに関する国際レジームや各国のエネルギー政策の形成過程における受容について検討するに当たって留意すべき点がある。第一に，気候変動に関する国際規範の気候変動に関するレジームにおける受容を分析するのではなく，気候変動に関する国際規範のエネルギーに関する国際レジームにおける受容を分析しようとしている点である。第二に，気候変動に関する国際規範の気候変動政策における受容を分析するのではなく，気候変動に関する国際規範のエネルギー政策における受容を分析しようとしている点である。

　国際規範の形成に関する最近の研究は多岐にわたるが[20]，国際規範の受容に着目した研究としてはJacobsson（2018）がある。Jacobsson（2018）は，規範の受容に関する分析を行うに当たって，主体（agency），規範自体（norm itself），枠組み（framing），舞台（venue），抵抗（resistance），機会（contingencies）といった要素に分類し，災害危機管理，気候難民のケースについて各種の国際機関を調査している。しかしながら，同書では，各国レベル

での国際規範の受容，他の国際レジームへの国際規範の受容は考えられていなかった。

　国際レジーム間の関係については，レジーム・コンプレックス（regime complex）論がある。Raustiala and Victor（2004）はレジーム・コンプレックスを「特定の問題領域を管理する，部分的に重複し，非階層的な制度の配列」と定義した[21]。Keohane and Victor（2011）はレジーム・コンプレックス論を気候変動に適用した。しかし，気候変動に関連するレジームとして多様なレジームを挙げているが，エネルギーに関する国際レジームに関しては，「クラブ財」としてのクリーン開発と気候に関するアジア太平洋パートナーシップ（APP）やエネルギーと気候に関する主要経済国フォーラム（MEF）に触れるのみであった[22]。その他のレジーム・コンプレックス論を用いた研究においても気候変動とエネルギーとの関連を本格的に議論しているものはなかった[23]。こうしたことから，気候変動に関するレジームに依拠する気候変動に関する国際規範がエネルギーに関する国際レジームでどのように受容されたかを分析することはレジーム・コンプレックス論に対しても新たな視点を与えうるものと考えられる。

　各国の政策レベルにおける国際規範の受容を検討するに当たっては，政策波及（policy diffusion）に関する研究を参考にすることができる[24]。Gilardi（2013）は，政策波及のメカニズムにおいては，政策波及を受け入れる国側から見て，強制（coercion），競争（competition），学習（learning），模倣（emulation）のいずれかが働くとの分類を行っている。国際規範の受容においても類似のメカニズムが働くものと想定することができる。しかしながら，他国の政策と同様な政策を自国の政策において実施することと，国際規範に基づき，政策を立案・形成することとは異なる。国際規範の受容を具体的な政策レベルで検証することには既存の政策波及に関する研究に異なった視座を与える意義もあると考えられる。

　特に本書では，アジア各国のエネルギー政策における気候変動に関する国際規範の受容について検討する。一般に，アジア経済論に関する研究における気候変動・エネルギー問題の扱いは小さく，例えば，現代アジア経済論をまとめた遠藤・伊藤・大泉・後藤（2018）は，環境問題全般に一章を当てているだけ

である。アジア各国におけるエネルギー政策の形成における気候変動の扱いを分析することはアジア経済論に対する一石を投じることにもなるものと考えられる。また，本書は，森（2012）などが試みた現代アジア環境論における考察を気候変動政策とエネルギー政策の関わりの中で実証的に深めるものとも考えられる。

　本書では，エネルギーに関する国際レジームを担う国際機関の代表としてIEAの役割およびIEAの政策手法を分析する。先行研究においては，特定の課題を分析する研究においてIEAが取り上げられているものは複数存在する[25]。しかしながら，これらにおいてはIEAが研究上の中心的な課題となっているわけではない。「IEAの国際政治経済学」といった国際機関としてのIEAを対象とした総合的な研究は見当たらない。

　国際機関に関する既存研究は多岐に渡る。例えば，Archer（2014）は，国際機関の役割として，道具（instrument），場（arena），主体（actor）に分類した。また，国際機関の機能としては，明確化と集約化（articulation and aggregation），規範（norms），雇用（recruitment），社会化（socialization），ルールの作成（Rule-making），ルールの適用（rule application），ルールの調整（rule adjudication），情報（information），操作（operations）を挙げている。こうした一般的な概念整理を行う研究に対し，本書は，気候変動とエネルギーの双方に関わる分野において，国際機関であるIEAがどのような役割を果たし，どのような政策手法を展開してきたかを具体的に分析するものである。

　国際機関の役割に関する研究においては，Finnemore（1993）は，国際的な活動に関する規範の形成や期待を収斂させる場としての国際機関の役割に着目し，国連教育科学文化機関（UNESCO）が各国に対し科学政策を担当する機関の設立を促す機能が果たす役割を取り上げ，各国が内発的な理由で科学政策を担当する機関を設立するという仮説が成立していないことを示した[26]。ここでは，「国際機関によって国家は新しい規範，価値，利益の認識を受け入れるよう社会化される」とみなすことができるとした[27]。また，Barnett and Finnemore（1999）は，官僚（bureaucracy）としての国際機関に着目し，国際機関が新たな規範を波及させる役割を強調した。「ルールと規範を確立した

国際機関は，その専門知識の利点を広めることに熱心であり，規範と『良い』政治行動のモデルを伝達するためのコンベア・ベルトとしてしばしば機能する」（p. 712）と指摘した。こうした国際規範の波及における国際機関の役割に関する研究は，特定の規範が当該特定領域において受容されることを対象としている。これらの研究に対し，気候変動という１つの領域に関する国際規範とエネルギーという別の領域に関連する国際機関との関係を分析する研究となることが本書の特徴となっている。

　以上，エネルギーに関する国際レジームや各国のエネルギー政策における気候変動の取り扱いのこれまでの研究上の位置づけを概観したうえで，国際規範の形成に関する先行研究を踏まえ，本書が目指すエネルギー分野における気候変動に関する国際規範の受容研究の意義を述べた。

## 3．本研究の分析視角と具体的な方法

　本節では，本研究の分析視角と具体的な方法を述べる。エネルギーに関する国際レジームおよびアジア各国のエネルギー政策における，気候変動に関する国際規範の受容に関する分析を行うのが本書の目的である。

　気候変動とエネルギーのグローバル・ガバナンス論を構築するには，気候変動に関する国際規範とエネルギーに関する国際レジームの関係を明らかにすることが重要となる。気候変動に関する規範はどのように形成されたのか。エネルギーに関する国際レジームは気候変動に関する規範をどのように受容してきたのか。その際，エネルギーに関する国際レジームにおける主要なアクター（国際機関，各国）はどのような対応を行ったのか。こうした点を明らかにすることが気候変動とエネルギーのグローバル・ガバナンスにおける課題を抽出することに資するものと考えられる。

　以下では，本書を通じて検証する４つの仮説を提示する。

　仮説１．エネルギーに関する国際レジームは気候変動に関する国際規範を受容してきた。気候変動に関する国際規範に則して，レジーム内の各種のアクター（国際機関，加盟国）に与える行動基準を変化させてきた。

仮説2．エネルギーに関する国際レジームの主たるアクターである IEA は，エネルギー安全保障の確保の観点を踏まえ，気候変動に関する国際規範の形成を阻害するのではなく，むしろ気候変動に関する国際規範の形成を促した。

仮説3．気候変動に関する国際規範はアジア各国のエネルギー政策の全般的な方向性に影響を及ぼしてきたが，経済発展の段階や制度上の制約により，個々のエネルギー政策の形成に与える影響は限定的であった。

仮説4．気候変動に関する国際規範の形成の一翼を担ってきた IEA は，国際機関として自らが実施する政策手法については気候変動に関する国際規範を反映させたものとした。

　本書では，国際レジーム論と国際規範論を核としたグローバル・ガバナンス論に依拠しつつ，これらの仮説を検証する。このために，①国連気候変動枠組条約，②京都議定書，③コペンハーゲン合意，④パリ協定の各段階における気候変動に関する国際規範について検討したうえで，政府間の合意文書や国際機関の報告書，政府の政策文書などを材料として，国際レジーム，国際機関，アジア各国の各段階における国際規範の受容の有無について検証する。

　本書は，グローバル・ガバナンス研究における4つの側面からの政策研究を統合する。1つ目の側面は，国際規範の形成に関する検証である。2つ目の側面は国際レジームにおける規範の受容に関する検証である。3つ目の側面は各国レベルでの規範の受容に関する検証である。そして，4つ目の側面は，これらをつなぐものとしての国際機関の役割に関する検証である。

　これらの4つの側面からの政策研究を進めるに当たっては，政策分析のためのいくつかの方法を組み合わせることとする。具体的な方法としては，①政府間の合意文書や国際機関の報告書，政府の政策文書などの検討，②国際機関や政府関係者に対するインタビュー調査，③国際機関の関係者に対するアンケート調査を行うこととする。

　本書では，政策分析のための「テキスト」として，政府間の合意文書や国際

機関の報告書，政府の政策文書などを用いる。言説分析は社会事象の分析における標準的な手法の1つである[28]。最近では，様々な社会事象に対し，分析手法としてのテキスト・マイニングの活用が盛んに行われている。「テキスト」をデータとして処理し，単語の頻出度合いや文章構造を分析することによって，社会事象の背景や要因を明らかにするのである[29]。例えば，中谷・明村・森口（2014）は，東日本大震災前後の総合エネルギー調査会における委員の発言の変化を取り上げている。委員の発言をテキスト・マイニングした研究である。その中で原子力の位置づけや再生可能エネルギーと原子力の関わりが震災後に顕著となるなど，いくつかの点を明らかにしている。また，小林・大沼・森（2014）は，旭川の個別の省エネルギー・プロジェクトにおける参加者の意識に関する分析を行っている。このほかとしては，伊藤（2017）は，政策の将来における不安定性や，マクロ経済に対する政策の不確実性をどう考えるかなどを主要新聞の記事を元にしたテキスト・マイニングを通じて明らかにしている。本書では，各段階において「テキスト」に用いられている用語や言説の変化を検証することを通じ，気候変動に関する国際規範の受容によるエネルギーに関する国際レジームおよびアジア各国のエネルギー政策における変化を抽出する。

　こうした公的な文書における政策の位置づけについては，可能な場合には，国際機関や政府関係者に対するインタビュー調査を行うことにより，政策に関する解釈を行うに当たっての補完を行うこととする。本研究のための調査の一環として，筆者は，2019年9月3日から6日にかけて，国際エネルギー機関（IEA），国際再生可能エネルギー機関（IRENA），国際省エネルギー協力パートナーシップ（IPEEC），国連気候変動枠組条約（UNFCCC）事務局を訪問し，幹部および職員に対する半構造化インタビュー調査を実施した[30]。また，日本政府関係者に対しては断続的にインタビュー調査を実施した。こうしたインタビュー調査を通じて把握した国際機関や政府関係者の認識については政策文書に対する解釈に役立てることとした。

　加えて，国際機関の担当者に対するアンケート調査を実施した。具体的には，IEAの技術協力プログラム（TCP）の参加者に対するアンケート調査を2019年11月の第1週から5週間にわたって実施した。IEAの活動に関し参加

者がどのような認識を持っているかを把握することとした。

　以下，上述の4つの仮説に沿って，個別の検証内容について述べる。

　仮説1に関しては，IEA閣僚理事会における閣僚宣言や声明をはじめとする政府間の合意文書などを元に，エネルギーに関する国際レジームにおける気候変動に関する国際規範の受容について検証する。また，仮説2に関しても同様に，IEA閣僚理事会における閣僚宣言や声明をはじめとする政府間の合意文書などを元に，気候変動に関する国際規範の形成に対するIEAの関与について検証する。

　仮説3に関しては，日本，中国，ASEANを対象とした。日本は期間を通して先進国であったのに対し，中国は途上国の立場を維持しながらもこの間に急激な経済成長を遂げた。ASEANについては，この間に制度化が進んだが，構成国にはミャンマー，ラオス，カンボジアという後進途上国からシンガポールのような先進的な国までが含まれる。日本についてはエネルギー基本計画，中国についてはエネルギーに関する五カ年計画，ASEANについてはASEANエネルギー協力行動計画などを材料として，エネルギー政策における気候変動に関する国際規範の受容の有無を検証する。

　仮説4に関しては，IEAの政策手法のうち，エネルギー政策に関する国別審査，『世界エネルギー展望』のシナリオ分析，技術協力プログラムを取り上げる。エネルギー政策に関する国別審査については日本，米国，EUの国別審査報告書を材料とした。『世界エネルギー展望』については，各年の定期出版物のほか，特別報告書も材料とした。技術協力プログラムについては，実態把握のためのアンケート調査を実施した。

　このように，エネルギーに関する国際レジームおよびアジア各国のエネルギー政策における気候変動に関する国際規範の受容に関する分析を行うに当たっては，主に，政府間の合意文書や国際機関の報告書，政府の政策文書などを材料とした政策分析を行い，インタビュー調査やアンケート調査による補完を行った。次章以降，気候変動に関する国際規範がエネルギーの世界に与えたインパクトを明らかにしてゆくこととする。

## 4．本書の構成

　本書は三部構成となっている。第一部はエネルギーに関する国際レジームにおける気候変動に関する国際規範の受容について，第二部はアジアのエネルギー政策における気候変動に関する国際規範の受容について，そして，第三部はIEAの政策手法に関する実態分析となっている。

　第一部は第1章から第3章より成る。第1章では，気候変動に関する国際規範について検討する。これを踏まえ，第2章では，エネルギーに関する国際レジームにおける気候変動に関する国際規範の受容過程について述べる。第3章では，気候変動に関する国際規範の形成におけるIEAの役割について述べる。

　第二部は第4章から第6章より成る。第4章では，日本のエネルギー政策における気候変動に関する国際規範の受容についてエネルギー基本計画の変遷を材料として検討する。第5章では，中国の場合について，エネルギーに関する五カ年計画の変遷を材料として検討する。第6章では，ASEANの気候変動政策とエネルギー政策の変遷について述べる。

図序-2　本書の構成

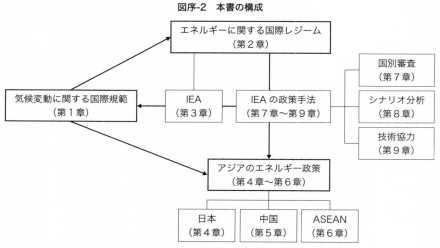

（出典）著者作成。

　第三部は第7章から第9章より成る。第7章では，エネルギー政策に関する国別審査について述べる。第8章では，『世界エネルギー展望』のシナリオ分析について述べる。第9章では，IEA の技術協力プログラムの実態調査について述べる。

　終章では，本書全体を総括するとともに，エネルギーに関する国際レジームおよびアジア各国のエネルギー政策の形成に対する提言を行う。

【注】
1　国際公共財に関する議論は，佐々木（2010），高橋（2005）などを参照。
2　Calder（2012），Calder（2019）.
3　Scholten（2018）.
4　O'Sullivan（2017）.
5　Balmaceda（2013），p. 322, p. 334.
6　例外的には，例えば，Lesage, Van de Graaf and Westphal（2010）は，「グローバルな持続可能なエネルギーレジーム」を視野に入れた議論を展開している。
7　特に，pp. 349-352.
8　Yergin（1991）.
9　Yergin（2011）.
10　Yergin（2020）.
11　例えば，Skjærseth et al.（2016），Dupont（2016），Fitch-Roy and Fairbrass（2018）.
12　具体的な文献については第4章から第6章の各章を参照のこと。
13　Checkel（1999），p. 88.
14　Finnemore and Sikkink（1998），p. 891.
15　Florini（1996），p. 364.
16　クラズナー（2020），2頁。原著は Krasner（1983），p. 1。
17　同上，5頁。
18　同上。
19　近年では，国際規範の消滅に関する研究もなされている。例えば，Panke and Petersohn（2011）を参照。
20　例えば，ミレニアム開発目標に関する Fukuda-Parr and Hulme（2011），人権の分野における Gest et al.（2013），サイバーセキュリティの分野に関する Finnemore and Hollis（2016）がある。
21　Raustiala and Victor（2004），p. 279.
22　Keohane and Victor（2011），p. 10.
23　レジーム・コンプレックス論に基づく研究については，このほか，Abbott（2012），Colgan, Keohane and Van de Graaf（2012），Margulis（2013），Brandi（2017），Rabitz（2018），Pratt（2018），Alter and Raustiala（2018）。
24　政策波及に関する研究のサーベイは例えば Michida, Humphrey and Vogel（2021）を参照のこと。また，環境政策の分野における政策波及の研究には Helge Jörgens による一連の研究がある。例えば，Kern, Jörgens and Jänicke（2005）を参照。
25　上記の Goldthau（2013）においても多くの章で IEA が取り扱われている。
26　p. 565.
27　Finnemore（1996），p. 5.

28 フェアクラフ（2012）。

29 Benoit (2020).

30 インタビュー調査の内容については，日本国際経済学会第78回全国大会（2019年9月28日－29日，於：日本貿易振興機構アジア経済研究所）において発表を行った。

# 第一部

## 国際エネルギーレジームにおける
## 気候変動規範の受容

## 第1章

# 気候変動に関する国際規範

## 1．はじめに

　本章では，気候変動に関する国際規範について整理する。次章以降ではエネルギーに関する国際レジームやアジア各国のエネルギー政策における気候変動に関する国際規範の受容を検証するが，その分析のベースとなる，気候変動に関する国際規範について概念整理を行う必要がある。

　そこで，本章では，まず，国際規範の概念整理を行う。概念整理の際には，特に，規範の変容に関する議論に着目する。次に，気候変動に関する国際規範を①国連気候変動枠組条約，②京都議定書，③コペンハーゲン合意，④パリ協定の各段階に分けて提示する。最後に，各段階における気候変動に関する国際規範が「テキスト」としてエネルギーに関する国際レジームや各国のエネルギー政策に対して直接的に制約を与えるものとなっているか否かについて述べる。

## 2．国際規範

　規範とは何か。Finnemore and Sikkink（1998）は規範を「アクターの適切な行動の基準」と定義した[1]。このように，規範はアクター（主体）の行動のパターンを規定する基準と定義できる。国際規範については，国際的に通用する「規範」と定義することができる。

　規範は国際的に通用するとしても，どの範囲でどのように通用するかは，規範の形成過程のどの段階にあるのかにも拠る。Finnemore and Sikkink（1998）

は，規範が生まれ（emergence），伝播し（cascade），内部化されていく（internalization）過程を「規範ライフサイクル」として提示した[2]。規範の衰退・消滅をこの過程に加えることもできる[3]。ここでは，ある特定された概念・アイディアが規範として広がることがイメージされている。例えば，Florini（1996）は，規範の進化について指摘しているが，規範が選択されて拡散していくことを「進化」と捉え，規範が変容することは視野に入れていない[4]。

Finnemore and Sikkink（1998）が示した規範ライフサイクル論は国際規範をシンプルなモデルとして提示したことには意味があるが，国際規範の形成にはより複雑なパターンを想定することができるはずである。1つの固定された規範が生まれて伝播するのではなく，規範自体が変容していくことを想定することができる。三浦（2005）は，企業の社会的責任（CSR）に関する規範が様々なアクターが関与する中で「分散革新」するという規範の変容を指摘した。足立（2015）は，化学兵器の使用禁止に関する国際規範は初期の毒ガスの使用禁止に関する規範が変容したものであることを指摘した。

また，国際規範の変容を複数の規範の間の振り子構造として捉えたものとして小川（2011）が挙げられる。小川（2011）は，国際開発協力に関する国際規範は，単一の規範ではなく，人間の基本的なニーズを満たすための貧困削減，途上国の経済成長（構造調整），開発目標としての貧困削減といった性格の異なる複数の規範が時期ごとに動態的に発展したと捉えた。

このように，国際規範は，規範の発生当初より固定化された内容を維持するものと捉えるのではなく，時期ごとに，段階ごとに，変容するものとして捉えることが可能である。次節では，気候変動に関する国際規範の時期ごとの変容について見ていくこととする。

## 3．気候変動に関する国際規範

本節では，気候変動に関する国際規範について，①国連気候変動枠組条約，②京都議定書，③コペンハーゲン合意，④パリ協定の各段階に分けて，提示する。①から④の各段階の時期については，条約あるいは議定書その他の主要な合意の採択およびそれを受けた具体的な実施のルールの策定を終点として，そ

れに至る過程が開始される時期を始点と捉える分類を行った。これによって，国連気候変動枠組条約が作られた期間が 1985 年〜 1994 年，京都議定書が作られた期間が 1995 年〜 2001 年，コペンハーゲン合意が作られた期間が 2002 年〜2010 年，パリ協定が作られた期間が 2011 年〜現在に概ね該当するものとした[5]。以下，①からの④の段階ごとに，条約，議定書などが作られる経緯を簡潔に示したうえで，気候変動に関する国際規範の内容を挙げていくこととしたい。

## (1)　国連気候変動枠組条約の段階における気候変動に関する国際規範

　国連気候変動枠組条約（UNFCCC）は 1992 年に採択されている。条約に関する国際交渉は 1990 年から 1992 年の前半にかけて行われ，1992 年 6 月にブラジルのリオデジャネイロで開催された国連環境開発会議（UNCED）において各国の署名に開放された。1994 年に条約は発効した[6]。

　気候変動に関する国際規範の形成に至る過程の前史を振り返れば，1970 年代にはメディアでは地球は氷河期が来るのではないかという議論がされ，1975 年のニューズウィークの特集は地球の冷却化の観点から脚光を浴びた[7]。こうした中，1979 年にスイスのジュネーブにおいて開催された世界気象機関（WMO）の主催による世界気候会議においては，地球の気候に関する科学的な知見は十分でなく，科学的な知見を高めていくことが必要であることが指摘された[8]。当時から地球が温暖化しているという科学的な研究は見られていたが，1985 年にオーストリアのフィラッハにおいて開催された国連環境計画（UNEP）の主催による気候に関する国際会議は，気候変動については温暖化に関する研究が寒冷化しているとする研究よりも確度が高いと結論づけた[9]。この国際会議がターニング・ポイントとなり，1988 年の「気候変動に関する政府間パネル」（IPCC）の設立につながった[10]。そして，1990 年にはスイスのジュネーブにおいて WMO 主催の第 2 回世界気候会議が開催され，気候変動枠組条約の交渉を求める声明が採択された[11]。

　国連気候変動枠組条約は，「枠組条約」の名のとおり，気候変動問題に関する原則，理念，対応の大枠を定めるものであって，各国に対する具体的な義務の多くはその後に交渉される議定書などに委ねるものであった[12]。しかしなが

ら，条約策定に至る国際交渉の過程を通じ，気候変動に関する国際規範の中核となる部分が形成されることとなった。

　第一に，国連気候変動枠組条約は気候変動問題に関する究極的な目的を規定した。すなわち，枠組条約は，「気候系に対して危険な人為的干渉を及ぼすこととならない水準において大気中の温室効果ガスの濃度を安定化させること」（第2条）を究極的な目的として掲げた[13]。枠組条約は1990年に公表されたIPCCの第一次評価報告の影響を強く受けている。IPCC第一次評価報告書は，人為的な活動が温室効果ガスの濃度の上昇をもたらし，地球温暖化につながっていること，そして，「何も対策をせず現状を維持した場合（business as usual）」とは異なる対応が必要であることを指摘した[14]。温室効果ガスの濃度の安定化が究極的な目的とされたことによって，各国がすぐに十分な対策を講じたわけではないが，少なくとも対策の必要性が明確となった。

　第二に，国連気候変動枠組条約は，自主的，非拘束的なものではあるが，先進国に対し，温室効果ガスの排出削減に関する数値目標を設定した。条文上は，先進国[15]の義務を規定する際に「二酸化炭素その他の温室効果ガスの人為的な排出の量を1990年代の終わりまでに従前の水準に戻すことは，このような修正に寄与するものであることが認識される」（第4条の2）という極めて曖昧な規定となっているが[16]，先進国は1990代末までに温室効果ガスの排出を1990年レベルまで戻すことを念頭に置くとの努力目標が設定されたということができる。

　第三に，国連気候変動枠組条約は加盟国に対する報告義務を課した。具体的には，すべての国は，定期的に，温室効果ガスの排出量・吸収量の「目録」および気候変動政策の情報を作成し，事務局を通じ締約国会議（COP）に提出することとされた（第4条の1，第12条）。この点は，その後のCOPにおける議論が深まるにつれて，提出すべき情報が詳細になってゆく。ただし，先進国と途上国では，提出すべき情報，頻度が異なっていた。先進国は4年毎に国別報告書（National Communication）を提出することとされ，途上国には提出の期限が決められなかった[17]。

　第四に，国連気候変動枠組条約は，「共通ではあるが差異ある責任があり，各国の能力に応じ対策を行うべき」として，「共通だが差異ある責任」（CBDR）

原則を掲げた[18]。枠組条約の前文には「これまでの温室効果ガスの排出は先進国が大部分を占めており，途上国の排出量はいまだ比較的少ない」との認識が盛り込まれた[19]。IPCC 第一次評価報告書は，途上国からの排出は増加してきているものの，主要な排出国である先進工業国には特別な責任があることを掲げた[20]。先進国は 1990 代末までに温室効果ガスの排出を 1990 年レベルまで戻すための削減対策を講じていくこととなった一方で，途上国は具体的な削減対策を講じることを要請されるには至らなかった。

　第五に，国連気候変動枠組条約の前文には CBDR 原則以外にも多様な原則が盛り込まれた。具体的には，①科学技術の知見を再評価していくべきこと，②島嶼国，乾燥地域，干ばつ・砂漠化の恐れがある地域，脆弱性がある地域など気候変動の悪影響を受けやすい国が存在すること，③他国が温室効果ガス排出抑制策を採用することによって経済が影響を受ける国が存在すること（特に化石燃料の生産，使用，輸出に依存している国），④持続可能な経済成長，貧困の撲滅に配慮すべきこと，などが盛り込まれた[21]。これらは，気候変動に対処するに際し各国が考慮すべき点として交渉参加国がコンセンサスとして受け入れたものであった。

　以上，国連気候変動枠組条約の段階における気候変動に関する国際規範を見てきた。濃度安定化の目的，先進国の行動基準，CBDR 原則の採用などがこの段階における国際規範として形成された。採るべき対策は先進国と途上国に二分されていたものの，幅広い国を対象とする気候変動に関する国際規範とはなっていた。

## (2)　京都議定書の段階における気候変動に関する国際規範

　京都議定書は 1997 年に採択された。1995 年にドイツのベルリンにおいて開催された国連気候変動枠組条約第一回締約国会議（COP1）は，枠組条約の目的を達成するための対策を具体化するための交渉を行うことを決定した。具体的には，先進国による取り組みについて第三回締約国会議（COP3）までに議定書等の形で結論を得ることを目指し，検討を開始することとなった。これはベルリン・マンデートと呼ばれている[22]。1995 年に公表された IPCC の第二次評価報告書では枠組条約の第 2 条を解釈するための技術的な情報を整理するこ

とが掲げられた[23]。京都議定書は COP3 で採択されたが，その後，具体的な運用方法を定めるための交渉は，2001 年にモロッコのマラケッシュで開催された第七回締約国会議（COP7）までかかった[24]。米国の離脱などを経て，2005年に京都議定書は発効した。

　以下では，京都議定書の段階における気候変動に関する国際規範について，主な特徴点を挙げる。

　第一に，気候変動に関する究極の目的については，国連気候変動枠組条約を踏襲した。京都議定書の前文は簡潔なものとなっており，「条約の究極の目的のために」とされている以外，具体的なことは書かれていない[25]。すなわち，京都議定書では，気候系に対して危険な人為的干渉を及ぼすこととならない水準における大気中の温室効果ガスの濃度安定化が目的として維持された。

　第二に，京都議定書では，先進国のみに対して法的拘束力を持つ数値目標が設定された[26]。先進国に対しては，第一約束期間（2008 年〜2012 年）において 1990 年比で許容される温室効果ガスの排出量が各国ごとに決定された[27]。排出の割当量は，日本が 6％減，米国が 7％減，欧州共同体が 8％減とされた（欧州共同体については加盟国が共同で行うことができるとされた）。ロシアやニュージーランドは 1990 年と同水準，ノルウェーは 1％増，オーストラリアは 8％増，アイスランドは 10％増が許容された[28]。先進国全体での排出量については，「附属書 I の締約国全体の排出量を 1990 年の水準から少なくとも 5％削減することを念頭において」と記載された[29]。

　第三に，京都議定書は先進国に対して報告義務を課した。先進国には，枠組条約に基づき行っている毎年の排出吸収目録の報告や，国別報告書に，京都議定書に基づく追加情報を記載する義務が課せられた[30]。途上国に対しては，このような義務は課されなかった。京都議定書では途上国が関与する規定は極めて限られたものとなった。

　第四に，京都議定書では，同議定書において認められた柔軟性措置「京都メカニズム」の一つとして，先進国が途上国で行った温室効果ガスの排出削減事業から生じた削減分を先進国が獲得できる仕組みである「クリーン開発メカニズム」（CDM）が導入された[31]。これによって，途上国における排出削減事業が行われることにはなったが，各国ごとに削減目標を設定する先進国に対する

仕組みとは全く異なるものであった。

　以上，京都議定書の段階における気候変動に関する国際規範を見てきた。京都議定書では，枠組条約における濃度安定化の目的は維持され，第一約束期間（2008 年〜2012 年）に向けて排出削減を進める先進国の行動基準が形成された。枠組条約における CBDR 原則については見直しがなされることはなく，先進国が排出削減を講じる一方，途上国は CDM に参画することによるメリットを享受するという行動パターンとなった。

### (3)　コペンハーゲン合意の段階における気候変動に関する国際規範

　コペンハーゲン合意は 2009 年にデンマークのコペンハーゲンにおいて開催された第十五回締約国会議（COP15）における合意である。京都議定書で定められた 2012 年までの第一約束期間に続く 2013 年以降の国際的な枠組みに関する国際交渉の結果がとりまとめられたものである。マラケッシュ合意の翌年には，京都議定書の発効に向けた運用の細目に関する交渉が行われることと並行して，2013 年以降の国際的な枠組みに関する議論が開始された。2002 年にインドのデリーで開催された第八回締約国会議（COP8）では，「気候変動と持続可能な開発に関するデリー閣僚宣言」が採択された[32]。ここでは，途上国を含む各国が排出削減のための行動に関する非公式な情報交換を促進することが提言された。その後，議論を重ね，2007 年にインドネシアのバリ島で開催された第十三回締約国会議（COP13）において，2009 年までに次期の枠組みについての議論を終えるとする「バリ行動計画」が策定された[33]。なお，COP15 でまとめられたコペンハーゲン合意は，一部の国の反対によって COP 決定にすることができず，「留意（take note）」するにとどまり[34]，2010 年にメキシコのカンクンにおいて開催された第十六回締約国会議（COP16）において正式に COP 決定となった[35]。

　以下では，コペンハーゲン合意の段階における気候変動に関する国際規範について，主な特徴点を挙げる。

　第一に，コペンハーゲン合意に基づく国際規範としては，長期目標としての 2℃ 目標を挙げることができる。2001 年の IPCC 第三次評価報告書を経て，2007 年に公表された IPCC 第四次評価報告書では，1980 年〜1999 年に対する

世界年平均気温が 0℃〜5℃上昇した場合の水，生態系，食糧，沿岸域，健康への影響が示された[36]。これらの知見を踏まえ，COP15 では，「温室効果ガスの濃度の安定化」という究極的な目的を達成するために，産業革命以降の世界の気温上昇を 2℃以内に抑えるべきであるとする科学的な知見を認識することに合意した[37]。そして，そのためには世界の排出量を大幅に削減することが必要であり，このための行動を採ることに合意した[38]。

　第二に，コペンハーゲン合意では，附属書Ⅰ国（先進国）は 2020 年の削減目標をリストにして，非附属書Ⅰ国（途上国）は削減行動をリスト化するという仕組みとなった。この仕組みの下，先進国と主要途上国は 2020 年までの削減目標を設定した。これらの目標はあくまで各国が自主的に宣言した非拘束的な目標である。日本（鳩山由紀夫内閣）は，衡平かつ効果的な国際枠組みが成立するとの条件付きながら 1990 年比 25％減を誓約（pledge）した。米国は 2005 年比 17％減，EU は 1990 年比 20％減（あるいは他国も行うという条件付きで 30％減）を誓約している[39]。途上国については，中国が 2005 年比で 2020 年に GDP 当たりの二酸化炭素の排出量を 40〜45％削減するとの目標を，インドは 2005 年比で 2020 年に GDP 当たりの排出量を 20〜25％削減するとの目標を提示している[40]。

　第三に，これらの目標は，国連気候変動枠組条約事務局に提出されるとともに，各国の検証・協議の対象となった。コペンハーゲン合意においては，締約国の行動は MRV（測定・報告・検証）可能なものにすることとされ，非附属書Ⅰ国（途上国）の行う削減行動も国際的な協議の対象とされた。先進国は 2 年ごとに「隔年報告書」を提出し，途上国は 2 年ごとに「隔年更新報告書」を提出することとなった[41]。

　第四に，コペンハーゲン合意では，途上国にはより長い時間がかかることを認めつつ，世界および各国の排出量を可能な限り早く増加から減少に転じるように協力することに合意した[42]。コペンハーゲン合意に至って，先進国，主要途上国が共に削減目標に向けて行動することが国際規範として成立したこととなる。

　以上，コペンハーゲン合意の段階における気候変動に関する国際規範を見てきた。産業革命以降の世界の平均気温の上昇を 2℃以内に抑える目標が設定さ

れるとともに，先進国と主要途上国が共に削減行動を行う基準が形成されたことがこの時期の特徴となっている。

### ⑷　パリ協定の段階における気候変動に関する国際規範

　パリ協定は 2015 年に採択された。2011 年に南アフリカ共和国のダーバンにおいて開催された第十七回締約国会議（COP17）では，すべての国が参加する新たな枠組み構築に向けた作業部会「ダーバン・プラットフォーム」（ADP：Ad Hoc Working Group on the Durban Platform for Enhanced Action）の設置がなされ，その後の交渉はこれに基づいて行われた[43]。2013 年にポーランドのワルシャワで開催された第十九回締約国会議（COP19）において，2020 年以降の削減目標を含めた「自国が自主的に決定する貢献案」（INDC：Intended Nationally Determined Contribution）の提出時期などが定められた[44]。翌 2014 年にペルーのリマで開催された第二十回締約国会議（COP20）では，パリ協定につながる枠組みの交渉テキストの要素などが提案された[45]。2015 年にフランスのパリで開催された COP21 において，パリ協定（Paris Agreement）が採択された[46]。翌 2016 年にパリ協定は発効している。枠組条約や京都議定書の発効までの年月と比べ，迅速な発効となった[47]。

　以下，パリ協定の段階における気候変動に関する国際規範について，主な特徴点を挙げる。

　第一に，パリ協定では，2℃よりも十分に低い地点を目指すとする目標に加え，1.5℃以内に抑える努力目標が設定された。2013 年から 2014 年にかけて順次公表された IPCC の第五次評価報告書では，第四次評価報告書時点よりも人為的な排出による気候変動への影響の確度が高いことを示すとともに，2℃未満に抑制する緩和経路を強調していた[48]。パリ協定では，2℃目標が明確に意識されるとともに，それよりも十分に低い（well below）地点を目指すことが位置づけられた[49]。さらに，各国の行動基準において重要な意味を持つのが，パリ協定に 1.5℃目標が努力目標として盛り込まれたことである[50]。2009 年のコペンハーゲン合意では，2015 年までに行われるコペンハーゲン合意の実施の評価に当たっては，1.5℃の気温上昇との関連を含む科学が提示する様々な事項を参照しつつ，長期目標を強化するための検討を含むものとされてい

た[51]。パリ協定の交渉の全体パッケージのなかで1.5℃を努力目標とすることが盛り込まれた。パリ協定の成立後には，IPCCは1.5℃に関する特別報告書（2018年）を作成し，1.5℃の気温上昇に関する科学的知見を強化した[52]。

　第二に，パリ協定においては，2020年以降の枠組みとして，すべての締約国が「自国が決定する貢献」（NDC：Nationally Determined Contribution）を提出し，これを検証していく仕組みが作られた[53]。2015年に各国が提出したNDCにおける目標は，例えば，日本は2013年に比べ2030年に26％減，米国は2005年に比べ2025年に26〜28％減，EUは1990年に比べ2030年に40％減であった。また，中国は2005年に比べ2030年までにGDP当たりの二酸化炭素の排出量を60〜65％減，インドは2005年に比べ2030年までにGDP排出源単位を33〜35％改善する目標を提出した[54]。NDCは，パリ協定に基づくものとして法的な位置づけを与えられている反面，各国の削減目標自体は非拘束的な目標となっている。ただし，各国がNDCとその実施状況を専門家がレビューし，多国間で検証するプロセスは与えられた。

　第三に，パリ協定では，すべての締約国が2年ごとに国別のNDCの実施状況を報告することとなった。さらに，5年ごとにNDCを改訂，更新してゆくことによって，排出量の削減を深堀りしていく仕組みとなった。

　第四に，パリ協定では，複数の国で対応するためのいくつかの仕組みが組み込まれた[55]。「協力的アプローチ」と呼ばれる仕組みでは，複数の国が合意した上で，ある国で行った事業の削減分を別の国の削減にクレジットを移すことができる。日本は途上国との間で「二国間クレジット制度」（JCM：Joint Crediting Mechanism）と呼ばれる仕組みを構築してきており，この仕組みを協力的アプローチの1つとして位置づけられる。また，「緩和貢献・持続可能な発展支援メカニズム」と呼ばれる仕組みでは，個別のプロジェクトではなくセクターごとでの対応を協力的に行うメカニズムの構築が目指されている。さらに，「ノンマーケットメカニズム」（Non-Market Mechanism）と呼ばれる仕組みでは，能力開発や技術など幅広い分野において各国間で市場メカニズムとは異なる協力の対応を行う仕組みが検討されている。

　第五に，パリ協定では各国には長期目標の設定が求められた。できる限り早期に世界の温室効果ガスの排出量をピークアウトし，今世紀後半には人為的な

温室効果ガスの排出と吸収源による除去の均衡を達成すること，ネット・ゼロ・エミッション（カーボンニュートラル）の状態を今世紀後半には達成することが規定された。その後の動きとしては，「1.5℃」の扱いが強まるとともに，「今世紀後半」としたネット・ゼロ・エミッションの達成時期を2050年に設定しようとする動きが強まった。

　第六に，パリ協定では，国連気候変動枠組条約に盛り込まれた各種の原則について検討が加えられるとともに，さらに多様な概念が盛り込まれた。パリ協定の前文では，衡平の原則や各国の異なる事情に照らして共通に有しているが差異のある責任や各国の能力に応じた対応を行う CBDR 原則が盛り込まれた。また，科学上の知識に基づくべきこと，気候変動の悪影響を受けやすい途上国の状況についての配慮，気候変動に対応して採られる措置によって大きな影響を受ける恐れのある国があること，さらに，持続可能な開発，貧困の撲滅など枠組条約に規定していたことが，国連気候変動枠組条約の文言からは若干改められながら再度，規定されている[56]。パリ協定においては，これらに加え，食糧安全保障や飢餓の撲滅，労働力の公正な移動並びに適切な仕事および質の高い雇用の創出，人権・健康についての権利，先住民，地域社会，移民，児童，障害者および影響を受けやすい状況にある人々の権利並びに開発の権利，男女間の平等，女子の自律的な力の育成，世代間の衡平，生態系（海洋を含む）の本来のままの状態における保全，生物の多様性の保全（「母なる地球」として一部の文化によって認められるもの）の確保，「気候の正義」の概念の重要性，さらに，教育，訓練，啓発，公衆の参加，情報の公開・協力，すべての段階の政府および諸々の関係者が気候変動への対処に従事することの重要性，持続可能性な生活様式，消費および生産の持続可能な態様が規定された[57]。これらには，枠組条約が作られた1992年からパリ協定が作られた2015年までの間に様々な場でなされてきた議論が反映されている。そして，これらのすべてを盛り込むことを通じて，先進国，途上国を含め，多様な立場にある国へのきめ細かい配慮が行われたということができる。

　以上，パリ協定の段階における気候変動に関する国際規範を見てきた。2℃よりも十分に低い地点を目指す目標に加えて，1.5℃以内に温度上昇を抑える努力目標が設定されるとともに，先進国，途上国を問わずすべての国に対する

削減行動の基準が設定されたことがパリ協定の特徴となっている。

## 4．エネルギー政策に関する記述

　本節では，国連気候変動枠組条約，京都議定書，コペンハーゲン合意，パリ協定において「エネルギー」はどのように扱われているかを取り上げる。国連気候変動枠組条約，京都議定書，コペンハーゲン合意，パリ協定のそれぞれの英文テキストにおける「energy」の使用回数は 4 回，7 回，0 回，1 回となっている（表 1-1）。以下では，具体的な記述を見てゆくこととする。

　国連気候変動枠組条約では，その前文において，エネルギーについては，すべての国（特に途上国）には開発を達成するという目標があり，それを実現するためにエネルギー消費を増加させることが必要であることを認識するという文脈で言及されている。その中で，「一層高いエネルギー効率の達成及び温室効果ガスの排出の一般的な抑制の可能性をも考慮」することにも触れている。

　また，第 4 条の「約束」に関する規定の第 1 項に，すべての締約国が行う事項として挙げている(a)から(j)の中の(c)に「エネルギー，運輸，工業，農業，

### 表 1-1　エネルギー（energy）の単語の使用回数

国連気候変動枠組条約

| 単語 | 回数 | % | 順位 |
|---|---|---|---|
| energy | 4 | 0.09 | 216 |

京都議定書

| 単語 | 回数 | % | 順位 |
|---|---|---|---|
| energy | 7 | 0.17 | 126 |

コペンハーゲン合意

| 単語 | 回数 | % | 順位 |
|---|---|---|---|
| energy | 0 | – | – |

パリ協定

| 単語 | 回数 | % | 順位 |
|---|---|---|---|
| energy | 1 | 0.03 | 436 |

林業，廃棄物の処理その他すべての関連部門において，温室効果ガス（モントリオール議定書によって規制されているものを除く。）の人為的な排出を抑制し，削減し又は防止する技術，慣行及び方法の開発，利用及び普及（移転を含む。）を促進し，並びにこれらについて協力すること」と規定されている。ここではエネルギーは「エネルギー部門」という形で言及されている。他の部門における温室効果ガスの排出もエネルギーの消費ではあるが，用語としての「エネルギー」は使用されていない。

　第4条第8項は，気候変動の悪影響あるいは対応措置の実施による影響に起因する途上国のために（締約国は）十分な配慮を行うという規定になっている。具体的に配慮を行うべき国として(a)から(i)まで挙げている中の1つとして，「(h)化石燃料及び関連するエネルギー集約的な製品の生産，加工及び輸出による収入又はこれらの消費に経済が大きく依存している国」が掲げられている。同条第10項でも「特に」として，これらの国に関する配慮について言及されている。国連気候変動枠組条約においては，このように，いくつかの点で「エネルギー」という用語が用いられている。

　次に，京都議定書を見ると，第2条第1項で，実施する具体的な政策・措置が(i)から(viii)まで例示されている中に，「(i)自国の経済の関連部門におけるエネルギー効率の向上」「(iv)新エネルギー及び再生可能エネルギー，二酸化炭素固定技術並びに高度で革新的な環境上適正な技術の研究並びに促進，開発及び利用の増進」「(viii)廃棄物の管理並びにエネルギーの生産，輸送及び分配の際の回収及び再利用によるメタンの排出の抑制又は削減」がある。

　第10条ではすべての国が行うべきこととして(a)から(g)が掲げられているが，このうちの(b)に「気候変動を緩和するための措置及び気候変動への適応を容易にするための措置を含む自国の（適当な場合には地域の）計画を作成し，実施し，公表し及び定期的に更新すること」とあり，「(i)これらの計画は，特に，エネルギー，運輸及び産業分野並びに農業，森林及び廃棄物の管理に関するものとする」と規定している。つまり，計画はエネルギー分野を含む各分野に関する計画とするとの規定が置かれている。

　さらに，京都議定書には附属書Aがある。ここでは温室効果ガスは6ガス（二酸化炭素，メタン，亜酸化窒素，ハイドロフルオロカーボン，パーフルオ

ロカーボン，六フッ化硫黄）を定義することに加えて，発生源分野を列記している。具体的には，エネルギー産業，製造業および建設，運輸といった分野の規定がある。

　これに対して，コペンハーゲン合意，パリ協定ではエネルギーに関する言及はない。パリ協定の英文テキストにおける「energy」の使用例は，パリ協定の締約国の会合のオブザーバーに関する規定（第16条8項）に国連やその専門機関に加え，国際原子力機関（IAEA：International Atomic Energy Agency）が明記されているものである。

　このように，エネルギーの取り扱いは，国連気候変動枠組条約ではエネルギー部門が温室効果ガスの排出源に含まれることを明記するにとどまっていたが，京都議定書では，省エネルギー，再生可能エネルギーなど具体的な政策・措置としてのエネルギー政策に言及されることとなった。これに対し，コペンハーゲン合意，パリ協定においては，エネルギーについては直接言及することはなくなった。この要因としては，京都議定書までの過程では，先進国間の交

図1-1　気候変動規範の変容と国際エネルギーレジームにおける受容の概念図

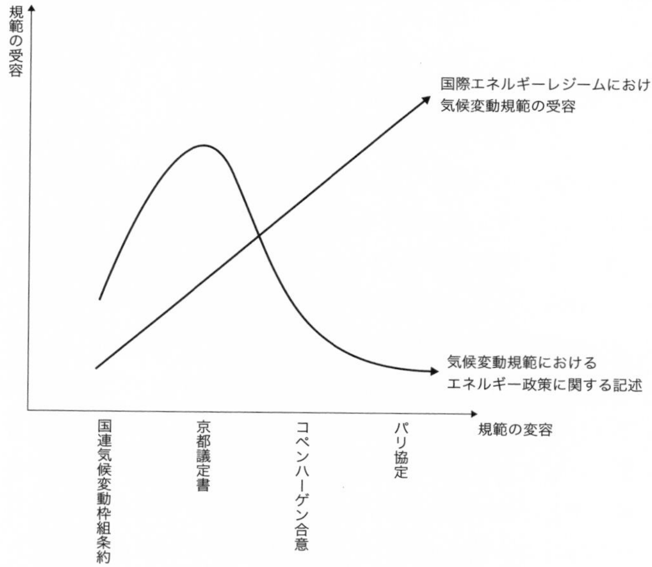

（出典）著者作成。

渉が中心であったため個々のエネルギー政策を具体的に書き込むことが比較的容易であったのに対し，コペンハーゲン合意の過程あるいはパリ協定の過程では途上国も含めた交渉を行ったため具体的なエネルギー政策に踏み込むのがより困難になったこと，コペンハーゲン合意以降の過程，特にパリ協定の過程ではより包括的な政策を包含する議論がなされたことから個々のエネルギー政策に対する言及を控えることとなったことが考えられる。

　気候変動に関する国際規範においては，「テキスト」上，エネルギー政策に直接言及することはなくなった。このことは，気候変動に関する国際規範がエネルギー政策について適応されなくなったということを意味するわけではない。コペンハーゲン合意やパリ協定の法体系自体でエネルギー政策について対処するよりもむしろ国際エネルギーレジームにおいて気候変動規範を取り扱うこととなったとも予想される。このことを概念図に示したのが図1-1である。具体的な検証は次章以降で行っていく。

## 5．おわりに

　本章では，次章以降の分析のベースとなる気候変動に関する国際規範について検討した。①国連気候変動枠組条約，②京都議定書，③コペンハーゲン合意，④パリ協定の4つの段階における気候変動に関する国際規範について検討した。①国連気候変動枠組条約の段階の気候変動に関する国際規範は，温室効果ガス濃度安定化の目的と先進国の行動基準を与えるものであった。途上国には共通だが差異ある責任（CBDR）原則の下，具体的な行動を促すものとはならなかった。②京都議定書の段階の気候変動に関する国際規範は，①の段階の国際規範から大きな変化はなかった。温室効果ガス濃度安定化の目的の下，先進国の行動基準を与えるにとどまった。途上国には削減プロジェクトに参加する仕組みは作られたが，削減行動を本格化させる基準は設けられなかった。③コペンハーゲン合意の段階の気候変動に関する国際規範は，産業革命以降の地球の平均気温上昇を2℃以内に抑える目標（2℃目標）と先進国および主要途上国の行動基準を与えるものに変容した。④パリ協定の段階の気候変動に関する国際規範は，1.5℃目標とすべての国の行動基準を与えるものに変容した。

ただし，①の段階から④の段階までの各段階における気候変動に関する国際規範は，各国が実施するエネルギー政策に関する直接的な行動基準を規定することとはならなかった。

【注】
1　Finnemore and Sikkink (1998), p. 891.
2　Finnemore and Sikkink (1998), p. 896.
3　Panke and Petersohn (2012).
4　Florini (1996).
5　国連気候変動枠組条約，京都議定書，コペンハーゲン合意，パリ協定の交渉経緯については，https://unfccc.int/ の文書を参照のこと。なお，「現在」とあるのは本書公刊時点である。以下，同様。
6　国連気候変動枠組条約には，現在，197 カ国が批准している。https://unfccc.int/process-and-meetings/the-convention/status-of-ratification/status-of-ratification-of-the-convention
7　Peterson, Connolley and Fleck (2008).
8　Paterson (1996).
9　Paterson (1996).
10　Paterson (1996).
11　Paterson (1996).
12　Susskind はこれを「条約－議定書アプローチ」(convention-protocol approach) と呼んでいる。Susskind (1994), pp. 30–37.
13　United Nations Framework Convention on Climate Change, Article 2.
14　IPCC (1990), *Policymakers Summary Prepared by Working Group I, Climate Change: The IPCC Scientific Assessment.*
15　附属書Ⅰの締約国を指す。
16　United Nations Framework Convention on Climate Change, Article 4.2.
17　https://www.cger.nies.go.jp/cgernews/201309/274004.html
18　United Nations Framework Convention on Climate Change, Preamble.
19　United Nations Framework Convention on Climate Change, Preamble.
20　IPCC (1990), *Policymakers Summary of the Response Strategies Working Group of the IPCC (Working Group III)*, xxvi.
21　United Nations Framework Convention on Climate Change, Preamble.
22　ベルリン・マンデートについては https://unfccc.int/resource/docs/cop1/07a01.pdf 参照。
23　IPCC (1995).
24　各回の締約国会議をまとめた資料としては，例えば，環境省のホームページ「地球温暖化に係る国際交渉の経緯」(http://www.env.go.jp/earth/cop/koushou_keii.pdf) を参照。ただし，同資料は COP1 から COP14 まで。
25　Kyoto Protocol, Preamble.
26　京都議定書では不遵守に対する罰則が設けられた。
27　Kyoto Protocol, Article 3.
28　Kyoto Protocol, Annex B.
29　Kyoto Protocol, Article 3.1.

30　Kyoto Protocol, Article 7.

31　Kyoto Protocol, Article 12.

32　「気候変動と持続可能な開発に関するデリー閣僚宣言」(Delhi Ministerial Declaration on Climate Change and Sustainable Development) については https://unfccc.int/resource/docs/cop8/07a01.pdf を参照。

33　https://unfccc.int/resource/docs/2007/cop13/eng/06a01.pdf .

34　https://unfccc.int/resource/docs/2009/cop15/eng/11a01.pdf

35　https://unfccc.int/sites/default/files/resource/docs/2010/cop16/eng/07a01.pdf

36　IPCC (2007).

37　Copenhagen Accord, Paragraph 1.

38　Copenhagen Accord, Paragraph 2.

39　Appendix I - Quantified economy-wide emissions targets for 2020 を参照。https://unfccc.int/process/conferences/pastconferences/copenhagen-climate-change-conference-december-2009/statements-and-resources/appendix-i-quantified-economy-wide-emissions-targets-for-2020

40　Appendix II - Nationally appropriate mitigation actions of developing country Parties を参照。https://unfccc.int/process/conferences/pastconferences/copenhagen-climate-change-conference-december-2009/statements-and-resources/4

41　厳密には，COP16 において報告を強化することを決定し，詳細は南アフリカ共和国のダーバンで開催された COP17 において決定された。

42　Copenhagen Accord, Paragraph 2.

43　https://unfccc.int/resource/docs/2011/cop17/eng/09a01.pdf#page=2

44　https://unfccc.int/resource/docs/2013/cop19/eng/10a01.pdf#page=3

45　https://unfccc.int/resource/docs/2014/cop20/eng/10a01.pdf#page=2%22

46　https://unfccc.int/resource/docs/2015/cop21/eng/10a01.pdf#page=2

47　2016 年以降の締約国会議の動向については，例えば，環境省のホームページ「過去の国連気候変動枠組条約締約国会議 (COP) 等の開催状況と結果について」が参照できる (http://www.env.go.jp/earth/copcmpcma.html)。

48　IPCC (2014).

49　Paris Agreement, Article 2.

50　Paris Agreement, Article 2.

51　Copenhagen Accord, Paragraph 12.

52　IPCC (2018).

53　https://unfccc.int/sites/default/files/english_paris_agreement.pdf

54　INDCs as communicated by Parties, https://www4.unfccc.int/sites/submissions/INDC/Submission%20Pages/submissions.aspx　なお，当初は INDC であったが，後には Intended の I がとれて NDC と呼ばれるようになった。

55　https://unfccc.int/sites/default/files/english_paris_agreement.pdf

56　Paris Agreement, Preamble.

57　Paris Agreement, Preamble.

# 第2章
# 国際エネルギーレジームにおける
# 気候変動規範の受容過程

## 1. はじめに

　エネルギー安全保障に関する国際協力・協調体制としての国際エネルギーレジームは1974年の国際エネルギー機関（IEA）の設立を始点とみなすことができる。その後，国際エネルギーレジームは現在に至るまで拡充・整備がなされてきた。この間，気候変動問題が課題として発生したことが国際エネルギーレジームに影響を与えてきた。国際エネルギーレジームは気候変動規範をどのように受容してきたのであろうか。その過程において，エネルギー安全保障規範との関係をどのように調整してきたのであろうか。

　国際エネルギーレジームの変遷を分析するに当たり，いくつかの期間に区分することを試みる。1970年代以降のエネルギーに関する国際レジームについてIEAを中心に検討を開始することにはそれほど異論があるものとは思われない[1]。これに対し，第1章で見たように，1985年頃から気候変動問題が顕在化してきたことから，1985年以降を第二期とする。Van de Graaf（2013）はG8およびG20がエネルギー・ガバナンスに与えた影響を指摘している。特に2005年のG8はマイルストーンであると指摘している[2]。これに依拠し，2005年以降を第三期とする。さらに，IEA中心の議論からの逸脱を齎すものとして2009年の国際再生可能エネルギー機関（IRENA）の設立が考えられる。そこで，2009年以降を第四期とする。第三期は，第1章で確認した，コペンハーゲン合意が作られた時期（2002年〜2010年），第四期は，パリ協定が作られた時期（2011年〜現在）に概ね一致する。国連気候変動枠組条約が作られた時

期（1985 年〜1994 年）と京都議定書が作られた時期（1995 年〜2001 年）とを
区別するために，第二期については 1995 年を境に前半と後半に区分すること
とする。

　こうした区分を基に，各期において気候変動に関する国際規範が国際エネル
ギーレジームにおいてどのように受容されたかを検討する。第一期から第四期
までのエネルギーに関する国際レジームの変遷を追うために，IEA 閣僚理事
会における閣僚宣言や声明をはじめとする政府間の合意文書などを検証する。
各期において気候変動に関する国際規範がこれらの文書の中にどのような形で
反映されたかを見ていく。このことを通じて，IEA を中心としたエネルギー
に関する国際レジームが取り組む課題とそれへの対処がどのように変化してき
たかを見ていくこととする。

　次節以降，第 2 節から第 5 節にかけて，第一期から第四期まで各時期の気候
変動に関する国際規範を踏まえた国際エネルギーレジームの変遷を具体的に見
てゆくこととする。最後に，第 6 節において本章を総括する。

## 2．エネルギー安全保障に関する協力・協調体制の整備（第一期）

　気候変動問題が顕在化する以前，すなわち，気候変動に関する国際規範が成
立する以前，エネルギーに関する国際レジームは既に形成されていた。以下で
は，1974 年から 1984 年までの国際エネルギーレジームの形成の経緯について
述べる。

　エネルギー安全保障に関する先進国間の協力・協調体制は，1973 年の石油
危機に対処することから開始された。1973 年の第四次中東戦争を契機に生じ
た第一次石油危機によって石油の輸入に依存している先進各国はエネルギーの
安定供給のために何らかの対応を採ることを迫られることとなった。中東諸国
による石油の減産措置とこれに伴う石油価格の上昇の影響を被った各国は，エ
ネルギー問題を管理しやすくするために国際的な協力・協調体制を築くことを
希求した[3]。その結果として，1974 年，先進各国間で国際エネルギープログラ
ム（IEP）協定が締結されるとともに，国際エネルギー機関（IEA）が設立さ
れることとなった。

　当時，IEA を独立した国際組織として新設すべきか，それとも，既存の国際組織の中で活動を行うこととすべきかが 1 つの焦点となった。当時から経済政策を議論する場として経済協力開発機構（OECD）は存在していたが，OECD のメンバー間の意思決定プロセスにおいては，石油危機によって生じたエネルギー問題に対処する場としては適切ではないという考えが優勢となった[4]。また，完全に独立した国際組織を設立して実施するには相応の時間がかかるという問題があった。その結果，新たな組織を OECD の枠組みの中に設立するが，その組織には一定の自律性を確保するというアプローチが採用された。1974 年 11 月 15 日，OECD 理事会決定により，OECD の下に IEA が設立された[5]。そして，別途，1974 年 11 月 18 日，16 カ国が IEP 協定に署名した[6]。

　IEP 協定には，加盟国に対する石油備蓄義務を課す規定が設けられ，石油の需給における緊急時の対応に関する基本的な枠組み（Emergency Sharing System）が定められた。石油の需給管理が IEP 協定の主目的であるが，同協定には，これに加えて，エネルギーに関する長期的な協力に関する広範な規定が設けられた[7]。具体的には，省エネルギーの促進や石炭，天然ガス，水力，原子力など石油代替エネルギーの開発などが含まれていた[8]。

　IEA の活動においては，エネルギー技術の研究開発に関する国際協力は重要な分野の 1 つと考えられた。1975 年，IEA に実施協定（Implementing Agreement）の仕組みが設けられ，複数国間の協定に基づくエネルギー技術に関する協力が開始された[9]。この仕組みを用いたエネルギー技術に関する国際協力は，のちにはより多様な技術分野に広がることとなるが，当初は石油代替エネルギーに関する技術の研究開発・普及がその協力の中心となっていた（詳細は第 9 章参照）。

　1977 年，IEA 加盟各国のエネルギー担当閣僚が参加する IEA 閣僚理事会は「エネルギー政策に関する原則」を採択した。ここでは 12 の原則が掲げられたが，石油輸入の削減・抑制と省エネルギー，代替エネルギーの開発の促進が主な関心であったことが見て取れる（表 2-1 参照）。石油に代わって，石炭，天然ガス，原子力などの利用が促進されるとともに，エネルギー技術の研究開発，エネルギー投資環境の整備，適切なエネルギー政策の計画，エネルギー協力の推進が掲げられた。

### 表2-1　エネルギー政策に関する原則（1977）

① 石油輸入を削減・抑制する目的のため，省エネルギー，国内エネルギー源の拡大および石油代替に関する各国のエネルギープログラム・政策を策定する。

② エネルギーの生産，輸送，使用が引き起こす重要な環境，安全，地域およびセキュリティの懸念に注意を払い，これらの懸念とエネルギーの必要性との間に存在しうる紛争を解決するための公的手続きの速度と一貫性を改善する。

③ 国内のエネルギー価格が省エネルギーと代替エネルギーの開発を促進するレベルに達することを容認する。

④ 省エネルギーを強力に推進する。経済成長に比べてエネルギー需要の伸びを制限し，特に急速に枯渇する燃料の非効率的なエネルギー使用を排除し，最短で供給できる燃料への代替を奨励する。

⑤ 発電，地域暖房，産業およびその他のセクターにおける石油の漸進的な代替を推進する。

⑥ 一般炭の利用戦略を強力に適用するとともに，一般炭の国際貿易を積極的に促進する。

⑦ 天然ガスをプレミアム・ユーザーの要件を満たす利用に集中し，天然ガスの利用拡大に必要なインフラストラクチャーを開発する。

⑧ 関係国が満足する安全，環境およびセキュリティ基準，核兵器の拡散を防ぐ必要性と一致する原子力発電能力の着実な拡大は，グループの目的を達成するための主要かつ不可欠な要素である。

⑨ 共同プログラム，各国の集中的な取り組み，各国間の取り組みの調整を含むエネルギーの研究開発，実証に重点を置く。

⑩ 適切な価格政策によってエネルギー資源を開発するための公的および私的資本の流れを促進する好ましい投資環境を確立する。

⑪ 経済発展と社会の進歩の適切な要件を考慮に入れ，石油消費の増加以外の代替手段のためのエネルギー政策に関する計画を提供する。

⑫ エネルギー分野における先進国，途上国，国際機関との適切な協力を推進する。

(出典) Scott (1994b), pp. 381-384.

　その後，石油に関する備蓄義務および加盟国間の緊急時対応としては，イラン革命の混乱による1979年の第二次石油危機時の各国協調による石油需要の抑制，1980年からのイラン・イラク戦争の長期化による石油需給バランスの悪化への対処のための1984年のIEA加盟各国における石油備蓄の切り崩しなどが行われた[10]。緊急時対応については，その後も，1991年の湾岸戦争時のIEA加盟各国における石油備蓄の取り崩しなど，協調・協力の仕組みの整備・活用がなされていく[11]。

　また，石油代替エネルギーの1つとして利用が増加してきた天然ガスについては，1979年のIEA閣僚理事会において，天然ガスの重要性を強調し，天然ガスの国内生産と国際貿易の促進を勧告している[12]。1983年には，IEA閣僚理事会において，IEA加盟各国は，ソ連から欧州への天然ガスの供給に関するセキュリティの重要性を指摘し，特定国への依存について警鐘を鳴らし

た[13]。エネルギー安全保障の確保に当たっては，石油への依存を減らすだけでなく，代替エネルギーの安定供給にも目が向けられることとなった。

　このように，1970 年代から 80 年代の前半にかけては，エネルギーに関する国際レジームは，IEA の設立と IEA 各国における石油備蓄体制の整備，省エネルギー，石油代替エネルギーの開発など，エネルギーに関する先進国間の協力・協調体制として整備されていった。

## 3.「エネルギーと環境」（3E 原則）の確立（第二期）

　国際エネルギーレジームの第二期（1985 年～2004 年）は，気候変動問題を始めとする地球環境問題の顕在化を背景に，取り扱う課題の対象としてエネルギー安全保障に環境保護が加わった時期である。以下では，この間の IEA 閣僚理事会の動向を述べる。前半は国連気候変動枠組条約が作られた期間（1985 年～1994 年），後半は京都議定書が作られた期間（1995 年～2001 年）に該当する。

　IEA が「エネルギーと環境」に包括的に取り組むことを明らかにしたのは，1985 年の閣僚声明においてである[14]。同声明では，エネルギーの生産，転換，輸送，消費は環境に適合した方法（environmentally acceptable manner）に拠らなければならないとの見解が示された[15]。また，エネルギーと環境の両目的を共に推進するエネルギー政策を促進すること，エネルギー政策の策定においては環境に適切な配慮を行うことに合意した[16]。この際，エネルギー政策の策定には，（エネルギーの供給源の多様化による）エネルギー・ミックスの改善，エネルギー安全保障，コストの最小化，環境保護など，多くの要素が関わっているとした。これらの要素の間の対立（conflict）は避けられないが，要素間の対立が生じた場合には，すべての要素の費用対効果を考慮し，国内的にも国際的にもバランスを取ることが必要である，とした[17]。

　同時に，1985 年の閣僚声明は，環境政策の策定においてエネルギーに相応の配慮が行われることも促した[18]。特に，次の 3 点を指摘した[19]。第一に，環境政策の変更を検討する初期の段階で，その決定においてエネルギー政策の側面が適切に考慮されるように，影響を受ける可能性のあるすべてのエネルギー

部門との協議を行うべきである。第二に，環境の目的は明確に示されるべきであるが，目的を達成する手段として規制を行う場合には最大限の柔軟性を認めるべきである。第三に，環境規制については適時に見直しを行っていく必要があるが，頻繁な要件の変更は避け，可能な限り予測可能である必要がある，とした。こうした指摘には，環境政策がエネルギー政策の制約とならないように促す意図が表れている。そして，エネルギー政策の責任者と環境政策の責任者の双方の緊密な協力が国レベルでも国際レベルでも必要であることを指摘した[20]。

1987 年には IEA 閣僚理事会は「エネルギーと環境に関する閣僚勧告」を採択し，1985 年の声明におけるエネルギー政策と環境政策に関する見解を再確認している[21]。この 1987 年の閣僚勧告においては，化石燃料の燃焼による二酸化炭素の増加が環境，特に気候，農業，海面レベルに重大な影響を及ぼす可能性について指摘している[22]。そして，「そのような影響の可能性，程度，およびタイミングを評価するには十分に調整のとれた多国間の研究の取り組みが不可欠である。IEA は進展をフォローし，エネルギー政策への影響を評価する」とした[23]。

引き続き 1989 年には IEA 閣僚理事会は「環境に関する閣僚誓約」を採択した[24]。ここでは，地球温暖化と気候変動に関するより本格的な検討がなされた。閣僚は，地球温暖化と気候変動のリスクに関する「証拠の増加とこの問題への対応の必要性」を考慮して，これらの課題とその経済的・社会的影響への対応にエネルギー政策がいかに貢献できるかについての現実的な評価を行うことを求めている[25]。気候変動に対する取り組みの目的は「エネルギー安全保障と環境政策の統合」であるとするとともに，「気候変動問題に関する国際的なプロセス全体の中でリーダーシップを発揮できる，長く継続的なプロセスとなること」に合意した[26]。そして，IEA は，OECD 環境局との協力を継続するとともに，IPCC の活動に参加することを表明した[27]。

閣僚による合意として同誓約においては「エネルギー安全保障（energy security），環境保護（environmental protection），経済成長（economic growth）を統合する政策の必要性」の 3E 原則が強調された[28]。同誓約には上述のとおり「エネルギー安全保障と環境政策の統合」が掲げられたが，これよ

りのちには 3E 原則がより定着していくようになる[29]。

　1993 年には，IEA 閣僚理事会は「エネルギーと環境に関する閣僚宣言・勧告」を採択した[30]。ここでは，「地球環境問題の深刻化には，国際的に調整された対応が必要であり，エネルギー安全保障，環境保護，経済成長の目標のバランスを取る必要がある」とされるとともに，IEA の活動として①「エネルギーと環境の問題への包括的なアプローチの採用」と②「エネルギーと環境の政策の統合」を挙げた。さらに，「汚染物質と温室効果ガスの排出を削減するための国内及び世界的な解決策」は，「エネルギー安全保障，エネルギー貿易，経済成長及び非加盟国と IEA との関係」に影響を及ぼすとの認識が示された[31]。

　さらに，同宣言では，「世界的な気候変動問題がエネルギー政策立案者にもたらす課題にどのように対処するか」が議論の焦点であるとしたうえで，さらなる対策の強化なくしては温室効果ガスの排出が一層増加することへの危惧が示された[32]。そして，国連気候変動枠組条約の署名国に対し早期批准を促すとともに，IEA（事務局）に対し，国連気候変動枠組条約の実施に対する貢献を強化するよう要請した[33]。

　IEA においては，もともと石炭による大気汚染などローカルな環境問題への対応から始まったエネルギーと環境の関係が 1985 年以降「エネルギーと環境」として本格化していく初期の段階で地球規模の環境問題としての気候変動問題が課題として加わることとなった。しかし，初期の段階では，気候変動問題は環境問題のうちの１つとして「エネルギーと環境」の大枠の中に包含される課題との位置づけがなされるにとどまっていた。

　このことは，1993 年に IEA が策定した新たな「共通目標（Shared Goals）」に端的に表れている[34]。「共通目標」においては，エネルギー政策の策定に当たっては，政府はエネルギー安全保障と環境保護を特に重視しなければならないとされた。そして，①エネルギー部門内の多様性，効率性，柔軟性，②エネルギーに係る緊急事態に迅速かつ柔軟に対処する能力，③エネルギーの環境的に持続可能な供給と使用，④より環境的に受け入れられるエネルギー源の奨励・開発，⑤エネルギー効率の改善，⑥エネルギー技術の継続的な研究開発・市場展開，⑦歪みのないエネルギー価格，⑧自由で開かれた貿易と投資の安全

な枠組み，⑨エネルギー市場参加者の協力，の9つの目標に整合的な政策の枠組みを構築することを目指すことを定めている（表2-2参照）。「共通目標」においては，「環境保護」，「環境的に持続可能な」，「より環境的に受け入れられる」などの記述がなされているが，こうした環境面での目標設定においては気候変動防止の観点が考慮されているものと考えてよい。しかしながら，気候変動問題の扱いはそれほど明示的なものとはなっていなかった[35]。

　京都議定書に向けた交渉が開始された 1995 年には，IEA はドイツのボンで開催された国連気候変動枠組条約第一回締約国会議（COP1）の際に気候技術イニシアティブ（CTI）を設立することを表明するなど[36]，気候変動問題を意識した対応を強め始めていたが，IEA における気候変動問題は引き続き「エネルギーと環境」の中の一分野としての位置づけにとどまっていた。1995 年，IEA 閣僚理事会は「エネルギーと環境に関する閣僚行動」を採択した[37]。ここでは，持続可能な経済発展の達成に「エネルギーと環境の目標を収斂させること」が不可欠であると表明された[38]。その際，IEA 加盟国は，エネルギーの生産，変換，使用のすべての段階で環境への影響を軽減するよう努めることとした。ただし，それは気候変動問題への対処よりはローカルな環境対策により重点を置いたものであった[39]。

### 表2-2　IEA「共通目標」の9つの目標（要旨）

① エネルギー部門内の多様性，効率性，柔軟性は長期的なエネルギー安全保障の基本要件である。
② エネルギー・システムはエネルギーに係る緊急事態に迅速かつ柔軟に対処する能力を持たなければならない。
③ エネルギーの環境的に持続可能な供給と使用は「共通目標」の達成に向けた中心となるものである。
④ より環境的に受け入れられるエネルギー源を奨励し，開発する必要がある。
⑤ エネルギー効率の改善は環境保護とエネルギー安全保障の両面において費用対効果の高い方法で促進することができる。
⑥ 新規または改良されたエネルギー技術の継続的な研究開発・市場展開は上記の目的を達成するための重要な貢献となる。
⑦ 歪みのないエネルギー価格は市場が効率的に機能することを可能にする。
⑧ 自由で開かれた貿易と投資の安全な枠組みは効率的なエネルギー市場とエネルギー安全保障に貢献する。
⑨ すべてのエネルギー市場参加者の協力は，情報や理解の改善，効率的で環境的に受け入れられる柔軟なエネルギー・システムや市場の確立に役立つ。

（出典）IEA, Shared Goals に基づき著者作成。

　しかし，IEA は，1997 年の京都議定書の採択後の 1999 年には改訂「中期戦略（Medium-Term Strategy）」（1999 年〜2003 年の 4 年間が対象）を打ち出した。同戦略においては，京都議定書の達成のための政策オプションの分析や京都メカニズムの活用に関する支援などが規定されており，IEA 加盟国が京都議定書に基づく政策を実施するためのサポートに IEA は取り組むようになった[40]。

　2001 年の IEA 閣僚理事会のコミュニケは，1993 年の「共通目標」と 3E 原則を結びつけ，3E 原則を再確認するものとなった。同コミュニケでは，「IEA の共通目標の指導的原則，つまり，エネルギー安全保障，環境保全，経済成長の重要性を確認する」と明記された。そして，「これらの原則は持続可能な開発にとって引き続き重要である」とされるとともに，「これらの目標を達成させるためには新しくかつ柔軟な対応が要求される」とされた。後者の対応として，「国連気候変動枠組条約の枠組みにおいて温室効果ガス排出における長期的傾向を修正するための行動をとる必要がある」との見解が盛り込まれた[41]。また，2003 年の IEA 閣僚理事会では，「3E（エネルギー安全保障，環境保護，経済成長）は IEA のエネルギー政策の指導的原則として引き続き堅固なものである」との見解が示された[42]。

　このように，国際エネルギーレジームの第二期においては，エネルギー安全保障に環境保護が加わった体制の下で，エネルギー政策における気候変動の考慮の重要性が徐々に強化されていった。①国連気候変動枠組条約の段階，②京都議定書の段階における気候変動に関する国際規範は主に温室効果ガスの濃度安定化，先進国の行動基準を定めるものであったが，IEA 閣僚理事会の閣僚声明やコミュニケなどからは，こうした気候変動に関する国際規範がこの期の IEA の活動に部分的にせよ反映されていたことが見て取れた。

## 4．「エネルギー安全保障と気候変動」の両立（第三期）

　国際エネルギーレジームの第三期（2005 年〜2008 年）は，コペンハーゲン合意が作られた期間（2002 年〜2010 年）に重なる。この時期には気候変動に関する国際規範は先進国に加え主要途上国の行動基準も示すようになった。以

下では，2005 年以降の G8 サミットの動向に焦点を当てて，この期の国際エネルギーレジームにおける気候変動に関する国際規範の受容の特徴を明らかにする。

　2005 年に英国のグレンイーグルスにおいて開催された G8 サミットは，国際エネルギーレジームにおけるエネルギーと気候変動の扱いに関して多大な影響をもたらした。同 G8 サミットでは，「気候変動，クリーンエネルギー及び持続可能な開発に関する声明」が発出されている[43]。同声明は「地球環境の改善，エネルギー安全保障の強化，大気汚染の削減，貧困の撲滅という我々が共有する複数の目的のために断固として緊急に行動する」と宣言した[44]。このため，「気候変動，クリーンエネルギー及び持続可能な開発に関する対話を進め，エネルギー需要の大きい他の関心国を招請する」とされた[45]。そして，そのプロセスの結果について「2008 年の G8 サミットで報告を受けるとの日本の提案を歓迎する」とされた[46]。こうして「グレンイーグルス対話」が開始され，気候変動，クリーンエネルギーおよび持続可能な開発の 3 つの観点から様々な取り組みを行い，2008 年の G8 サミットに報告がなされることとなった。

　この際，適切なパートナーシップ，機関，イニシアティブと協力することが掲げられ，そこには，国際機関として IEA と世界銀行が特別に取り上げられた。IEA には，「クリーンで，賢く，競争力のあるエネルギーの将来を目指した代替エネルギーのシナリオとイニシアティブ」に関するアドバイスが求められた。世界銀行には「クリーンエネルギーと開発に関する新しい枠組みの構築における主導的な役割」が求められた[47]。

　こうして G8 グレンイーグルス行動計画に基づく取り組みが始められた。G8 グレンイーグルス行動計画には，IEA に対して作業を依頼する事項が多数盛り込まれていた[48]。2007 年の IEA 閣僚理事会では，G8 グレンイーグルス行動計画を支援する計画の一環としてまとめられた IEA の具体的な提言が歓迎されるとともに，可及的速やかな実施を検討するとした[49]。具体的には，新築建築物の省エネルギー基準，自動車の燃費基準，電気機器の義務的省エネルギー基準等のエネルギー効率の改善などが含まれていた。

　2008 年の北海道洞爺湖 G8 サミットでは，「エネルギー安全保障と気候変動に関する主要経済国首脳会合宣言」が採択された[50]。先進国だけでなく，主要

途上国の首脳が参加する会合となった。同宣言では，まず初めに，「気候変動は我々の時代の重大な地球規模の挑戦の一つである」と指摘する。そして，「気候変動と相互に関連する，エネルギー及び食料安全保障と人類の保健を含む持続可能な開発の挑戦に立ち向かう」と宣言した[51]。この際，気候変動については「共通に有しているが差異のある責任及びそれぞれの能力に従い，気候変動と闘うことにコミットする」と CBDR 原則に言及している。

　エネルギー安全保障と気候変動の連関に対処する方策に関しては，同宣言では，エネルギー技術の役割の重要性が指摘された。「エネルギー安全保障及び気候変動という相互に連関する世界的な挑戦への対処における，技術の極めて重要な役割及び技術の飛躍的な進歩の必要性を確認する」としたうえで，短期と長期の技術について取り上げる。短期の技術については，省エネルギー，エネルギー効率，災害抑制および水・天然資源管理，再生可能エネルギー，よりクリーンで低炭素の技術，原子力に関する技術を挙げた。長期の技術については，炭素回収・貯留などを含む様々な革新的技術の研究開発の重要性を指摘した[52]。

　同宣言には，豪州，ブラジル，カナダ，中国，欧州連合（EU），フランス，ドイツ，インド，インドネシア，イタリア，日本，韓国，メキシコ，ロシア，南アフリカ，英国および米国が参加している。この時期は先進国以外の国々の経済規模の拡大が顕著となった時期であった。すなわち，先進国以外のエネルギー需要，二酸化炭素の排出量が大幅に増加する時代に入っていた。IEA においても，同年の 2008 年には「IEA 非加盟国のための IEA 加盟」提案を打ち出し，中国，インド，ブラジル，メキシコなどの国を IEA による協調体制の中に正式に組み込んでいこうとする動きが始まった[53]。

　このように，国際エネルギーレジームの第三期は，それまでの先進国のみの体制に主要な新興国を取り込む試みが始まった時期に当たる。気候変動に関する国際規範が先進国に加え主要途上国の行動基準を定めたものとなっていたこの時期には，国際エネルギーレジームにおいても主要な新興国を取り込む試みが進められた。このことは，エネルギー安全保障と気候変動とを一体的に取り扱う動きが活発化する中で進められた。

## 5．クリーンエネルギー転換の推進（第四期）

　国際エネルギーレジームの第四期（2009 年〜現在）においては，IRENA の設立など個別分野ごとの政策協力・協調の動きとそれに対する IEA の対応がパリ協定が作られた時期（2011 年〜現在）と重なった。以下では，国際省エネルギー協力パートナーシップ（IPEEC）も含め，エネルギー関連の国際機関や国際イニシアティブの動向について述べる。

　第四期にはエネルギーの分野ごとの協力・協調体制を構築する動きやグローバル体制を志向する動きが顕著になった。2009 年，再生可能エネルギーについては国際再生可能エネルギー機関（IRENA）の設立会議が開催され，省エネルギーについては国際省エネルギー協力パートナーシップ（IPEEC）が開始された[54]。2014 年には「エネルギー協力に関する G20 原則」が採択され，G20 におけるエネルギー協力が開始される。2015 年には，IEA は「3 つの近代化」を打ち出し，グローバル体制に向けた動きを強めていくことが行われた。

　IPEEC については，G8 のエネルギー担当大臣が，2008 年 6 月，青森で開催された G8 エネルギー大臣会合において，同会合に招待された中国，インド，韓国と共に，IPEEC を設立することを決定した旨の共同声明を発出している[55]。同年 12 月には，ロンドンで開催された IPEEC に関する閣僚会合において，G8 諸国，中国，インド，韓国，メキシコが共同で「IPEEC に関する共同声明」（Joint Statement of the IPEEC）をとりまとめ，発出している[56]。翌年の 2009 年 5 月にローマで開催された G8 エネルギー大臣会合の際には，G8 諸国に，欧州委員会（EC），ブラジル，中国，エジプト，インド，韓国，メキシコを加えた各国が IPEEC 設立書名式を行うとともに，IPEEC 設立に関する共同声明をとりまとめている[57]。最終的には，G20 のうちの 17 カ国が参加するまでに拡大した。これは世界のエネルギー消費の 8 割以上をカバーしたこととなる。IPEEC は主に 4 つの目的をもって設立された[58]。これらの目的は，第一に，IPEEC 参加国の省エネルギーの改善を加速すること，第二に，省エネルギーの政策およびプログラムのデザインとその成功に貢献すること，第三

に，省エネルギーの政策およびプログラムに関する情報を提供する国際的な場として機能すること，第四に，省エネルギー・プロジェクトの実施を促進することであった。なお，IPEEC は独自の独立した国際機関としてではなく，IEA がホストする国際イニシアティブとして設立された。IPEEC 事務局は上記の4つの目的に沿って省エネルギーに関する様々な活動をサポートした。IPEEC は 2019 年に終了し，その後継として同じく IEA の下に 2019 年に「省エネルギーハブ」（Energy Efficiency Hub）が設立され，その活動を開始した[59]。

　IRENA については，2009 年 1 月，ボンで IRENA 設立会議が開催された。その後，2009 年から 2011 年にかけて準備委員会での検討が行われ，2011 年 4 月に IRENA 第一回総会が開催された。再生可能エネルギーに特化した国際機関を設立する構想自体はかなり以前から存在した。IRENA のウェブサイトでは，1981 年にナイロビにおいて開催された新エネルギー・再生可能エネルギーに関する国連会議が挙げられている[60]。その後も，2002 年にヨハネスブルグで開催された持続可能な開発に関する世界首脳会議（WSSD），2005 年からの G8 グレンイーグルス対話などの場において議論がなされてきた。IRENA は 2008 年 4 月からの準備会合において「IRENA 憲章」が起草され，2009 年 1 月の IRENA 設立会議では，75 カ国が同憲章に署名した[61]。同憲章は 2010 年 7 月に発効し，2011 年 4 月に第一回 IRENA 総会が開催された[62]。IRENA の加盟国は，2011 年 85 カ国，2012 年 105 カ国，2013 年 123 カ国，2014 年 138 カ国，2015 年 145 カ国，2016 年 150 カ国，2017 年 154 カ国，2018 年 159 カ国，2019 年 161 カ国，2020 年 162 カ国と増加を続けている[63]。IRENA を設立するために必要な事項を定める IRENA 憲章の前文には，①持続可能な開発，②エネルギー安全保障上の問題に対処する機会の提供，③温室効果ガスの濃度の減少およびそれに伴う気候の安定化ならびに低炭素経済への移行，④持続可能な経済成長と雇用の創出，⑤エネルギー・アクセスの改善などの再生可能エネルギーに期待される役割が掲げられている。また，同憲章は，IRENA の主な活動として，再生可能エネルギーに関する実例の分析，把握および体系化，政策上の助言，技術移転の強化，能力開発の促進等を規定している[64]。

　2010 年代の中頃からは，こうした動きに G20 によるエネルギー協力の動き

が加わった。2000年代の「エネルギーと気候変動」の動きはG8が主導したのに対し，2010年代におけるクリーンエネルギーへの転換の動きにはG20が主導的な役割を果たすこととなった。2009年のG20サミット開始当初は金融危機対応が主題であったため，金融や経済全般の議論が多かった。2014年のブリスベンG20サミットにおいて「エネルギー協力に関するG20原則」が策定され，G20としてのエネルギーに関する位置づけを固めたところから，徐々にG20の場を用いたエネルギーの議論が深まっていった[65]。

　エネルギー協力に関するG20原則は9項目からなる（表2-3参照）。気候変動と関連する項目は第7項目と第8項目である。第7項目は，「費用対効果の高い省エネルギー，再生可能エネルギー，クリーンエネルギーの促進など，気候変動に関する活動とコミットメントに沿った持続可能な成長と開発を支援する」である。また，第8項目は，「クリーンエネルギー技術を含む革新的なエネルギー技術の設計，開発，実証，普及を奨励し，促進する」である。また，エネルギーに関する国際機関に関連する項目は第2項目と第9項目である。第2項目は，「エネルギー関連の国際機関を新興国・発展途上国を含むより代表的かつ包括的なものにする」である。第9項目は，「エネルギーに関する国際機関間の調整を強化し，必要に応じて重複を最小限に抑える」である。

　こうした動きを踏まえ，IEAは，2015年に「3つの近代化」という方向性

#### 表2-3　エネルギー協力に関するG20原則（要旨）

① すべての人が手頃で信頼できるエネルギーにアクセスできるようにする。
② エネルギー関連の国際機関を新興国・発展途上国を含むより代表的かつ包括的なものにする。
③ エネルギー貿易と投資を促進する，十分に機能し，開かれた競争力のある，効率的で安定した透明なエネルギー市場を奨励し，促進する。
④ 高品質のエネルギーデータと分析の収集と普及を奨励し，促進する。
⑤ 緊急時の対応策などの問題に関する対話と協力を通じて，エネルギー安全保障を強化する。
⑥ 貧しい人々に的を絞った支援を提供する必要性を意識しながら，無駄な消費を助長する非効率的な化石燃料補助金を合理化して段階的に廃止する。
⑦ 費用対効果の高い省エネルギー，再生可能エネルギー，クリーン・エネルギーの促進など，気候変動に関する活動とコミットメントに沿った持続可能な成長と開発を支援する。
⑧ クリーン・エネルギー技術を含む革新的なエネルギー技術の設計，開発，実証，普及を奨励し，促進する。
⑨ エネルギーに関する国際機関間の調整を強化し，必要に応じて重複を最小限に抑える。

（出典）G20 Principles on Energy Collaboration, 2014.

を打ち出した。「3 つの近代化」は，①新興国に対して IEA の扉を開く，②ガス，石油，電力を含むエネルギー安全保障のさらなる重視（石油の深掘りとガス，電力への拡大），③クリーンエネルギー技術への更なる注力と IEA の省エネルギーの「中央銀行」化，という 3 つの柱によって説明された。2015 年の IEA 閣僚理事会は IEA の「3 つの近代化」の方向性を承認した[66]。

　「3 つの近代化」の第一の柱である「新興国に対して IEA の扉を開く」に関しては，2015 年の IEA 閣僚理事会において「アソシエーションの始動を表明する共同宣言」が採択された[67]。この背景には世界のエネルギー消費に占める IEA 加盟国のシェアの低下があった。閣僚理事会には，中国，インドネシア，タイが参加し，IEA 加盟国とともに，IEA のアソシエーションの始動を宣言している。アソシエーションとして連携を行う特別なステータスが与えられる国として中国，インドネシア，タイが位置づけられた。アソシエーションについては，「アソシエーションの始動は，将来，IEA 加盟国及びアソシエーション国との間の，より広範かつ深化した協力や連携のための架け橋及びプラットフォームとなることが期待されている。グローバルなエネルギー問題全般において重要かつ拡大しつつある役割を有する IEA 加盟国及びアソシエーション国の双方における将来のエネルギー動向や関心を十分に反映した，真にグローバルな国際エネルギー機関の構築に向けた鍵となるステップである」と位置づけている[68]。

　IEA 閣僚理事会では，2 年前の 2013 年に「アソシエーションに関する共同宣言」が採択されており[69]，IEA 加盟国とアソシエーション国が協力，連携して活動を行ってきていた。アソシエーション国は，IEA 閣僚理事会だけではなく，様々な IEA の常設作業部会および委員会に参加することができることとなり，加盟国とアソシエーション国との間の定期的な対話の共通フォーラムを提供するなど広範な作業計画が作られた。2013 年以降の 2 年間の活動を踏まえ，広範かつ包括的に連携を進めていくことが 2015 年の宣言の趣旨であった。

　G20 におけるエネルギー協力は，IEA，IPEEC，IRENA の協力の下で展開していく。G20 では，省エネルギー，再生可能エネルギーなどに関する個別の行動計画が策定された。省エネルギーについては，2014 年には「G20 省エネ

ルギー行動計画」が策定され[70]，2016 年には「G20 省エネルギー・リーディングプログラム」が策定された[71]。再生可能エネルギーについては，2015 年には「G20 再生可能エネルギー開発に関する自主オプションのツール・キット」[72]，2016 年には「G20 再生可能エネルギーに関する自主行動計画」が策定されている[73]。また，2015 年には「G20 エネルギー・アクセス行動計画」がまとめられている[74]。省エネルギーの行動計画には IPEEC が，再生可能エネルギーの行動計画には IRENA が，エネルギー・アクセスの行動計画には IEA が深く関与することとなった。

　G20 におけるエネルギー協力は，「エネルギー転換（energy transition）」をより積極的に位置づける方向に進んでゆく。2016 年の杭州 G20 サミットにおいては「持続可能な開発のための 2030 アジェンダに関する G20 行動計画」が作られている。この行動計画では，G20 原則に基づく，エネルギーに関する様々な取り組みが包括的に規定されている[75]。2017 年のハンブルグ G20 サミットでは「成長のための気候とエネルギーに関する G20 ハンブルグ行動計画」がとりまとめられた[76]。この行動計画を策定していく過程において，IEA と IRENA によるエネルギー転換に関する報告書 *Perspectives for the Energy Transition: Investment Needs for a Low Carbon Energy System* における分析[77] が G20 において議論されている。2018 年のブエノスアイレス G20 サミットに向けたエネルギーに関する議論の中では，G20 各国のエネルギー転換に関する分析を行った IEA による報告書[78] が取り上げられた。2019 年 6 月には，「G20 持続可能な成長のためのエネルギー転換と地球環境に関する関係閣僚会合」というエネルギー転換を冠した閣僚会合が軽井沢で開催された[79]。2019 年の大阪 G20 サミットに向けたエネルギーに関する議論の中では，エネルギー転換が積極的に位置づけられたのである。

　こうした動きを背景として，2020 年 7 月，IEA は「クリーンエネルギー転換サミット」を主催した[80]。このことに代表されるように，エネルギーを担当する国際機関である IEA は，近年，クリーンエネルギー転換を主導することを明確に示すようになってきている。

　このように，国際エネルギーレジームの第四期は，省エネルギーや再生可能エネルギーに関する分野ごとに特化した協力・協調体制が形成されることに

始まったが，このことは IEA による「3つの近代化」を通じたクリーンエネルギー転換の推進につながった。1.5℃目標を掲げ，すべての国の行動基準を定めるパリ協定の段階における気候変動に関する国際規範は国際エネルギーレジームの主要アクターである IEA の活動に変化をもたらしている。

## 6．おわりに

　本章では，エネルギーに関する国際レジームにおける気候変動に関する国際規範の受容過程について検討した。エネルギーに関する国際レジームの変遷は，エネルギー安全保障に関する先進国間の国際協力・協調体制が整備された時期（第一期），エネルギーの取り扱いに環境保護の観点が加えられ，「エネルギーと環境」（3E 原則）が確立した時期（第二期），エネルギー安全保障と気候変動の両立が模索された時期（第三期），グローバルなクリーンエネルギー転換を推進する時期（第四期）に分けられた。第二期の前半が国連気候変動枠組条約，第二期の後半が京都議定書，第三期がコペンハーゲン合意，第四期がパリ協定が作られた期間に概ね一致する。気候変動に関する国際規範の受容が進むにつれて，エネルギーに関する国際レジームにおいては，第一期では石油備蓄の整備，石油代替エネルギーの開発が中心的な課題であったが，第二期では「エネルギーと環境」（3E 原則）の確立，第三期ではエネルギー安全保障と気候変動の両立，第四期ではクリーンエネルギー転換の推進へと変化した。こうした変化に際しては，第二期では閣僚レベルの対応，第三期では首脳レベルの対応，第四期では国際機関の対応が際立った。

【注】
1　それ以前については石油に関する多国籍企業（セブン・シスターズ）の動向を取り上げるべきであろう。また，石油産出国側の動きとしては石油輸出国機構（OPEC）の動向を分析することとなろう。例えば，Mommer（2000）を参照のこと。
2　Van de Graaf（2013），p. 131.
3　Scott（1994），p. 19.
4　Scott（1994），pp. 33-43.
5　Scott（1994），p. 47. OECD 加盟国のうちフィンランド，フランス，ギリシャは決定に参加していない。
6　Scott（1994），p. 413. オーストリア，ベルギー，カナダ，デンマーク，ドイツ，アイルランド，

日本，イタリア，ルクセンブルグ，オランダ，スペイン，スウェーデン，スイス，トルコ，イギリ
ス，米国の 16 カ国が署名。

7　Article 41 〜 Article 43.

8　Article 42.

9　IEA (2016c).

10　Scott (1994b), pp. 114-133.

11　"Since the creation of the IEA, there have been three collective actions: in the build up to the Gulf War in 1991; after Hurricanes Katrina and Rita damaged offshore oil rigs, pipelines and oil refineries in the Gulf of Mexico in 2005; and in response to the prolonged disruption of oil supply caused by the Libyan Civil War in 2011." https://www.iea.org/areas-of-work/ensuring-energy-security/oil-security

12　Ministerial Recommendation on the Indigenous Production and International Trade in Natural Gas, 21-22 May 1979. IEA/GB (79) 35. (Scott 1995, p. 237). Scott (1994b), p. 48 も参照。

13　Scott (1994b), p. 48.

14　Scott (1994b), p. 53.

15　Ministerial Statement and Conclusions on Energy and the Environment 9 July 1985 IEA/GB (85) 46 and Annex I (Scott 1995, p. 272).

16　Ministerial Statement and Conclusions on Energy and the Environment 9 July 1985 IEA/GB (85) 46 and Annex I (Scott 1995, p. 272).

17　Annex I, 1) (Scott 1995, p. 273).

18　Ministerial Statement and Conclusions on Energy and the Environment 9 July 1985 IEA/GB (85) 46 and Annex I (Scott 1995, p. 273).

19　Annex I, 5) (Scott 1995, p. 275).

20　Annex I, 6) (Scott 1995, pp. 275-276).

21　Ministerial Recommendation on Energy and the Environment 11 May 1987 IEA/GB (87) 33 Annex, para 32 (Scott 1995, p. 276).

22　para 33 (Scott 1995, p. 277).

23　para 33 (Scott 1995, p. 277).

24　Ministerial Pledge on the Environment 30 May 1989 IEA/GB (89) 36 Annex (Scott 1995, pp. 277-280).

25　Scott (1995), p. 277.

26　Scott (1995), p. 278.

27　Scott (1995), p. 278.

28　para 4 (d) (Scott 1994b, p. 213).

29　Scott 1994b, pp.213-214.

30　Ministerial Declaration and Recommendation on Energy and the Environment 4 July 1993 IEA/GB (93) 41 (Scott 1995, pp. 281-284).

31　para 15 (Scott 1995, p. 281).

32　para 16 (Scott 1995, p. 281).

33　para 16 (Scott 1995, p. 281).

34　https://iea.blob.core.windows.net/assets/b01dc266-6b76-4cb6-846b-b236cb50af93/IEASharedGoals-1993.pdf

35　この点については，本書第 7 章の国別審査の議論の際に再度取り上げる。

36　Scott (1995), p. 490.

37 Ministerial Action on Energy and the Environment 22 May 1995 IEA/GB（95）30（Scott 1995, pp. 284-285）.

38 Scott（1995）, p. 284.

39 Scott（1995）, p. 284.

40 Bamberger（2004）, pp. 226-227.

41 第 18 回 IEA 閣僚理事会コミュニケ（仮訳）https://www.mofa.go.jp/mofaj/gaiko/energy/iea/communique.html（ただし，仮訳の文言を若干修正した。）

42 Bamberger（2004）, p. 239.

43 G8（2005）.

44 para 2.

45 para 9.

46 para 10.

47 para 11.

48 G8（2005）.

49 para 5.

50 Declaration of Leaders Meeting of Major Economies on Energy Security and Climate Change, https://www.mofa.go.jp/policy/economy/summit/2008/doc/doc080709_10_en.html

51 para 1. エネルギー安全保障と気候変動に関する主要経済国首脳会合宣言（仮訳）https://www.mofa.go.jp/mofaj/gaiko/summit/toyako08/doc/doc080709_10_ka.html

52 para 8.

53 当時の IEA の動きは田中（2013）などを参照。

54 IRENA の正式な設立は 2011 年。

55 Joint Statement by Energy Ministers of G8, The People's Republic of China, India and The Republic of Korea（Aomori, Japan on 8 June 2008）, http://www.g7.utoronto.ca/energy/080608joint.pdf

56 Joint Statement of the IPEEC（London, 18 December 2008）.

57 IPEEC と題された声明が Joint Statement by the G8 Energy Ministers, the European Energy Commissioner, the Energy Ministers of Brazil, China, India, Korea, Mexico, Soudi Arabia, and South Africa に付されている。サウジアラビアと南アフリカは IPEEC 設立の署名には加わっていない。http://www.g7.utoronto.ca/energy/090525_energy-g8+9.pdf

58 IPEEC（2019）, p. 6.

59 "The Hub has sixteen founding members: Argentina, Australia, Brazil, Canada, China, Denmark, European Commission, France, Germany, Japan, Korea, Luxembourg, Russia, Saudi Arabia, United Kingdom and United States," https://www.iea.org/areas-of-work/international-collaborations/energy-efficiency-hub

60 https://irena.org/history

61 https://irena.org/history

62 https://irena.org/history

63 https://irena.org/irenamembership

64 https://www.mofa.go.jp/mofaj/gaiko/treaty/pdfs/treaty174_13.pdf

65 G20 Principles on Energy Collaboration, https://www.mofa.go.jp/files/000059860.pdf

66 https://iea.blob.core.windows.net/assets/imports/events/100/BIROL.pdf

67 アソシエーションの始動を表明する共同宣言（仮訳）https://www.mofa.go.jp/mofaj/files/000112017.pdf

68　para 2.
69　2013 年 IEA 閣僚理事会におけるアソシエーションを追求することに関する相互の関心を表明する IEA とブラジル，中国，インド，インドネシア，露，南アフリカとの間の共同宣言（仮訳）https://www.mofa.go.jp/mofaj/files/000020264.pdf
70　G20 (2014).
71　G20 (2016b).
72　G20 (2015b).
73　G20 (2016c).
74　G20 (2015).
75　G20 (2016).
76　G20 (2017).
77　IEA and IRENA (2017).
78　IEA (2018), IEA (2018b).
79　"G20 Ministerial Meeting on Energy Transitions and Global Environment for Sustainable Growth Held," https://www.meti.go.jp/english/press/2019/0617_001.html
80　https://www.iea.org/events/iea-clean-energy-transitions-summit

第 3 章

# 気候変動規範の形成における IEA の役割

## 1. はじめに

　本章では，国際エネルギーレジームの主要な担い手である国際エネルギー機関（IEA）が気候変動規範の形成に対してどのような関与を行ってきたかについて検討する。IEA は気候変動規範を受動的に受け入れてきたのだろうか。それとも，能動的に気候変動規範の形成に関与してきたのだろうか。能動的に関与してきたとすれば，それはどういう観点からの関与であったのか。そして，それは気候変動規範の形成にどのような影響を及ぼしたのであろうか。

　本章では，IEA 事務局および IEA 閣僚理事会の動向を振り返ることにより，①国連気候変動枠組条約，②京都議定書，③コペンハーゲン合意および④パリ協定が作られた各段階における気候変動に関する国際規範に対して IEA がどのような関与を行ってきたかを明らかにする。次節以降，第 2 節から第 5 節にかけて，①から④までの各段階における IEA の役割を順次述べる。最後に，第 6 節において本章の総括を述べる。

## 2. 国連気候変動枠組条約の段階における IEA の役割

　国連気候変動枠組条約に体化された気候変動規範では，温室効果ガス濃度の安定化を究極の目的とした[1]。しかし，各国の具体的な行動については，先進国については，曖昧ながらも 1990 年代の終わりまでの削減目標を設定し行動を行う基準を示したが，途上国については，共通だが差異ある責任（CBDR）原則の下で，開発を優先することが認められた[2]。こうしたこの時期の気候変

動規範の形成に対して，IEA はどのような関与を行ったのであろうか。

　前章で見たように，国連気候変動枠組条約が作られた期間（1985 年～1994年）の早期から IEA は気候変動問題をめぐる動きを認識していた。IEA は，初期の段階から気候変動レジームにおける制度の形成に対して積極的に関与する姿勢を取った。IEA は，1987 年に設立された IPCC の活動のサポートや1990 年から 1992 年の国連気候変動枠組条約の策定のための政府間交渉委員会（INC）に対する「貢献」を行っていた[3]。国連気候変動枠組条約が各国の署名に開放された 1992 年の国連環境開発会議（UNCED）には IEA のヘルガ・シュテーグ（Helga Steeg）事務局長が参加し，IEA による情報と専門的技術の提供を行う旨の演説を行っている[4]。

　IEA は，1991 年に設立された「IPCC 国別温室効果ガスインベントリ・プログラム（IPCC National Greenhouse Gas Inventories Programme）」の運営を IPCC 第一作業部会，OECD 環境局とともに行った。同プログラムの下，国別の温室効果ガスの排出量に関する算定方法の開発を行い[5]，1994 年には「温室効果ガス目録のための IPCC ガイドライン（IPCC Guidelines for National Greenhouse Gas Inventories）」を作成した。このガイドラインは，1995 年の国連気候変動枠組条約第一回締約国会議（COP1）において，先進国の国別報告書作成のためのガイドラインとして採択された[6]。さらに，1996 年には，「国別温室効果ガス目録のための改訂 1996 ガイドライン（Revised 1996 IPCC Guidelines for National Greenhouse Gas Inventories）」を作成した[7]。

　こうしたことからは，IEA は，温室効果ガス濃度の安定化を究極の目的とする規範が形成されていくことに反対することなく，これを受け入れていたことが見て取れる。また，こうした規範が形成されていく中で，エネルギー起源の温室効果ガスに関するデータ収集を整備することに積極的に貢献していたことがうかがえる。

　先進国が温室効果ガスの排出削減に向けて行動を取ることについても，IEA は各国のエネルギー関連の政策イニシアティブを促すことで対応しようとした。1990 年代の終わりまでの先進国の削減行動を支援する動きが見られる。国連気候変動枠組条約の採択後の 1993 年には，IEA は，各国の温室効果ガス削減に向けた取り組みをとりまとめた『気候変動政策イニシアティブ（*Climate*

*Change Policy Initiatives*）』を出版している[8]。

　他方，この時期には，IEA は途上国における温室効果ガスの排出削減を求めるには至っていなかった[9]。むしろ先進国においてどのような対策が採られるべきか，その際，いかに各国ごとの柔軟性を確保するかに議論が集中していたことが当時の IEA 閣僚理事会の動向から見て取れる。以下では，1989 年と1993 年の IEA 閣僚理事会を取り上げる。

　1989 年の IEA 閣僚理事会においては，「環境に関する閣僚誓約」が採択されている[10]。「環境に関する閣僚誓約」においては，エネルギー安全保障，環境保護，経済成長の 3E が掲げられた[11]。3E の実践の観点から，気候変動に対する対策は，環境保護の観点だけでなく，エネルギー安全保障，経済成長の観点にも整合的であることを求めることとなった。

　1993 年の IEA 閣僚理事会において採択された「エネルギーと環境に関する閣僚宣言・勧告」には，税，財政的インセンティブ，規制といった気候変動問題に対処するための政策ツールに関する考え方をまとめた「政策手段―対策の組み合わせ（Policy Instruments: A Mix of Measures）」が盛り込まれた[12]。ここでは，個々の政策の効果は国ごとに異なることから国情に合わせて複数の政策ツールを組み合わせることとなるが，各国の政策協調が必要であることが強調された[13]。対策の実施における柔軟性が重要視されていたことがうかがえる。

　さらに，同じく 1993 年の「エネルギーと環境に関する閣僚宣言・勧告」には，「地球環境問題は，エネルギー安全保障，環境保護，経済成長の目的のバランスを取りながら国際的に協調した対応を行うことが必要である」としたうえで，「気候変動問題への挑戦にどのように対処するかについては，エネルギー政策の立案者が国際的な議論の中心にあり続けるべきである」とした旨の記載が見受けられる[14]。ここには，エネルギー政策の担当者が気候変動レジームの形成に継続的に関与していくべきであるとの意向が示されていた。

　このように，IEA は，国連気候変動枠組条約の策定とその後の実施に向けた準備を進めていたこの時期の気候変動レジームにおける制度の形成に対し，積極的に情報および技術的サポートを提供しようとした。また，先進国の行動における政策オプションに関する支援を積極的に行った。他方，途上国の行動

については意識されていなかった。この時期の気候変動規範に対する IEA の関与は受動的なものであった。

## 3．京都議定書の段階における IEA の役割

　京都議定書に体化された気候変動規範では，温室効果ガス濃度の安定化が究極の目的であることは維持されている[15]。京都議定書第一約束期間（2008年〜2012年）に向けて設定した目標に向けて先進国が温室効果ガスの削減行動を取ることとなった[16]。具体的な削減目標が設定されなかった途上国については，クリーン開発メカニズム（CDM）への参加が推奨されるのみであった[17]。こうしたこの時期の気候変動規範に対して IEA はどのように関与していたのであろうか。

　京都議定書が作られる時期は 1995 年から 2001 年であるとしたが[18]，国際交渉に向けた準備はそれ以前から進められていた。1993 年，IEA 事務局は，OECD（環境局）とともに，付属書 I 国専門家グループ（Annex I Expert Group）の運営を開始した。付属書 I 国専門家グループの事務局として IEA および OECD のスタッフは国連気候変動枠組条約の実施およびその後の気候変動交渉に関連する分析ペーパーを提供した[19]。付属書 I 国専門家グループの会合は，各国の交渉担当者が直接の国際交渉の場の外において専門的な知見を高め，非公式な意見交換を行う場を提供することとなった。こうして IEA 事務局は，OECD（環境局）とともに，京都議定書の策定につながる国際交渉の側面的な支援に積極的に関与することとなった[20]。

　1995 年 4 月の国連気候変動枠組条約第一回締約国会議（COP1）には IEA 事務局長のロバート・プリドル（Robert Priddle）が参加している[21]。この際，閣僚からは，ベルリンマンデートのサポートに IEA が積極的な役割を果たすように指示されている[22]。1997 年の第三回締約国会議（COP3）においては，IEA は新しい出版物として『燃料燃焼による二酸化炭素排出量（*CO₂ Emissions from Fuel Combustion*）』を発表した[23]。これは，各国のエネルギー統計および「国別温室効果ガス目録のための改訂 1996 ガイドライン」を用いて算定した温室効果ガスの排出量をとりまとめたものであり，その後も毎年出

版され，気候変動関連の基礎資料として用いられるようになった[24]。

　IEA が気候変動に関する国際レジームにおける制度の形成に積極的に関与する理由については，気候変動問題にはエネルギー分野に関わるにもかかわらず，エネルギー担当者が取り残されることに対する危機感があった。1996 年にスイスのジュネーブで開催された第二回締約国会議（COP2）では，プリドルは気候変動レジームのプロセスに関与する理由に関して「エネルギーは気候変動問題の主要な部分を占めており，故に，本問題の解決の主要な部分とならなければならない」と述べている[25]。そして，1997 年には，「気候変動のエネルギーの側面に関する IEA 声明（International Energy Agency Statement on The Energy Dimension of Climate Change)」を発表している[26]。同声明では，「（気候変動に対するエネルギー分野における）対策については各国の能力と政治的な受け入れ可能性を評価すべきである」との主張を行った[27]。

　1997 年 5 月の IEA 閣僚理事会のコミュニケでは，京都議定書で各国が設定した温室効果ガスの排出削減目標を達成するための「現実的かつ達成可能で費用対効果の高いエネルギー政策の策定および実施」が最大の課題であるとした[28]。その際，エネルギーの生産者および消費者並びにエネルギー市場に対する影響の重大さに鑑み，「エネルギー政策担当者が気候変動問題がもたらす挑戦の達成，および COP3 での合意の要素の決定（defining the elements of an agreement at COP-3) に重要な役割を果たすべきである」と指摘した[29]。そして，京都議定書に向けた国際交渉に対して伝えるべき「気候変動のエネルギーの側面に関する基本的な原則」として次の各点を挙げた[30]。

①　経済活動とエネルギー需要には重大な関連があること
②　政策と行動による対応は産業，民生，運輸などの活動からの排出に影響を与えるものであり，官民のすべての積極的な参画がプロセスに必要であること
③　エネルギー分野は短期的には構造的に硬直性が強いが，技術革新とその普及，インフラストラクチャと資本ストックの回転により，長期的にはより柔軟性の余地があること
④　構造変化は，資本ストックの回転と新しいインフラストラクチャへの投

資と協調して実施する必要があること
⑤　最小のコストで最大の効果を確保するために国の対応は公平かつ柔軟に
　　行われるべきであること
⑥　すべての国が気候変動の世界的な脅威に対処する上でそれぞれの役割を
　　果たす必要があること

　これらの原則のうち⑥については，先進国のみならず途上国も含めたすべて
の国がそれぞれの役割を果たすべきことを述べている。
　1999 年の IEA 閣僚理事会のコミュニケにおいては，京都議定書の第一約束
期間以降についても温室効果ガスの排出を管理することが必要であることおよ
びそのために必要な長期の政策措置の開発が重要であることが挙げられた[31]。
この際には，技術開発に関する国際的な協力の重要性が指摘された[32]。
　このように，IEA は，この時期，気候変動に関する国際レジームにおける
制度の形成に対し，引き続きエネルギー分野の専門的知見から積極的に協力し
た。その背景には，気候変動問題の実質的な把握のためにはエネルギー分野の
把握が必要であることが挙げられる。IEA は，エネルギー需要が経済活動と
密接に関連すること，技術開発やインフラストラクチャーの整備には時間を要
することなどを十分に認識したうえで，気候変動に関する国際交渉が行われる
ことを望んだと言える。この時期，気候変動規範の形成に対する関与を強めよ
うとしたものの，実際には十分な成果は得られなかった。

## 4．コペンハーゲン合意の段階における IEA の役割

　コペンハーゲン合意に体化された気候変動規範においては，産業革命以降の
地球の平均気温上昇を 2℃ 以内に抑えることが目標となった[33]。先進国のみな
らず，主要な途上国においても 2020 年に向けた目標を掲げて削減行動を行う
こととなった[34]。こうしたこの時期の気候変動規範の形成に対して IEA はど
のような関与を行ったのであろうか。
　2009 年のコペンハーゲン合意につながる気候変動レジームにおける制度の
形成に関連して，IEA は，① OECD との共同事務局による附属書Ⅰ国専門家

会合の運営，②2012年以降の国際的な枠組みの構築に向けた検討，③G8グレンイーグルス行動計画に基づくエネルギー分野の協力の推進を行っている。以下では，これらの点について見ていくこととする。

①の附属書Ⅰ国専門家グループ会合は，この時期においては，マラケッシュ合意につながる京都議定書の具体的な運用における論点の整理やバリ行動計画に基づくコペンハーゲン合意につながる論点の整理などを行った。IEA事務局は，OECD環境局とともに，論点に関するペーパーを用意するとともに，交渉担当者に対して非公式な意見交換を行う場を提供した[35]。

②のIEA独自の検討に関しては，例えば，2002年，IEAは，『京都議定書を越えて（*Beyond Kyoto: Energy Dynamics and Climate Stabilisation*)』を出版した[36]。同書は，「損害や削減のコストに不確実性が存在するため，京都議定書が採用したタイプの短期的な目標は最適ではない」と指摘した[37]。そして，2013年以降の気候変動の国際的な枠組みに関し，非拘束的な目標を含め様々なオプションを検討した。

1つのオプションとしてこの時期のIEAにおいて検討されたのが，セクター別アプローチ（sectoral approach）である。2005年から2006年頃には，IEAとOECDが共同で事務局を行っている付属書Ⅰ国専門家グループ会合においてセクター別クレジット・メカニズム（sectoral crediting mechanism）の議論が展開された[38]。IEAは，2007年には，鉄鋼，セメント，紙パルプなどの産業別にセクター別アプローチの手法の検討を深めていた[39]。さらに，2009年には，電力部門におけるセクター別アプローチの手法の検討を行っていた[40]。

これは，③のG8グレンイーグルス行動計画に基づくエネルギー分野の協力の一環でもあった。「グレンイーグルス対話」の第4回大臣会合が2008年3月に日本の千葉で開催された[41]。この際には，セクター別アプローチが取り上げられ，①セクター別アプローチ（例：APP）に基づく経験の共有，②セクター別アプローチの効果に関する議論，共通理解に向けての議論の継続，③セクター別アプローチの文脈におけるCBDR原則の確認が行われた[42]。

2005年のIEA閣僚理事会のコミュニケは，「持続可能な低炭素の未来」は「より厳格な政策，市場ベースの手段，そして世界の他の地域との関わりに

よってのみ可能である」と指摘するとともに，「直接，G8，UNFCCC などの既存のメカニズムを通じて」，これを行っていくことを表明している[43]。また，「これは共同責任である（This is a shared responsibility.）」と指摘した[44]。

2007 年の IEA 閣僚理事会のコミュニケでは，G8 グレンイーグルス行動計画に基づく IEA による作業の成果について触れられている[45]。そして，IEA 事務局に対し，「真に持続可能なシナリオ」と「気候変動に対するエネルギー関連の最小コストの政策ソリューション」の特定に向けた取り組みを継続することを要請した[46]。

IEA は，2008 年の『世界エネルギー展望』において概ね 2℃ 目標を達成する経路に相当する「450 政策シナリオ」を提示した[47]。以降，バックキャスティングのシナリオ分析を用いて気候変動レジームにおける制度の形成により本格的に貢献していくこととなる[48]。

2009 年の IEA 閣僚理事会のコミュニケでは，コペンハーゲンで開催される第十五回締約国会議（COP15）において「すべての国が参加した野心的な合意」に達するよう呼びかけた[49]。そして，その合意は「クリーンで安定的なエネルギーの将来」へと導く具体的な結果をもたらすべきものとされた[50]。

このように，この時期の IEA は，2℃ 目標の規範化に向けた気候変動レジームにおける議論に材料を提供するとともに，先進国のみならず途上国を含めたすべての国が参加することを気候変動の国際交渉フロントに対して働きかけることを行った。この時期には，気候変動規範の形成に対してより積極的な関与を行った。

## 5．パリ協定の段階における IEA の役割

パリ協定が体化した気候変動規範では，世界の平均気温上昇が 2℃ を十分に下回ることが目標とされるとともに，1.5℃ 以内の努力目標が加えられた[51]。また，2030 年の目標に加え，2050 年の目標が検討されることとなった。5 年ごとに目標年を更新していく仕組みの下，すべての加盟国が独自に設定する目標に向けて削減行動を行っていくこととなった。こうした気候変動規範の形成に対して IEA はどのような関与を行ってきたのであろうか。

　2009 年，それまでの附属書 I 国専門家グループ会合は，気候変動専門家グループ（CCXG）会合に改称された[52]。これは，会合の参加資格が，気候変動枠組条約の附属書 I 国（いわゆる「先進国」）のみならず，すべての国の政策担当者に開かれていることを明確にするためであった。同会合は，パリ協定に向けての交渉において，交渉担当者に対し，交渉における論点について議論の材料を提供するとともに，交渉の場以外で非公式に議論を行う機会を提供した。

　例えば，2014 年の CCXG 会合のために事務局が用意したペーパー "Built to Last: Designing a Flexible and Durable 2015 Climate Change Agreement" は，気候変動に関する柔軟かつ永続性のある協定のための現実的なオプションを提案するものであった[53]。野心的，公平，効果的でありながら，永続性を持たせるために必要な要素について議論している。各国に与える柔軟性と，結果の予見性のバランスなどに関する議論の材料を提供した。

　IEA は，2013 年，2015 年の二度にわたり気候変動に関する『世界エネルギー展望』特別報告書を公表した[54]。2013 年の特別報告書では，①世界の平均気温の上昇を 2℃ 以内に抑える目標に世界の取り組みは合致していない，②エネルギー・セクターがこの気候変動の変化を緩和させるための鍵である，③4 つのエネルギー政策を用いることで，経済コストを掛けずに，2℃ 目標に近づくことができる，との提言を行った[55]。ここでは，エネルギー政策が気候変動問題に関わっていることを示すことに主眼が置かれている。これに対し，2015 年の特別報告書においては，パリ協定に求められる要素について積極的な提言を行っている。具体的には，COP21 に向けて，エネルギー起源の排出の一層の削減のために必要な取り組みとして，①排出量を早期にピークとすること，②5 年毎に野心の見直しを行うこと，③長期のビジョンを設定し，これと整合的な短期的なコミットメントを行うこと，④エネルギー転換の進展を把握・分析することを挙げた[56]。

　また，IEA は，この時期，エネルギーと気候変動に関する政策分析，提言を行う出版物シリーズを立ち上げている。2014 年，2016 年の二度にわたり『エネルギー，気候変動，環境（*Energy, Climate Change and Environment*）』を出版した。2014 年版では，①石炭火力発電所の撤廃方策，

②排出量取引をめぐる新たな動きへの対応，③エネルギー分野の脱炭素化に向けた指標の構築，④大気汚染対策と気候変動対策との関連，を取り上げ，政策提言を行っている[57]。2016 年版では，国連気候変動枠組条約第二十一回締約国会議（COP21）の結果を踏まえ，パリ協定のエネルギー分野に対する影響を分析するとともに，石炭・ガス，再生可能エネルギー，省エネルギーなどエネルギー分野における転換（transform）の方策に関する分析，提言を行っている[58]。

　2013 年の IEA 閣僚理事会では，エネルギーと気候変動問題との関わりを強調した「気候変動に関する声明」を採択した。同 IEA 閣僚理事会の議長総括では，「よりクリーンなエネルギー経済への移行を促しうる政策や技術を促進する必要性だけではなく，エネルギーと気候変動の関係を強調した気候変動に関するステートメントを史上初めて発表した」と総括している[59]。また，「気候変動に関する声明」では，「エネルギー閣僚は，安全で，受容可能かつ持続可能なエネルギーを供給できるよう取り組まねばならない」との認識を示したうえで，「エネルギー部門で取られる行動は気候変動を抑制する上で極めて重要である」と表明した[60]。さらに，「すべての安全かつ持続可能な低炭素技術及びエネルギー効率が気候変動を緩和する上で重要な役割を果たすと認識するとともに，これらのアプローチをさらに展開することにコミットし続ける」とした[61]。

　これに対し，2015 年の IEA 閣僚理事会においては，「エネルギーと気候変動に関する声明」を採択している。同声明では，「エネルギーの責任者として，気候変動，開発，経済及びエネルギー安全保障上の目標達成に向け，世界のエネルギーシステムの転換が不可欠かつ統一のビジョンであることを認識する」と表明している[62]。また，気候変動目標のためにはエネルギー転換が必要であり，エネルギー転換が進行中であるとのシグナルを COP21 に送ることの必要性を強調した[63]。さらに，気候変動の交渉者に対しては「継続的な支援」を行うことを表明した。同時に，IEA 事務局に対しては「エネルギー分野の転換（例：全体的かつ長期的なエネルギー計画の分析）の追求」を求めた[64]。

　パリ協定の採択後は，より迅速な削減行動を求める気候変動規範の下，IEA は世界のクリーンエネルギー転換の推進に舵を切っていくこととなった。2017

年の閣僚理事会では，「優れたエネルギー分析，データ及び統計に係る世界の優れた情報源，並びにグローバルなエネルギー課題における効果的な国際連携のためのプラットフォーム」としての IEA の重要性が強調された[65]。また，同年には，IEA では，クリーンエネルギー転換プログラムが開始された[66]。2019 年の IEA 閣僚理事会の議長総括では，「エネルギー安全保障」と「エネルギー転換」が同程度に重要な 2 つの項目として整理された[67]。2020 年には，IEA は「クリーンエネルギー転換サミット」を開催した[68]。この背景には，エネルギーの専門の国際機関である IEA が，エネルギーと密接に関連する気候変動分野に積極的に関わるなかで，より実質的な貢献を追求するとともに，特にエネルギー分野自体の転換の必要性をより強く認識していったことが挙げられる。

　このように，この時期の IEA は，気候変動とエネルギーとの関わりについて改めて強調するとともに，パリ協定の構成要素について具体的な提案を行うなど，この時期の気候変動規範の形成に積極的に参入していた。そして，世界のエネルギーシステムの転換が必要であり，IEA は，その努力の中心に立つことを表明した。気候変動規範は抜本的なエネルギー分野の転換を迫るものとなった。こうした中で，IEA はクリーンエネルギー転換を推進する母体としての役割を果たすようになっていく。

## 6．おわりに

　本章では，気候変動に関する国際規範の形成における IEA の役割について検討した。①国連気候変動枠組条約の段階の気候変動に関する国際規範の形成に対する IEA の役割は受動的なものであった。気候変動に関する国際レジームの形成に対しては積極的に情報および技術的サポートを提供した。また，先進国の行動における政策オプションに関する支援を積極的に行った。他方，途上国の行動については意識されていなかった。②京都議定書の段階の気候変動に関する国際規範の形成に対する IEA の役割は，①の段階に比べ，より能動的なものとなったが，十分な成果は得られなかった。気候変動に関する国際レジームの形成に対しては引き続きエネルギー分野の専門的知見から積極的に協

力した。エネルギー需要が経済活動と密接に関連すること，技術開発やインフラストラクチャーの整備には時間を要することなどを十分に認識したうえで，気候変動に関する国際交渉が行われることを望んだ。③コペンハーゲン合意の段階の気候変動に関する国際規範の形成に対する IEA の役割はさらに積極的なものとなった。2℃目標の規範化に向けた議論に対する検討材料を提供するとともに，先進国のみならず途上国を含めたすべての国が参加することを気候変動の国際交渉フロントに対して働きかけた。④パリ協定の段階の気候変動に関する国際規範に対する IEA の役割はさらに直接的かつ積極的なものとなった。気候変動とエネルギーとの関連について改めて強調するとともに，パリ協定の構成要素について具体的な提案を行った。パリ協定の採択後は，クリーンエネルギー転換を推進する母体としての役割を果たすようになった。このように，段階を経るごとに，IEA は気候変動規範の形成に対する積極的な関与を強めていった。

## 【注】

1　本書第1章参照のこと。
2　同上。
3　Scott (1994b), pp. 214-215.
4　Scott (1994b), p. 215.
5　https://www.ipcc-nggip.iges.or.jp/
6　http://www.env.go.jp/earth/ondanka/ipccinfo/IPCCgaiyo/detail/ipcc_tfi.html
7　IPCC 国別温室効果ガス・インベントリ・プログラムについては1998年に IPCC 内に移管することが決定した。ガイドラインについては，2006年に再改訂がなされている。
8　Scott (1994b), p. 216.
9　この時期，IEA は，*Climate Change Policy Initiatives 1994-1995 Update – Volume II for Non-OECD Countries* を出版するなど，OECD 非加盟国の政策イニシアティブに関する分析は行っている。Scott (1995), p. 490.
10　Ministerial Pledge on the Environment 30 May 1989 IEA/GB (89) 36 Annex (Scott 1995, pp. 277-280).
11　para 4 (d) (Scott 1994b, p. 213).
12　Scott (1995), pp. 283-284.
13　para 25. (Scott 1995, p. 284).
14　Scott (1994b), p. 281.
15　本書第1章参照。
16　同上。
17　同上。
18　同上。
19　http://what-when-how.com/global-warming/oecd-annex-1-expert-group-on-the-unfccc-

global-warming/
20 Annex I Expert Group は 2009 年に Climate Change Expert Group（CCXG）に改称されている。CCXG のウェブページには下記の説明がなされている。
　　"The OECD and the IEA provide secretariat support to the CCXG and prepare analytical papers on issues relevant to the on-going climate change negotiations. Over 100 papers have been prepared for the group since 1993. Please note that these papers are intended to inform national policy-makers and other stakeholders; they do not necessarily represent the views of the OECD or the IEA, nor do they intend to prejudge the views of countries participating in the CCXG. Papers published in 2009 onwards constitute the OECD/IEA Climate Change Expert Group Paper Series." http://www.oecd.org/env/cc/ccxg-reports-by-year.htm
21 Scott (1995), p. 490.
22 Scott (1995), p. 490.
23 Bamberger (2004), p. 225.
24 Bamberger (2004), p. 225.
25 Para 9. REPORT OF THE CONFERENCE OF THE PARTIES ON ITS SECOND SESSION, HELD AT GENEVA FROM 8 TO 19 JULY 1996 FCCC/CP/1996/15 29 October 1996, https://unfccc.int/cop3/resource/docs/cop2/15.htm
26 International Energy Agency Statement on The Energy Dimension of Climate Change IEA/PRESS (97) 9, http://www.oecd.org/officialdocuments/publicdisplaydocumentpdf/?cote=IEA/PRESS(97)9/PART2&docLanguage=De
27 p. 27
28 para 4. http://www.oecd.org/officialdocuments/publicdisplaydocumentpdf/?cote=IEA/PRESS(97)9&docLanguage=En
29 para 4. http://www.oecd.org/officialdocuments/publicdisplaydocumentpdf/?cote=IEA/PRESS(97)9&docLanguage=En
30 para 7.
31 para 8. http://www.oecd.org/officialdocuments/publicdisplaydocumentpdf/?cote=IEA/PRESS(99)7&docLanguage=En
32 para 8.
33 本書第 1 章参照。
34 同上。
35 http://what-when-how.com/global-warming/oecd-annex-1-expert-group-on-the-unfccc-global-warming/
36 IEA (2012).
37 p. 143.
38 Baron, Reinaud, Genasci and Philibert (2007), p. 2.
39 Baron, Reinaud, Genasci and Philibert (2007).
40 IEA (2009b).
41 http://www.g8.utoronto.ca/environment/gleneagles-dialogue2008.pdf
42 同上。
43 para 12. Communique. Meeting of the Governing Board at Ministerial Level 3 May 2005, https://www.iea.org/news/communique-meeting-of-the-governing-board-at-ministerial-level-2
44 para 12.

45　para 5.
46　para 5. Communique: Meeting of the Governing Board at Ministerial Level 15 May 2007, https://www.iea.org/news/communique-meeting-of-the-governing-board-at-ministerial-level-3
47　本書第 8 章参照のこと。
48　同上。
49　2009 年 IEA 閣僚理事会コミュニケ（仮訳）https://www.mofa.go.jp/mofaj/gaiko/energy/iea/22_communique.html
50　同上。
51　本書第 1 章参照のこと。
52　https://www.oecd.org/environment/cc/ccxg.htm
53　Briner, Kato and Hattori（2014）．
54　本書第 8 章を参照のこと。
55　IEA（2013），p. 9.
56　IEA（2015b），pp. 13-15.
57　IEA（2014c）．
58　IEA（2016b）．
59　para 9.
60　2013 年 IEA 閣僚理事会における気候変動に関するステートメント（仮訳）https://www.mofa.go.jp/mofaj/files/000020262.pdf
61　2013 年 IEA 閣僚理事会における気候変動に関するステートメント（仮訳）https://www.mofa.go.jp/mofaj/files/000020262.pdf
62　2015 年 IEA 閣僚理事会におけるエネルギーと気候変動に関する声明（仮訳）https://www.mofa.go.jp/mofaj/files/00011218.pdf
63　同上。
64　同上。
65　第 26 回 IEA 閣僚理事会・議長サマリー仮訳，https://www.mofa.go.jp/mofaj/files/000322012.pdf
66　https://www.iea.org/programmes/clean-energy-transitions-programme
67　2019 年 IEA 閣僚理事会コミュニケ（仮訳）https://www.mofa.go.jp/mofaj/files/000546940.pdf
68　https://www.iea.org/events/iea-clean-energy-transitions-summit

# 第二部

## アジアのエネルギー政策における
## 気候変動規範の受容

# 第4章
# 日本のエネルギー政策の変遷

## 1. はじめに

　本章の目的は，国連気候変動枠組条約からパリ協定に至るまでの各時期に日本がエネルギー政策において気候変動問題をどのように取り扱ってきたかを検証することである。このためには，日本の気候変動政策とエネルギー政策の双方の位置づけを再検討することが不可欠である。日本の政策形成過程は，「省益あって国益なし」と揶揄されてきたように，従来，各省ごとに各省が所管する政策が形成され，総合的な調整が機能していないことが指摘されてきた[1]。これは，2000年の省庁再編の際に内閣機能の強化が謳われたことと無縁ではない。

　例えば，1997年の京都議定書の策定のための国際交渉においては，日本の交渉ポジションを決めるに当たって，内閣官房の調整機能が積極的に活用された[2]。京都議定書の実施過程においては，官邸主導の地球温暖化対策推進本部の設置が行われた[3]。しかし，省庁再編後にあっても，個々の政策については基本的にはそれを所管する省庁が立案・実施を担うことは変わらない。エネルギー政策は経済産業省が担い，環境政策は環境省が担う体制となっている。また，外交政策については一義的には外務省が担っている。

　これに対し，気候変動政策は，その対策が多岐にわたることから，単一の省が所管していると言うことは実態に即していない。対内政策には，環境省のみならず，経済産業省，国土交通省，農林水産省ほか多数の省が関与している。特に，気候変動問題におけるエネルギー分野の対応の重要性を鑑みると，エネルギーを所管する経済産業省の役割は大きい。また，対外政策については，外

務省，環境省，経済産業省をはじめとする多数の省が関与している。

　気候変動に関する国際規範については，国連気候変動枠組条約（1992 年採択），京都議定書（1997 年採択），コペンハーゲン合意（2009 年採択），パリ協定（2015 年採択）と順次，制度の具体化が図られるにつれて，その内容が変容してきたが，気候変動に関する国際規範に対する日本の対応を考えるに当たっては，日本の気候変動政策とエネルギー政策の相違点を見極めることが重要である。

　日本は，エネルギー自給率が低く，また，エネルギーコストが高く，海外のエネルギー事情の変動から影響を受けやすい。このため，日本はエネルギーの安定供給と経済効率性を求める傾向が強い。また，日本では，温室効果ガスの約 9 割がエネルギー由来の二酸化炭素（$CO_2$）であるため[4]，地球温暖化対策はエネルギー需給の安定の確保への挑戦でもある。2011 年の福島原発事故は，程度の差はあれ，日本を含めた世界の国々の原子力政策やエネルギー政策に影響を及ぼした[5]。東日本大震災により日本の電力供給の脆弱性が露呈し，日本政府はエネルギー政策の見直しを迫られた。さらに，原子力発電所の累次の稼働停止，化石燃料の焚き増しとそれによりもたらされたエネルギー自給率の急落等が日本のエネルギー政策における新たな課題となった。

　一方，2012 年 7 月の再生可能エネルギー固定価格買取制度（FIT）の導入により，太陽光発電の設置を中心に再生可能エネルギーの導入は急速に成長し，日本は太陽光発電の累積設置容量で世界 3 位になった（2018 年時点）[6]。しかし，電力システムの運用の課題や電力コストの上昇に伴った国民負担の増加等，日本政府が早急に対応すべき課題も生じている。福島原発事故による一連のエネルギー事情の変化によって日本のエネルギー政策はより多くの課題を課せられており，そして，エネルギー政策に深く関わっている気候変動に関する国際交渉における日本の動きにも影響を及ぼした。

　以下，次節では，気候変動問題が認識される以前の日本のエネルギー政策を概観する。その上で，次々節以降，第 3 節から第 6 節にかけて，①気候変動枠組条約，②京都議定書，③コペンハーゲン合意，④パリ協定が作られた各時期における日本のエネルギー政策を取り上げる。特に，各時期における日本の気候変動政策に関する基本となる計画とエネルギー政策の基本となる計画とを比

較する。最後に，第 7 節において本章の総括を述べる。

## 2．気候変動問題以前の日本のエネルギー政策

　1950 年代後半から 1970 年代前半にかけての日本の高度経済成長は安価な石油の輸入の恩恵を受けていた。日本の石油の輸入は，1953 年の 381PJ（うち石油製品 144PJ）（一次エネルギー供給に占める石油の割合は 15.3％）から 1973 年には 12,452PJ（うち石油製品 1,217PJ）（一次エネルギー供給に占める石油の割合は 77.4％）に増加した[7]。1973 年 10 月の第一次石油危機を迎えるまでは，経済成長を支えるためのエネルギー供給は，安価な石油の国際価格の下，重大な障害に直面することはなかったと言える[8]。他方，エネルギー自給率の観点からは，1953 年の 80.1％から 1973 年の 10.6％に減少していた[9]。

　しかし，第一次石油危機を受けて日本のエネルギー政策は一変することとなる。石油危機発生の 3 カ月前の 1973 年 7 月に通商産業省の外局として資源エネルギー庁が設置された[10]。資源エネルギー問題を総合的，一元的に把握する同庁が設置された背景には，石油危機発生の直前に見られていた，産油国における資源ナショナリズムの高揚，エネルギー問題の緊迫化という情勢変化があった[11]。その後の日本のエネルギー政策は，資源エネルギー庁が中心となって展開されていくこととなった。第一次石油危機を受け，1973 年 12 月，石油価格および需給の調整に関する措置を定めた「国民生活安定救急措置法」（1973 年 12 月 22 日，法律第 121 号），石油の大幅な供給不足が生じた際の石油の適正な供給確保と石油使用の節減について定めた「石油需給適正化法」（1973 年 12 月 29 日，法律第 122 号）が公布された[12]。

　また，第一次石油危機を受け，石油代替エネルギーの開発・普及が求められた。1974 年 7 月，通商産業省工業技術院において「サンシャイン計画」が立ち上げられた。太陽，地熱，石炭，水素エネルギーなど石油代替エネルギーに関する技術開発を重点的に進めることとなった[13]。その後，1978 年には省エネルギーに関する技術開発を推進する「ムーンライト計画」が立ち上げられた[14]。石油代替エネルギーおよび省エネルギーに関する技術開発が石油依存の低減に向けた鍵とされたと言える。

　省エネルギー対策に実効性を持たせるための議論が 1977 年頃にはなされるようになった[15]。1977 年 6 月に総合エネルギー調査会に新設された省エネルギー部会は同年 11 月，「省エネルギー政策の必要性と課題」という報告を取りまとめ，新法の制定を提言した[16]。「エネルギーの使用の合理化等に関する法律（省エネルギー法）」は 1979 年 6 月に公布され，同年 10 月に施行された[17]。これによって，産業部門，運輸部門，民生部門を含めたあらゆる部門を対象に省エネルギーを促す法的基盤が整備された。法律の目的には「燃料資源の大部分を輸入に依存せざるを得ない我が国のエネルギー事情に鑑み」とあり[18]，省エネルギーはエネルギー安全保障の一環として位置づけられていたことが見て取れる。

　第二次石油危機後の 1980 年には，「石油代替エネルギーの開発及び導入の促進に関する法律」（代替エネルギー法）が制定された[19]。代替エネルギー法は，石油代替エネルギー供給目標を策定・公表し，石油以外のエネルギーの開発に関する各種措置を講じることを規定した。同法では，その名称が指し示す通り，石炭や天然ガスという石油以外の化石燃料についても支援対象に含まれていた。

　このように，気候変動問題以前の日本のエネルギー政策においては，第一次石油危機発生を受けて，日本のエネルギー安全保障を確保する観点から，石油の安定供給を図るとともに，省エネルギーの促進や石油代替エネルギーの技術開発を進めることが行われていた。この時点では，石油の輸入に依存するエネルギー構造を改め，省エネルギーとともに，石油以外のエネルギー供給を確保することが重視されていたことが見て取れる。

## 3．国連気候変動枠組条約が作られた期間のエネルギー政策

　国連気候変動枠組条約が作られた期間に当たる 1990 年には，日本は「地球温暖化防止行動計画」を策定し，2000 年以降の温室効果ガス排出に関する目標を設定している。本節では，同計画に盛り込まれている内容と同時期のエネルギー政策とを比較する。

　1989 年 5 月，地球規模で深刻な影響を与える環境問題に対応するための施

策に関し，関係行政機関の緊密な連絡を確保し，その効果的かつ総合的な推進を図るため，「地球環境保全に関する関係閣僚会議」を随時開催することとなった[20]。同関係閣僚会議は，1990年10月，地球温暖化対策を計画的・総合的に推進していくため，「地球温暖化防止行動計画」を決定した。同計画では，温室効果ガスの排出抑制目標として，二酸化炭素（$CO_2$）については，先進主要諸国がその排出抑制のために共通の努力を行うことを前提に，①$CO_2$の排出抑制のため，官民挙げての最大限の努力により，同行動計画に盛り込まれた広範な対策を実施可能なものから着実に推進し，1人当たり$CO_2$排出量について2000年以降概ね1990年レベルでの安定化を図ること，②（①の諸措置とあいまって）さらに，太陽光，水素等の新エネルギー，$CO_2$の固定化等の革新的技術開発等が，現在予測される以上に早期に大幅に進展することによって，$CO_2$排出総量が2000年以降概ね1990年レベルで安定化するよう努めることとされた[21]。

　これに対し，資源エネルギー庁では，1989年6月，資源エネルギー庁長官の私的懇談会である「世界的視野から見た長期エネルギー問題に関する懇談会」が「地球レベルでの経済・エネルギー・環境の調和に向けて」と題する報告書を取りまとめている[22]。同報告書では，「地球環境と調和のとれたエネルギー政策の積極的な展開が重要」と指摘するとともに，対策オプションとしては省エネルギー，燃料選択，二酸化炭素回収・貯留（CCS）を掲げ，技術開発を重視すべきである旨を提言している。途上国に対する援助・協力の重要性も指摘している[23]。

　1989年10月，総合エネルギー調査会総合部会は「中間とりまとめ」を公表した。ここには，今後のエネルギー政策の基本方向として，国内的には，①最大限のエネルギー効率の追求，②適切なエネルギーミックスの実現，③省エネルギー，原子力等に関する国民の理解の増進を挙げている。また，国際的には，④産油国等との間の長期的・多面的視野に立つ関係の構築，⑤発展途上国等へのエネルギー協力の実施を挙げている[24]。

　これを踏まえ，1990年6月，総合エネルギー調査会は，「地球規模のエネルギー新潮流への挑戦」と題する中間報告を取りまとめた。「はじめに」には「地球環境問題—とりわけ地球温暖化問題。化石エネルギーを燃やせば必ず発

生する $CO_2$ などの大量発生が，大気循環を崩し，温室効果という，予測も難しい環境変化を引き起こすことが強く問題視され，化石エネルギーの使用には，問題解決の技術の登場を待たないまま，大きな制約がかかろうとしている」と書かれた[25]。そして，「適切なエネルギーミックスによるエネルギーの安定供給の確保」を強く打ち出した。具体的には次のように述べている[26]。

　　今後のエネルギーミックスの構築に当たっての第一の課題は，世界的な石油需給の逼迫の流れに対応し，我が国のエネルギーセキュリティ，更にはこれと密接不可分な世界のエネルギーセキュリティを確保すべく，石油代替エネルギーの導入を推進し，引き続き石油依存度を低減することである。

　　また，第二の課題は，地球温暖化問題に対する積極的な取組みとして，$CO_2$ 排出量の増大を最大限抑制するため，原子力，新・再生可能エネルギーという非化石エネルギーへの依存を，それぞれの特性を踏まえつつ，可能な限り高めることである。

　1990 年，通商産業省は「地球再生計画」を構想した[27]。今後 100 年かけて再生することを目指し，最初の 50 年で地球環境の変化を科学的に解明しながら，①世界的な省エネルギーの推進，②クリーンエネルギーの大幅導入，③革新的な環境技術の開発，④ $CO_2$ 吸収源の拡大，⑤革新的なエネルギー技術の開発を行い，次の 50 年でその成果を浸透させ，大気中の温室効果ガスの大幅な削減を行うとの構想であった。地球環境保全に関する関係閣僚会議において申し合わされ，同年 7 月のヒューストン G7 サミットで提唱された。

　1990 年 10 月，長期エネルギー需給見通しが閣議決定され，2000 年度，2010 年度の見通しが示された。一次エネルギー総供給は 1989 年度（実績）が 4.99 億 kl（石油換算），2000 年度が 5.99 億 kl，2010 年度が 6.57 億 kl と増加することが見込まれた。エネルギー別では，新エネルギー等，地熱，原子力の供給量を増加させる見通しを示した。エネルギー需要の増大を見込む中で，化石燃料については，一次エネルギー総供給に占める構成比は減少するものの，実数ベースでは，2000 年度には石炭と天然ガス，2010 年度には天然ガスの増加が見込まれた[28]。地球温暖化防止行動計画では「$CO_2$ 排出総量が 2000 年以降概

ね1990年レベルで安定化するよう努めること」とされたが，長期エネルギー需給見通しでは1990年レベルで安定化することが実現する見通しとはなっていなかった。

　1992年11月，産業構造審議会・総合エネルギー調査会・産業技術審議会の合同によるエネルギー環境特別部会は，「今後のエネルギー環境対策のあり方について—環境・経済・エネルギーの調和を目指した地球再生14の提言—」と題する報告書をとりまとめた[29]。同報告書では，①総合的，長期的視点に立った取り組み，②あらゆる主体による対応，③技術によるブレークスルー，④国際的取り組み，⑤環境，経済，エネルギーの三位一体の取り組み，の5つの必要性が掲げられた[30]。この報告書の提言を踏まえ，1993年4月に施行された省エネルギー法の改正では，法律の目的が「燃料資源の大部分を輸入に依存せざるを得ない我が国のエネルギー事情に鑑み」から「内外におけるエネルギーをめぐる経済的社会的環境に応じた」に改正された[31]。

　1994年6月に改訂された新たな長期エネルギー需給見通しでは，2000年度，2010年度の見通しについて，「現行施策織込ケース」と「新規施策追加ケース」の2つのケースが示された[32]。一次エネルギー総供給は1992年度（実績）5.41億kl（原油換算），2000年度5.91億kl（現行施策織込ケース），5.82億kl（新規施策追加ケース），2010年度6.62億kl（現行施策織込ケース），6.35億kl（新規施策追加ケース）とされた。地球温暖化防止計画の「1人当たり$CO_2$排出量について2000年以降概ね1990年レベルでの安定化を図る」との目標を達成するためには新規施策の追加が必要であるとされたのである[33]。

　このように，国連気候変動枠組条約が作られた期間のエネルギー政策においては，地球環境問題を意識したエネルギー政策への転換が行われた。しかし，地球温暖化防止行動計画が努力目標として掲げた$CO_2$排出総量の達成が実現可能であるかどうかは不明瞭なままであった。

## 4．京都議定書が作られた期間のエネルギー政策

　京都議定書が採択された翌年の1998年には地球温暖化対策推進大綱が策定されている。本節では，同大綱に盛り込まれている内容と同時期のエネル

政策とを比較する。

　1997年12月，COP3において京都議定書が採択された直後に，日本は地球温暖化対策推進本部の設置を閣議決定した。そして翌年の6月に地球温暖化対策推進大綱が策定された。同大綱には，下記の「基本的な考え方」が示されている[34]。

　　京都議定書においては，先進国全体の温室効果ガスの排出量を，2008年から12年までの期間中に，1990年の水準より少なくとも5%削減することを目的として，先進各国の削減目標を設定し，我が国は6%削減を世界に約束した。

　　2010年に向けて緊急に推進すべき地球温暖化対策として本大綱を策定した。政府は，本大綱に従って，地方公共団体，事業者及び国民と連携しつつ，以下の対策を推進する。

(1)　省エネルギーや新エネルギー導入及び安全に万全を期した原子力立地の推進を中心とした二酸化炭素の排出量の削減その他の温室効果ガスの排出削減対策を，世界初の試みであるトップランナー方式の導入を始めとし，2010年までに想定されるあらゆる革新的技術をも駆使して強力に進める。

(2)　地球温暖化対策を実効あるものとするため，国民の生活様式（ライフスタイル）の見直し及びその支援，政府による率先実行などにより，地球温暖化対策を強力に推進する。特に，国民の理解を得て，ライフスタイルを見直すには，軸となる契機が必要であり，夏時間（サマータイム）の導入と地球環境にやさしい生活のあり方について，国民的議論を提起する。

(3)　地球温暖化問題は我が国一国のみの取組で解決できる問題ではなく，すべての国が国際協調の下取り組んでいくべき問題である。我が国としては，京都議定書で導入された排出量取引，共同実施，クリーン開発メカニズムなどの国際的な枠組みの構築や途上国の取組強化を始めとする国際的課題の解

決に向けた役割を積極的に果たしていく。

「6％削減目標の達成に向けた方針」については，次のように整理された[35]。

　京都議定書における我が国の6％の削減目標については，当面，次の対策により達成していくこととする。

(1)　二酸化炭素，メタン，亜酸化窒素の排出量については，1997年11月の地球温暖化問題への国内対策に関する関係審議会合同会議報告書に従い，省エネルギーや新エネルギーの導入及び安全に万全を期した原子力立地の推進を中心としたエネルギー需給両面の対策や革新的技術開発，国民各界各層の更なる努力などを着実に推進することにより，2.5％の削減を達成する。

(2)　代替フロン等3ガス（HFC，PFC，SF6）の排出量については，プラス2％程度の影響に止める。

(3)　目標期間の排出量から植林，再植林等による純吸収分を差し引くことにより，議定書上約0.3％の削減が見込まれる。
　また，2010年頃における我が国全体の森林等による純吸収量が3.7％程度と推計されるところ，今後の国際交渉において必要な追加的吸収分が確保されるよう努める。このため，二酸化炭素の吸収量に関する調査研究の推進等を踏まえつつ，締約国会議の合意を得て適切な方法論等を確保するよう努める。

(4)　京都議定書で導入された排出量取引，先進国間での共同実施，先進国と途上国で共同して排出削減を行うクリーン開発メカニズムなどの国際的な枠組みの活用を図る。

　そして，「エネルギー需給両面の対策を中心とした二酸化炭素排出削減対策の推進」として，「二酸化炭素の排出削減を図るため，その排出抑制に向けて

の長期的なエネルギー需給の見通しに配慮しつつ，産業，民生，運輸の各部門における抜本的な省エネルギーを図るとともに，新エネルギーや安全に万全を期した原子力の導入を促進するなど，エネルギー需給両面にわたる対策を強力に推進する」ことが掲げられた[36]。

　同 1998 年 10 月には地球温暖化対策推進法が公布された[37]。同法は，「昨年末の COP3 での京都議定書の採択を受け，まず，第一歩として，国，地方公共団体，事業者，国民が一体となって地球温暖化対策に取組むための枠組みを定めたもの」とされた[38]。同法に基づき 1999 年 4 月に定められた基本方針では「今後の地球温暖化対策に当たっては，まず，増加基調にある温室効果ガスの総排出量を早期に減少基調に転換し，その減少基調を京都議定書の目標達成，更なる長期的・継続的な排出削減へと導くことを目指す」とされた[39]。

　これに至る過程におけるエネルギー政策の方向性の議論に関しては，総合エネルギー調査会基本政策小委員会は，1996 年 12 月，中間報告をとりまとめている。同報告では，エネルギー安全保障の確保と地球環境問題への対応が極めて重要であることを掲げるとともに，主要なエネルギー政策として，積極的な省エネルギー対策の実施，新エネルギーに関する集中的な支援の実施による普及の加速化，国民の視点に立った原子力政策の推進などを盛り込んだ[40]。このうちの新エネルギーについては，1997 年 4 月，「新エネルギー利用等の促進に関する特別措置法」（新エネルギー法）が公布され，同年 6 月に施行された[41]。

　1997 年 11 月，地球温暖化問題への国内対策に関する関係審議会合同会議は「総合的なエネルギー需要抑制対策を中心とした地球温暖化対策の基本的方向について―環境負荷の小さな社会の構築を目指して―」と題する報告書をとりまとめた[42]。①企業，国民の $CO_2$ 排出量削減に向けた自主的努力，②環境負荷が小さいライフスタイルへの移行，③革新的な技術開発によるブレイクスルーを課題として提示した。これらの課題の解決は「適正な規制的手法と誘導的な手法を始めとする多様な政策の組み合わせにより達成される」とした。

　1997 年の COP3 に向けて省エネルギー対策の強化の中で議論されたトップランナー方式を採用した改正省エネルギー法は，1998 年 6 月に公布され，翌 1999 年 4 月に施行された[43]。特定の機器についてエネルギー消費効率に関する製造業者等の判断基準を定めるに当たっては，現在商品化されている製品の

うちエネルギー効率が最も優れている機器の性能等を勘案して定めることとされたのである。

　1998 年 6 月に改訂された長期エネルギー需給見通しでは，2010 年度の見通しについて「基準ケース」と「対策ケース」とが示された[44]。一次エネルギー総供給は 1996 年度（実績）5.97 億 kl（原油換算），2010 年度 6.93 億 kl（基準ケース），6.16 億 kl（対策ケース）との見通しが置かれた。さらに，2001 年 7 月に改訂された長期エネルギー需給見通しでは，2010 年度の見通しについて「基準ケース」と「目標ケース」とが示された[45]。一次エネルギー総供給は 1990 年度（実績）5.26 億 kl，1999 年度（実績）5.93 億 kl に対し，2010 年度は 6.22 億 kl（基準ケース），6.02 億 kl（目標ケース）との見通しが置かれた。

　このように，地球温暖化対策推進大綱は京都議定書での日本のコミットメントを達成する政策について多方面の対策の中におけるエネルギー政策の位置づけを確定させるものであった。長期エネルギー需給の見通しはその達成が難しいことを示すものとなった。

## 5．コペンハーゲン合意が作られた期間のエネルギー政策

　コペンハーゲン合意が作られた期間（2002 年～2010 年）の前半は京都議定書の批准，発効の期間と重なっている。同期間の後半に至りポスト京都議定書に関する国際的な議論が高まる中で温室効果ガス（GHG）排出削減の長期目標や 2020 年目標に関する提案がなされている。この間の気候変動政策に関する基本的な計画としては，2002 年に改定された地球温暖化対策推進大綱，2005 年の京都議定書目標達成計画，2008 年の全面改訂された京都議定書目標達成計画が挙げられる。本節では，これらの基本的な計画の内容と同時期のエネルギー政策とを比較する。同時期には，エネルギー政策基本法に基づくエネルギー基本計画の策定が開始されている。このため，エネルギー基本計画の変遷を中心に見てゆくこととする。

　2002 年 3 月，地球温暖化対策推進本部において地球温暖化対策推進大綱の改定が行われた[46]。改訂された大綱では新たに「地球温暖化対策の策定・実施に当たっての基本的な考え方」として，①環境と経済の両立に資する仕組み

の整備・構築，②ステップ・バイ・ステップのアプローチ，③国，地方公共団体，事業者および国民が一体となった取り組みの推進，④地球温暖化対策の国際的連携の確保を掲げた。エネルギー起源 $CO_2$ 排出量については，第一約束期間において 1990 年度と同水準に抑制することが目標とされた。エネルギー起源 $CO_2$ 排出量以外については，①非エネルギー起源 $CO_2$，メタンおよび一酸化二窒素の排出量を 1990 年度の水準から基準年総排出量比で 0.5％分削減すること，②革新的技術開発および国民各界各層のさらなる地球温暖化防止活動の推進により 1990 年度の水準から基準年総排出量比で 2％分削減すること，③代替フロン等 3 ガス（HFC，PFC，SF6）の排出量を 1995 年に対して基準年総排出量比プラス 2％程度にとどめること，④基準年総排出量比約 3.9％程度の吸収量を確保することが目標とされた。

　2005 年の京都議定書目標達成計画では，目指す方向として，①京都議定書の 6％削減約束の確実な達成，②地球規模での温室効果ガスの長期的・継続的な排出削減が掲げられた。そして，基本的な考え方は，①環境と経済の両立，②技術革新の促進，③すべての主体の参加・連携の促進，④多様な政策手段の活用，⑤評価・見直しプロセスの重視，⑥国際的連携の確保，が挙げられている。温室効果ガスの排出抑制・吸収の量の 2010 年度の目標は，1990 年度比（基準年総排出量比）でエネルギー起源 $CO_2$ が +0.6％とされた。非エネルギー起源 $CO_2$ が▲0.3％，メタン▲0.5％，一酸化二窒素▲0.5％，代替フロン等 3 ガスが +0.1％とされた。森林吸収源が▲1.6％，京都メカニズムが残りの▲1.6％を占めることとされた[47]。

　2007 年 5 月，安倍晋三首相は国際交流会議「アジアの未来」晩餐会における演説において「美しい星 50（クール・アース 50）」を提案した[48]。この提案では，世界全体の温室効果ガスの排出量を現状に比して 2050 年までに半減するという長期目標を全世界に共通する目標にすることが掲げられた。この提案は同年 6 月のハイリゲンダム G8 サミットで日本提案として各国に伝えられた。

　2008 年に全面改訂された京都議定書目標達成計画では，目指す方向が①京都議定書の 6％削減約束の確実な達成，②地球規模での温室効果ガスの長期的・継続的な排出削減であることには変化はなかった[49]。基本的な考え方についても，具体的な記述の改訂はなされているが，2005 年の京都議定書目標

達成計画の際の①〜⑥が踏襲されている。温室効果ガスの排出抑制・吸収の量の2010年度の目標は，エネルギー起源$CO_2$は+1.3〜+2.3％と幅を持たせることとなった。非エネルギー起源$CO_2$，メタン，二酸化窒素のトータルで▲1.5％，代替フロン等3ガスで▲1.6％を見込み，全体では▲1.8〜▲0.8％とされた。森林吸収源，京都メカニズムと合わせて6％削減を達成するものとされた。同計画では対策・施策の追加・強化が盛り込まれた。

　2008年7月のG8北海道洞爺湖サミットを控え，2008年6月，福田康夫首相は「福田ビジョン」を発表した。「今こそ低炭素社会へ大きく舵を切らねばならないとし，低炭素社会への移行は新たな経済成長の機会である」とした。2050年までに$CO_2$排出量を現状から60〜80％削減する長期目標を提案した。翌年の2009年6月には，麻生太郎首相が2020年の温室効果ガス削減の目標として2005年比で15％減の削減を目指すことを表明した。2009年9月の政権交代の結果，鳩山由紀夫を首班とする内閣が成立した。同9月，鳩山首相は温室効果ガスの排出量を2020年に1990年比25％削減する「鳩山イニシアティブ」を表明した。

　これに対し，2000年代のエネルギー政策については，2002年にエネルギー政策基本法が成立し，翌年からエネルギー基本計画が策定されることになったことをそれまでとの違いとして挙げることができる。エネルギー政策基本法には，①エネルギーの安定供給，②環境への適合，③市場原理の活用，の考えに沿った施策の推進が求められることが規定された[50]。

　新エネルギーの普及のための施策を強化する動きは続いていた。2002年6月，「電気事業者による新エネルギー等の利用に関する特別措置法」（RPS法）が公布され，2003年4月に施行された[51]。

　2003年10月，小泉純一郎内閣において，第一次エネルギー基本計画が閣議決定された。本計画では，エネルギー政策基本法に沿って①エネルギーの安定供給，②環境への適合，③市場原理の活用を基本方針に掲げた。

　このうち，②環境への適合における「現状の基本認識」には，京都議定書に関する次の記述がなされている。

　・・・近年，地球温暖化問題が顕在化しているが，我が国は平成14年6月

に京都議定書を受諾したところであり，議定書の第一約束期間（平成20年（2008年）から平成24年（2012年））における温室効果ガスの総排出量の基準年比6％削減の達成が喫緊の課題となっている[52]。

そして，同文の注として次の記述がなされている。

　「地球温暖化対策推進大綱」においては，エネルギー起源の二酸化炭素排出量については，第1約束期間において，平成2年度（1990年度）と同水準に抑制することを目標としている[53]。

さらに，「環境への適合を図るための基本方針」においては次の記述がなされている。

　・・・エネルギーに係る地球温暖化対策については，ステップ・バイ・ステップのアプローチによって対策・施策の評価・見直しを行うこととした「地球温暖化対策推進大綱」に沿って，施策を推進することとする。また，地球温暖化問題に係る平成25年（2013年）以降の枠組みについての議論に備え，各国間の違いを克服し，米国や開発途上国も参加しうる実効性ある枠組みを構築していくことについて，エネルギー政策の観点からも真剣に検討していくこととする[54]。

このように，第一次エネルギー基本計画では，地球温暖化対策推進大綱に沿った施策の推進を行うことが明記されている。
　しかしながら，地球温暖化対策推進大綱と第一次エネルギー基本計画における原子力，再生可能エネルギー，石炭の取り扱いを比較するといくつかの点において乖離が確認される。
　原子力については，地球温暖化対策推進大綱では「原子力立地の推進」が掲げられた。2010年度には「1997年度の5割以上の発電電力量の増加を目指した原子力発電所の増設が必要である」とされた。これに対し，第一次エネルギー基本計画では，原子力は，安定供給と地球温暖化対策の面で優れるため，

「地球温暖化対策の面で優れた基幹電源」,「ベース電源」として位置づけて推進する,と位置づけられた。

　再生可能エネルギーについては,地球温暖化対策推進大綱では「新エネルギーの加速的導入」を掲げ,2010年度において現行の約3倍の新エネルギー導入が図られるよう最大限の取り組みを行うものとされた。これに対し,第一次エネルギー基本計画では,「新エネルギー」はエネルギー自給率の向上・地球温暖化対策と分散型エネルギーシステムのメリットがあると期待されるが,技術面と高コストなどの課題により,「補完的なエネルギー」として位置づけられた。原子力とともに,再生可能エネルギーの開発・導入・利用を「着実に推進」するとされた。

　石炭については,地球温暖化対策推進大綱には直接の言及はなかった。第一次エネルギー基本計画では,石炭は,安定供給と経済効率の点で有利であるため,「今後も重要なエネルギー」とされるとともに,クリーン・コール・テクノロジーの開発と普及に努めるものとされた。日本が持つ世界最先端の石炭技術をアジア等の途上国へ提供することは地球環境問題の解決と安定供給の確保に役立つとして,石炭技術の海外への進出を促進することが示された。

　2005年3月には長期エネルギー需給見通しの改訂が行われた。2010年度の見通しについて「レファレンス」,「現行対策推進」,「追加対策」の3つのケースが示された[55]。一次エネルギー国内供給は1990年度（実績）5.12億kl（石油換算）,2000年度（実績）5.88億klに対し,2010年度は6.05億kl（レファレンス）,5.84億kl（現行対策推進）,5.66億kl（追加対策）の見通しが示された。

　2007年3月,安倍晋三内閣において,第二次エネルギー基本計画が閣議決定された。環境への適合における「現状の基本認識」には,京都議定書に関する次の記述がなされている。

　　我が国は,京都議定書を平成14年6月に受諾し,平成17年2月にこれが発効した。それを受けて京都議定書目標達成計画を平成17年4月に策定し,これに基づき,同議定書の第1約束期間における温室効果ガスの総排出量の基準年比6%削減の達成に向けて全力で取り組んでいる[56]。

そして，同文の注として次の記述がなされている。

　京都議定書目標達成計画においては，エネルギー起源の二酸化炭素排出量については，第１約束期間において，平成２年度（1990年度）に比べ＋0.6％に抑制することを目標としている[57]。

　さらに，「環境への適合を図るための基本方針」においては，京都議定書目標達成計画に盛り込まれた考え方である「経済と環境の両立」に関する次の記述がなされている。

　・・・地球温暖化問題への対応に当たっては，エネルギーに関連する分野での革新的な技術の開発・普及といったイノベーションを軸とした施策を講じることにより，エネルギー利用効率の向上によって，「経済と環境の両立」を図ることを基本として取り組む[58]。

　このように，第二次エネルギー基本計画では，京都議定書目標達成計画に沿った方針で対策を進めることが明記されている。

　しかしながら，京都議定書目標達成計画と第二次エネルギー基本計画における原子力，再生可能エネルギー，石炭の取り扱いを比較するといくつかの点において乖離が確認される。

　原子力については，京都議定書目標達成計画では，二酸化炭素を削減するため，原子力発電の推進と再生可能エネルギーの導入を「着実に進める」とされた。原子力発電は「基幹電源として官民相協力して着実に推進する」とされた。これに対し，第二次エネルギー基本計画では，原子力発電については，2030年以降も総発電電力量の30～40％程度かそれ以上の供給割合を原発が担うと策定した原子力政策大綱（2005年）と原子力立国計画（2006年）に沿い，また，京都議定書の第一約束期間が始まるなど地球温暖化対策への対応に応じ，原子力を「将来にわたる基幹電源と位置づけ」，積極的に推進するとされた。また，日本の原子力産業の技術・人材の維持，地球温暖化防止に貢献する観点から，原子力産業の国際展開の推進を図ると意欲を示した。クリーン開

発メカニズム（CDM）スキームの対象に原子力を加えることについても，国際的な検討を促すよう努力することに言及した。

　再生可能エネルギーについては，京都議定書目標達成計画では，導入を「着実に進める」とされたが，地球温暖化対策に大きく貢献することおよびエネルギー自給率の向上に資することが再生可能エネルギーの導入を促進する根拠として挙げられた。これに対し，第二次エネルギー基本計画では，第一次エネルギー基本計画と同じく，補完的なエネルギーとして位置づけ，着実な導入拡大を図るとした。その施策としては，国等の支援による市場の拡大のほか，産業として自立することが重要であるとされており，「電気事業者による新エネルギー等の利用に関する特別措置法」（RPS法）や京都議定書目標達成計画等での導入目標の設定など，日本政府が長期的な見通しを明確に示すことによって，その自立を図ると示した。

　石炭については，京都議定書目標達成計画では，老朽石炭火力発電の天然ガス化の転換を促進する，とされた。これに対し，第二次エネルギー基本計画では，石炭技術については，クリーン・コール・テクノロジーを「従来にも増して推進する」とし，IGCC（石炭ガス化複合発電）・IGFC（石炭ガス化燃料電池複合発電），CCS（二酸化炭素回収・貯留）といった技術の開発・実現が挙げられた。また，石炭需給の安定化を強化するため，その一環として石炭需要を急増させるアジア地域の開発途上国にクリーン・コール・テクノロジーの普及に努めるとした。

　2008年5月には長期エネルギー需給見通しの改訂が行われ，2020年度，2030年度の見通しが示された[59]。「現状固定ケース」，「努力継続ケース」，「最大導入ケース」の3つのケースが示された。一次エネルギー国内供給は2005年度（実績）が5.87億kl（石油換算）に対し，2020年度は6.51億kl（現状固定ケース），6.01億kl（努力継続ケース），5.61億kl（最大導入ケース），2030年度は6.85億kl（現状固定ケース），6.01億kl（努力継続ケース），5.26億kl（最大導入ケース）の見通しが示された。

　2009年8月には長期エネルギー需給見通しの再計算が行われた[60]。一次エネルギー国内供給は2005年度（実績）が5.88億kl（石油換算）に対し，2020年度は6.27億kl（現状固定ケース），5.96億kl（努力継続ケース），5.53億kl

（最大導入ケース），2030 年度は 6.37 億 kl（現状固定ケース），5.90 億 kl（努力継続ケース），5.15 億 kl（最大導入ケース）と下方修正された見通しが示された。

2009 年 7 月，「エネルギー供給事業者による非化石エネルギー源の利用および化石エネルギー原料の有効な利用の促進に関する法律」（エネルギー供給構造高度化法）が公布され，同 8 月に施行された[61]。これは，非化石エネルギー源の利用および化石エネルギー原料の有効利用に関し，一定規模以上のエネルギー供給事業者に対して計画の作成・提出を義務づけるものであった。

また，同時に，2009 年 7 月，「石油代替エネルギーの開発及び導入の促進に関する法律」（代替エネルギー法）の改正がなされ，「非化石エネルギーの開発及び導入の促進に関する法律」（非化石エネルギー法）と名称変更された[62]。これによって，石炭，天然ガスが法律の対象から外された。

2010 年 6 月，菅直人内閣において，第三次エネルギー基本計画が閣議決定された。改定に当たって重視した点として，①資源エネルギーの安定供給に係る内外の制約の一層の深刻化，②地球温暖化問題の解決に向けたエネルギー政策に関するより強力かつ包括的な対応への内外からの要請の高まり，③エネルギー・環境分野に対する経済成長の牽引役としての役割が強く求められようになったこと，が挙げられている。③に関しては，「新成長戦略（基本方針）」（2009 年 12 月閣議決定）において「環境・エネルギー大国」の実現が目標として掲げられたことを反映している。これに対し，2008 年に全面改訂された京都議定書達成計画については第三次エネルギー計画では触れられていない。この理由の 1 つは，2010 年に策定された第三次エネルギー基本計画の政策のスコープが「2030 年までの今後『20 年程度』を視野に入れた具体的施策を明らかにすること」とされたことにある[63]。

②に関しては，京都議定書の実行およびコペンハーゲン合意に向けた動向が次のように記述されている。なお，ここに言及されている 2008 年および 2009 年のサミットは G8 サミットである。

2008 年から京都議定書に基づく第一約束期間が開始された。また，同年の北海道洞爺湖サミットで世界全体の温室効果ガス排出量を 2050 年までに

少なくとも 50 ％削減するとの目標につき一致をみた。

　2009 年 7 月のラクイラ・サミットではこの目標を再確認し，その一部として，先進国全体で，1990 年比又はより最近の複数の年と比して，2050 年までに 80 ％又はそれ以上削減するとの目標が支持された。

　さらに，2009 年 9 月の国連気候変動首脳会合において，我が国は，すべての主要国による公平かつ実効性ある国際的枠組みの構築及び意欲的な目標の合意を前提として 1990 年比で 2020 年までに温室効果ガスを 25 ％削減することを表明した。

　我が国の温室効果ガスの約 9 割はエネルギー利用から発生する。上記のような目標を達成し，地球温暖化を防止するためには，国民・事業者・地方公共団体等と緊密に連携し，エネルギーの需給構造を低炭素型のものに変革していく必要がある。


　以上の制約を踏まえつつ，第三次エネルギー基本計画と京都議定書達成計画（全面改訂）における原子力，再生可能エネルギー，石炭の取り扱いを比較するといくつかの点において乖離が確認される。

　第三次エネルギー基本計画では，エネルギー自給率と化石燃料の自主開発比率を倍増して自主エネルギー比率を約 70 ％とすること，電源構成に占めるゼロ・エミッション電源（原子力および再生可能エネルギー由来）の比率を約 70 ％とすることなどを記載した。

　原子力については，京都議定書達成計画（全面改訂）では，原子力発電は「地球温暖化対策の推進の上で極めて重要な位置を占めるもの」と定義され，「現段階で基幹電源となりうる唯一のクリーンなエネルギー源」として，官民相協力して着実に推進すべきとされた。また，原子力を CDM の対象に加えることも，第二次エネルギー基本計画と同様の記述がなされた。これに対し，第三次エネルギー基本計画では，原子力は「基幹エネルギー」として位置づけられ，「積極的な利用拡大を図る」とされた。具体的には，2020 年までに 9 基，2030 年までに少なくとも 14 基以上の原子炉の新増設を行うとの目標が示された。原子力と再生可能エネルギーの「最大限の導入を図る」とし，両者を併せて総発電量の 50 ％，70 ％をそれぞれ 2020 年，2030 年に達成するとの目標が掲

げられた。

　再生可能エネルギーについては，京都議定書達成計画（全面改訂）では，再生可能エネルギーの導入は「着実に進める」とし，より確実かつ経済的に再生可能エネルギーを導入するため，再生可能エネルギー対策の抜本的強化について，総合的検討を行うと示した。これに対し，第三次エネルギー基本計画では，再生可能エネルギーの導入拡大については，2020 年までに一次エネルギー供給の 10％を占めることを目指すとされた。再生可能エネルギー固定価格買取制度（FIT）の構築を具体的な取り組みの 1 つとした。

　石炭については，京都議定書達成計画（全面改訂）では，老朽石炭火力発電の天然ガス化転換費用の補助など火力発電の高効率化支援に言及した。これに対し，第三次エネルギー基本計画では，エネルギー安全保障，経済性，再生可能エネルギーの大量導入に際しての系統安定の観点から，石炭は「不可欠な存在」とされ，最新設備の導入やリプレース等により火力発電の高効率化に努めるとされた。CCS や IGCC，A-USC（先進的超々臨界圧発電）等の技術を官民協力して開発し，日本の石炭技術の競争力を維持して世界各国に普及させていくとの方向が示された。

　このように，コペンハーゲン合意が作られた期間におけるエネルギー政策については，前半は地球温暖化対策推進大綱（2002 年），京都議定書目標達成計画（2005 年）の基本的な方針や考え方に沿った計画が策定，実施され，後半はコペンハーゲン合意を踏まえつつ，より長期の計画が策定，実施された。原子力，再生可能エネルギー，石炭の取り扱いを比較すると気候変動政策に関する基本的な計画とエネルギー基本計画との間にはいくつかの点において乖離が確認された。

## 6．パリ協定が作られた期間のエネルギー政策

　パリ協定が交渉されていた 2013 年には「当面の地球温暖化対策に関する方針」が策定されている。また，パリ協定の採択後には 2016 年に地球温暖化対策計画，2019 年に「パリ協定に基づく成長戦略としての長期戦略」が策定されている。本節では，これらの内容とこの時期のエネルギー政策とを比較す

る。

　2013 年 3 月，地球温暖化対策推進本部において「当面の地球温暖化対策に関する方針」が策定された[64]。「今後とも，環境と経済の両立を図りつつ，切れ目なく地球温暖化対策を推進する必要がある」とするとともに，「第四次環境基本計画（平成 24 年 4 月 27 日閣議決定）においても，地球温暖化対策の長期的な目標として，2050 年までに 80％の温室効果ガスの排出削減を目指すこととしている」と明記した。そして，「これまで我が国は，京都議定書第一約束期間における温室効果ガスの 6％削減目標に関し，京都議定書目標達成計画（平成 17 年 4 月閣議決定，平成 20 年 3 月全部改定）に基づく取組を進めてきた」としたうえで，「2020 年までの削減目標については，本年 11 月の国連気候変動枠組条約第十九回締約国会議（COP19）までに，25％削減目標をゼロベースで見直すこととする」とされた。

　2015 年 7 月，日本政府は地球温暖化対策推進本部を開催し，2030 年度の温室効果ガス削減目標を 2013 年度比 26％減とする「約束草案」（INDC）を決定した。

　2016 年 5 月，地球温暖化対策計画が閣議決定された[65]。日本の 2020 年度の削減目標については次のように説明している。

　　我が国の 2020 年度の削減目標については，1990 年度比 25％減としていたところ，2011 年 3 月の東日本大震災などの我が国が直面した状況の変化を受けて目標の見直しを行い，原子力発電の活用の在り方を含めたエネルギー政策及びエネルギーミックスが検討中であることを踏まえ，原子力発電による温室効果ガスの削減効果を含めずに設定した現時点での目標として，2005 年度比で 3.8％減とすることとし，2013 年 11 月に国連気候変動枠組条約事務局に登録した[66]。

　そして，「我が国の地球温暖化対策の目指す方向」について，①中期目標（2030 年度削減目標）の達成に向けた取り組み，②長期的な目標を見据えた戦略的取り組み，③世界の温室効果ガスの削減に向けた取り組み，の 3 つに整理した。①については「国連気候変動枠組条約事務局に提出した『日本の約束草

案』に基づき，国内の排出削減・吸収量の確保により，2030 年度において，2013 年度比 26.0％減（2005 年度比 25.4％減）の水準にするとの中期目標の達成に向けて着実に取り組む」とした。②については「我が国は，パリ協定を踏まえ，全ての主要国が参加する公平かつ実効性ある国際枠組みの下，主要排出国がその能力に応じた排出削減に取り組むよう国際社会を主導し，地球温暖化対策と経済成長を両立させながら，長期的目標として 2050 年までに 80％の温室効果ガスの排出削減を目指す」とした。③については「環境エネルギー技術革新計画（平成 25 年 9 月 13 日総合科学技術会議）等を踏まえつつ開発・実証を進めるとともに，「エネルギー・環境イノベーション戦略」（平成 28 年 4 月 19 日総合科学技術・イノベーション会議）に基づき，従来の取組の延長ではない有望分野に関する革新的技術の研究開発を強化していく」とした[67]。

　2019 年 6 月，「パリ協定に基づく成長戦略としての長期戦略」が閣議決定された。脱炭素社会を今世紀後半のできるだけ早期に実現することを目指すとされた。排出削減目標としては，地球温暖化対策計画（2016 年）を踏襲して，2050 年までに 80％の温室効果ガスの排出削減という長期的目標が掲げられた。「長期的なビジョンに向けた政策の基本的考え方」としては，①環境と成長の好循環の実現，②迅速な取組，③世界への貢献，の 3 つが掲げられた。

　2020 年 10 月，臨時国会の所信表明演説において菅義偉首相は，「2050 年までに，温室効果ガスの排出を全体としてゼロにする，すなわち 2050 年カーボンニュートラル，脱炭素社会の実現を目指す」ことを宣言した。

　一方，エネルギー政策については，2012 年 9 月，エネルギー・環境会議は「革新的エネルギー・環境戦略」を策定した[68]。「原発に依存しない社会の一日も早い実現」，「グリーンエネルギー革命の実現」，「エネルギーの安定供給」を 3 つの柱に掲げた。原発に依存しない社会の実現に向けた 3 つの原則として，① 40 年運転制限制を厳格に適用する，②原子力規制委員会の安全確認を得たもののみ，再稼働とする，③原発の新設・増設は行わない，を提示した[69]。そして，「2030 年代に原発稼働ゼロを可能とするよう，あらゆる政策資源を投入する」とした。他方，「今回のエネルギー政策の白紙見直しに当たっても，条約の究極的な目的の達成に向けて取り組んでいく姿勢が変わることはない」として，「我が国は，第四次環境基本計画（平成 24 年 4 月 27 日閣議決定）にお

いて，2050年までに温室効果ガス排出量を80%削減することを目指すこととしており，長期的・計画的に対策に取り組んでいく」とした[70]。

2011年3月11日に「電気事業者による再生可能エネルギー電気の調達に関する特別措置法」（FIT法）案が閣議決定された。その後，東日本大震災および福島第一原子力発電所における事故を経て，政府が提出した法案に対し，民主党・自由民主党・公明党の三党の合意に基づき，修正がなされ，同年8月26日に法案が成立し，同年8月30日に公布された。2012年7月，FIT法に基づく再生可能エネルギー固定価格買取制度が開始された[71]。

2014年，安倍晋三内閣において，第四次エネルギー基本計画が閣議決定された。エネルギー需給に関する基本的な考え方として，エネルギー政策の基本的視点（3E+S）の確認を行うとともに[72]，「多層化・多様化した柔軟なエネルギー需給構造」の構築を目指すこととされた[73]。

2015年7月，長期エネルギー需給見通しが公表された[74]。2030年度の一次エネルギー供給は4.89億kl程度を見込んだ。

2018年，安倍晋三内閣において，第五次エネルギー基本計画が閣議決定された。第五次エネルギー基本計画では，2030年の計画の見直しのみならず，パリ協定の発効を受けた2050年を見据えたシナリオの設計が行われている[75]。

第五次エネルギー基本計画と地球温暖化対策計画における原子力，再生可能エネルギー，石炭の取り扱いを比較するといくつかの点において乖離が確認される。

原子力については，地球温暖化対策計画では，低炭素のベースロード電源として位置づけられ，安全性が確認された上での活用が求められることとなった。これに対し，第五次エネルギー基本計画においては，原子力は，重要なベースロード電源として位置付けられ，原子力発電所の再稼働に際して安全を優先する。また，省エネルギーや再生可能エネルギーを導入し，火力発電所などの効率を改善することにより，原子力への依存を可能な限り低減することを方針にした。2050年の長期ビジョンでは，原子力は脱炭素化の選択肢の1つとして位置づけられている。輸出に関しては，第五次エネルギー基本計画では積極的な態度を明示せず，日本がその経験と技術で貢献できることを強調した。

　再生可能エネルギーについては，地球温暖化対策計画では，再生可能エネルギーの最大限の導入拡大と同時に，固定価格買取制度の適切な運用・見直しと国民負担の抑制の両立を実現させようとしている。これに対し，第五次エネルギー基本計画においては，2050 年までに経済的に自立し脱炭素化した，再生可能エネルギーの「主力電源化」を目指すとされた。2030 年までには主力電源化への布石としての取り組みに，低コスト化・系統制約克服・調整力確保等に努めることとされた。

　石炭については，地球温暖化対策計画では，火力発電の高効率化等に最新鋭の発電技術の導入促進，「エネルギー基本計画」等を踏まえて CCS への取り組むなどの方針を示した。これに対し，第五次エネルギー基本計画においては，再エネの大量導入により，より重要なエネルギー源になると位置づけた。2030 年のビジョンについて，民間部門の自主開発の促進，IGCC・IGFC・CCUS（二酸化炭素回収・利用・貯留）の開発・実用化を推進し，高効率な火力発電の有効活用を促進する。輸出に関しては，USC より劣らない火力発電設備を支援する。2050 年の長期ビジョンに向けて，石炭はエネルギー転換期の主力として予測されたため，日本政府は資源外交の強化・自主開発の継続を推進し，具体的には天然ガスへの移行，非効率石炭のフェードアウト，世界中の低炭素化支援に力を注ぐことなどに取り組んでいくこととされた。

　このように，パリ協定が作られた期間のエネルギー政策では，地球温暖化対策計画における目標よりも長期の計画が策定，実施された。原子力，再生可能エネルギー，石炭の取り扱いを比較すると気候変動政策に関する基本的な計画とエネルギー基本計画との間にはいくつかの点において乖離が確認された。

## 7．おわりに

　本章では，日本のエネルギー政策における気候変動に関する国際規範の受容について検討した。①国連気候変動枠組条約，②京都議定書，③コペンハーゲン合意，④パリ協定が作られた期間ごとに，エネルギー政策に関する基本的な計画（必要に応じ審議会の報告書）において気候変動に関する国際規範が反映されている点を抽出した。また，同期間における気候変動政策に関する基本

的な計画との比較を行った。①国連気候変動枠組条約の段階においては，地球温暖化防止行動計画（1990 年）が二酸化炭素排出の安定化を努力目標に掲げたのに対し，「今後のエネルギー環境対策について」（1992 年）では，環境，経済，エネルギーの三位一体が強調された。②京都議定書の段階においては，地球温暖化対策推進大綱（1998 年）が COP3 で合意した削減目標の達成に向けた政策を広範に盛り込んだが，これらの政策は COP3 の前に関係審議会合同会議が策定した報告書に盛り込まれた政策を位置付け直したものであった。③コペンハーゲン合意の段階においては，地球温暖化対策推進大綱の改定（2003 年），京都議定書達成計画の策定（2005 年），同計画の全面改訂（2008 年）が行われたが，第一次（2003 年），第二次（2007 年），第三次（2010 年）のエネルギー基本計画に盛り込まれた具体的な政策はこれらの計画との間で相違が見られた。④パリ協定の段階においては，革新的エネルギー・環境戦略（2012 年），当面の地球温暖化対策に関する方針（2013 年）を経て，パリ協定の採択後には地球温暖化対策計画（2016 年），パリ協定に基づく成長戦略としての長期戦略（2019 年）が策定されたが，第四次（2014 年），第五次（2015 年）のエネルギー基本計画に盛り込まれた具体的な対策はこれらの計画との間で相違が見られた。このように，気候変動に関する国際規範は大枠では受容されたものの，個々の政策レベルでは逸脱が認められた。

**【注】**

1　御厨（1996）。
2　Hattori（1999）.
3　服部（1999）。
4　経済産業省（2003）。
5　Hindmarsh and Priestley（2016）.
6　環境エネルギー政策研究所（2019）。
7　経済産業省エネルギー庁「総合エネルギー統計」（https://www.enecho.meti.go.jp/statistics/total_energy/results.html）。
8　通商産業政策史編集委員会（2011），i 頁。
9　経済産業省エネルギー庁「総合エネルギー統計」（https://www.enecho.meti.go.jp/statistics/total_energy/results.html）。
10　通商産業政策史編集委員会（2011），ii 頁。
11　通商産業政策史編集委員会（2011），42 頁；外山（1972）。
12　通商産業政策史編集委員会（2011），120-121 頁；国民生活安定緊急措置法（昭和四十八年法律第百二十一号）https://elaws.e-gov.go.jp/document?lawid=348AC0000000121；石油需給適正化法（昭和四十八年法律第百二十二号）https://elaws.e-gov.go.jp/document?lawid=348AC0000000122

13　「特集　サンシャイン計画 40 周年」Focus NEDO 特別号，2014 年 9 月発行。https://www.
nedo.go.jp/content/100574164.pdf

14　同上。

15　通商産業政策史編集委員会（2011），376 頁；奥村（1977）。

16　通商産業政策史編集委員会（2011），376-377 頁；資源エネルギー庁省エネルギー対策課監修
（2003），244-255 頁。

17　通商産業政策史編集委員会（2011），377 頁；エネルギーの使用の合理化等に関する法律（昭和
五十四年法律第四十九号）https://elaws.e-gov.go.jp/document?lawid=354AC0000000049

18　通商産業政策史編集委員会（2011），380 頁；同上。

19　通商産業政策史編集委員会（2011），403-404 頁。

20　環境省（1997）。

21　同上。

22　通商産業政策史編集委員会（2011），83 頁；「総合的エネルギー政策の構築と世界への提示を―
世界エネ懇報告（要旨）」『通産省公報』1989 年 6 月 26 日。

23　同上。

24　通商産業政策史編集委員会（2011），85-86 頁；「エネルギー利用効率向上を―総合エネルギー調
査会総合部会中間とりまとめ（要旨）―」『通産省公報』1989 年 11 月 1 日。

25　通商産業政策史編集委員会（2011），86-87 頁；「2010 年のエネルギー消費量原油換算 4.44 億 kl
―総合エネルギー調査会中間報告総論」『通産省公報』1990 年 6 月 8 日。

26　同上。

27　資源エネルギー庁監修（1999）『資源エネルギー年鑑　1999/2000 年版』通商産業調査会，645 頁。

28　通商産業政策史編集委員会（2011），89 頁。

29　通商産業政策史編集委員会（2011），90 頁；「環境調和型社会の構築を―今後のエネルギー環境
対策のあり方について（要約）」『通産省公報』1992 年 12 月 1 日。

30　同上。

31　通商産業政策史編集委員会（2011），379-380 頁。

32　通商産業政策史編集委員会（2011），93-95 頁；「さらなる省エネルギー対策―総合エネルギー調
査会需給部会中間報告［1］［2］［3］［4］［5］」『通産省公報』1994 年 6 月 29 日付，同 1994 年 6 月
30 日付，同 1994 年 7 月 1 日付，同 1994 年 7 月 5 日付，同 1994 年 7 月 6 日付。

33　同上。

34　https://www.env.go.jp/earth/cop3/kanren/suisin2.html

35　同上。

36　同上。

37　https://www.env.go.jp/earth/ondanka/ondanhou.html

38　同上。

39　https://www.env.go.jp/hourei/03/000011.html

40　通商産業政策史編集委員会（2011），96 頁；「将来のシナリオを提言―総合エネルギー調査会基
本問題小委員会中間報告（1）（2）」『通産省公報』1997 年 1 月 8 日，1997 年 1 月 10 日。

41　通商産業政策史編集委員会（2011），417-420 頁；「新エネルギー利用等を行う事業者への支援等
―新エネルギー利用等の促進に関する特別措置法案―」『通産省公報』1997 年 2 月 18 日。

42　通商産業政策史編集委員会（2011），96 頁；「総合的なエネルギー需要抑制対策を中心とした地
球温暖化対策の基本的方向について―環境負荷の小さな社会の構築を目指して―」『通産省公報』
1996 年 12 月 1 日。

43　通商産業政策史編集委員会（2011），380-382 頁。

44　通商産業政策史編集委員会（2011），98 頁；「総合エネルギー調査会需給部会中間報告」1997 年
　　6 月。
45　通商産業政策史編集委員会（2011）99 頁；総合エネルギー調査会総合部会・需給部会「今後の
　　エネルギー政策について」2001 年 7 月 12 日。
46　https://www.kantei.go.jp/jp/singi/ondanka/2002/0319ondantaikou.html
47　地球温暖化対策推進本部事務局監修（2005）『京都議定書目標達成計画の全容—チーム・マイナ
　　ス 6％』小学館。
48　https://www.mofa.go.jp/mofaj/gaiko/kankyo/kiko/coolearth50/index.html
49　https://www.env.go.jp/earth/ondanka/kptap/plan080328/d-01.pdf
50　通商産業政策史編集委員会（2011），iv-v 頁。
51　通商産業政策史編集委員会（2011），420 頁。
52　経済産業省（2003），6 頁。
53　同上。
54　経済産業省（2003），7 頁。
55　通商産業政策史編集委員会（2011），101 頁；総合資源エネルギー調査会需給部会「2030 年のエ
　　ネルギー需給展望」2005 年 3 月。
56　経済産業省（2007），7 頁。
57　同上。
58　経済産業省（2007），9 頁。
59　通商産業政策史編集委員会（2011），104-105 頁；総合エネルギー調査会需給部会「長期エネル
　　ギー需給見通し」2008 年 5 月。
60　通商産業政策史編集委員会（2011），106-107 頁；総合エネルギー調査会需給部会「長期エネル
　　ギー需給見通し（再計算）」2009 年。
61　通商産業政策史編集委員会（2011），108-110 頁。
62　通商産業政策史編集委員会（2011），110 頁。
63　経済産業省（2010），3 頁。
64　https://www.kantei.go.jp/jp/singi/ondanka/2013/0315.pdf
65　https://www.env.go.jp/earth/ondanka/keikaku/onntaikeikaku-zentaiban.pdf
66　同上，4 頁。
67　同上，6-7 頁。
68　https://www.kantei.go.jp/jp/topics/2012/pdf/20120914senryaku.pdf
69　同上，4 頁。
70　同上，17 頁。
71　https://www.enecho.meti.go.jp/about/whitepaper/2012html/1-2-4.html
72　経済産業省（2014），15 頁。
73　経済産業省（2014），16-18 頁。
74　https://www.enecho.meti.go.jp/committee/council/basic_policy_subcommittee/mitoshi/pdf/
　　report_01.pdf
75　経済産業省（2018）。

# 第5章

# 中国のエネルギーに関する五カ年計画の変遷

## 1. はじめに

中国は，1997年には29.6億トン（世界の二酸化炭素排出量の13.3％）であった二酸化炭素排出量を2018年には95.7億トン（世界の二酸化炭素排出量の28.6％）までに拡大させた[1]。この期間は，中国の経済発展段階が大きく変化してきた期間でもある。中国は経済発展を遂げてゆく中でエネルギー政策をどのように変化させてきたのか。中国のエネルギー政策は気候変動規範をどの程度受容してきたのか。

中国における気候変動対策に関しては，中国国内の実施体制，実施過程と各主体を考察する研究がある。横塚（2009）は，中央政府，地方政府，住民，国有企業と民営企業など国内各主体の地球温暖化問題や経済成長に対する姿勢とその役割を論じた[2]。また，大塚（2009）は，1990年代以降中国政府の温暖化による影響への関心と適応策，省エネルギー・汚染削減への取り組みの形成，一般市民の認識と行動についてまとめた[3]。一方，気候変動に関する国際交渉については，中国の参加におけるスタンスや原則などに関わる研究が多い。明日香（2005）は，途上国参加について公平性の観点から削減義務を課すべきではないことを論じた[4]。野口（2008）は，中国のCDMやAPP（クリーン開発と気候に関するアジア太平洋パートナーシップ）などの国際的，地域的な気候変動対応策への参加がもたらす影響を分析した[5]。Zang（2009）は，気候変動問題が中国政府にとって科学問題から政治経済問題へと転換していく過程を考察した[6]。これらの研究は，様々な側面から気候変動問題に対する中国のスタンスや関連政策の形成に論述を加えている。多くの研究はそのスタンスと政策

形成に関する諸要因を分析したが，時間系列で気候変動問題の国際交渉でのスタンス，国内政策の変遷，連動やその要因に関する考察は少ない。また，中国における気候変動とエネルギー政策に関する研究においては，インパクトを分析するものはあっても，プロセスを分析するものは少ない[7]。そこで，本章では，中国のエネルギーに関する五カ年計画を材料として用い，中国のエネルギー政策における気候変動規範の受容を検証する。中国は，1950年代から旧ソ連の五カ年発展計画を模して「国民経済と社会発展に関する長期計画（五カ年計画）」を制定してきた。市場経済移行以来，計画経済体制の色が薄くなっており，第十一次五カ年計画（2006～2010）では同計画の正式名称は「計画」から「規画」へと変更されている。日本語では「規画」という単語は通常使用されていないため，現在も「計画」と訳されている。計画よりも，規画には内容が概括的，全方位的，想定されている時間は比較的長く，事態の発展を大局的に観察するというニュアンスがある[8]。「五カ年計画」は，行政のマクロ経済への関与，経済市場に対する管理・監督などにかかる責務履行の根拠とされており，強い規範性と拘束力を有する総合国家発展計画である[9]。同計画の策定と実施は，中国の政策運営における最大の特徴となっている。エネルギー政策については，1996年に策定された第九次五カ年計画には「新エネルギーを発展させ，エネルギー構造を改善する」ことが盛り込まれたが[10]，エネルギーに関して独立した五カ年計画が策定されるのは第十次五カ年計画からである。また，同じく第十次五カ年計画からは，再生可能エネルギーに特化した五カ年計画も作られ始めた。このため，本章の分析は，第十次五カ年計画（2001～2005）から第十三次五カ年計画（2016～2020）の期間に策定されたエネルギーに関する五カ年計画（および再生可能エネルギーに特化した五カ年計画）を材料とする。この時期は，国際的には，京都議定書，コペンハーゲン合意，パリ協定における気候変動規範がそれぞれ形成された時期に相当する。

　本章では，中国のエネルギー政策の変遷とエネルギー転換の進展に気候変動規範がどのように関わってきたかを検証する。次節以降，第2節から第4節にかけて，中国のエネルギー政策における，①京都議定書に基づく規範の受容，②コペンハーゲン合意に基づく規範の受容，③パリ協定に基づく規範の受容について順次述べる。その後，第5節では，中国のエネルギー政策における気候

変動規範の受容に関する主要な要因を検討する。最後に，第6節において本章
の総括を述べる。

## 2．京都議定書に基づく規範の受容

　京都議定書に基づく規範は，温室効果ガス濃度の安定化という国連気候変動
枠組条約に盛り込まれた究極的な目的を達成することの重要性は引き継いでい
た。しかしながら，具体的な制度としては，京都議定書は，先進国が温室効果
ガスの排出削減目標を設定し，対策を行う義務を負ったのに対し，中国を含む
先進国以外の国は排出削減の義務を負わなかった[11]。途上国が削減に関与する
唯一の仕組みとしてクリーン開発メカニズム（CDM）の規定が設けられたが，
基本的には先進国が削減を行う仕組みとなった。

　中国は，1998年5月に京都議定書に署名し，2002年8月に批准している。
中国は，当初から京都議定書に規定されたCDMの活用を積極的に行ってい
た[12]。中国におけるCDMの活用は先進国からの投資拡大によるビジネスチャ
ンスとみなされていたとの指摘もあるが[13]，中国は京都議定書の枠組みの下で
温室効果ガスの排出を削減する事業を実施したことは事実である。

　それでは，京都議定書に基づく規範は，中国のエネルギー政策にどのように
反映されていたのであろうか。以下では，2001年に策定された第十次五カ年
計画における気候変動の扱いを見ていくこととする。

　2001年に策定された「国民経済と社会発展に関する第十次五カ年計画」で
は，エネルギーに関し，「資源賦存量の特徴を活用してエネルギー構造を改善
する。エネルギー利用効率を向上させ，環境保護を促進する。また，石炭を
ベースエネルギーとして，良質石炭の利用率を向上する」と掲げられた[14]。同
計画においては，気候変動（地球温暖化）については，「環境と開発の国際業
務に積極的に参加し，義務を履行する。気候変動を緩和させる政策措置を実行
する」とされた[15]。

　これに対し，2001年5月，国家計画委員会は，エネルギーに関する五カ年
計画を公表した。同計画においては，エネルギー発展戦略は「エネルギー安全
保障を確保することを前提として，エネルギー構造の改善を第一の要務とし，

エネルギー効率の向上，環境保護と西部開発に努める」こととされた[16]。エネルギー構造の改善として，石炭利用の削減，石炭のクリーン化を推進し，天然ガス，水力などクリーンエネルギーの割合を拡大させることが定められた。具体的な目標として，2005年にエネルギー消費総量において石炭の比率（計画策定時は68.5％）を3.88％ポイント減少することとされた。また，天然ガス，水力など「新エネルギー」の比率を5.6％ポイント増加させ，17.88％に達することとされた。同計画では，再生可能エネルギーには，離島と西部など送電網が通されていない地域の電力利用を満たすという位置づけを与えられた。しかしながら，同計画においては，気候変動に関する言及はまったくなされていなかった。

　また，2001年10月には，国家経済貿易委員会が再生可能エネルギーに関する五カ年計画を公表した[17]。再生可能エネルギーに関する目標が設定され，2005年に（小型水力発電とバイオマスを除く）再生可能エネルギーの年間利用量は1300万石炭換算トンに達することとされた。このうち，太陽光発電設備は，2005年には年間生産能力を1.5万kW，保有量は5.3万kW，風力発電設備は，年間生産能力を15〜20万kW，保有量を120万kWに達するものとされた。また，地熱利用面積を2000万平方メートル，バイオマスガス化供給能力を20億立方メートルに達するものとされた。しかし，同計画においては，再生可能エネルギーの導入目的はエネルギー構造の改革や離島，辺遠地区のエネルギー利用の保障とされ，気候変動については言及がなされていなかった。

　第十次五カ年計画の時期（2001〜2005）は，中国の高い経済成長が続いた時期でもあり，エネルギーに関する五カ年計画において掲げられた石炭利用の削減は達成されなかった。計画期間の終了年の2005年の石炭の生産量は，23.7億トンを上回り，一次エネルギー生産量の77.4％を占め，消費量は一次エネルギー生産量の72.4％を占めるに至っていた[18]。石炭の比率は低下するのではなく，実際には増加していた。

　このように，中国は，京都議定書を批准し，CDMの積極的な活用を行っていたものの，気候変動対策はあくまで先進国が行うべきものであって，中国がエネルギー政策において気候変動対策を位置づけるべきものとはされていな

かった。中国は発展途上にあり，石炭から天然ガス，水力などのクリーンエネルギーへの転換はあくまでエネルギー構造の改善，大気汚染などの環境保護のためのものと位置づけられていた。

## 3．コペンハーゲン合意に基づく規範の受容

コペンハーゲン合意に基づく規範は，先進国のみならず主要な途上国も温室効果ガスの削減に向けた行動を行うものとなった。コペンハーゲン合意では，産業革命以降の地球の平均気温の上昇を2℃以内に抑える目標が設定された。先進国の削減行動と途上国の削減行動の間にはその取り扱いに差が置かれてはいたが，先進国が削減目標を掲げて対策を実施することに加え，主要途上国も削減目標を掲げて対策を実施していくこととなった[19]。

中国は，2009年のコペンハーゲンにおけるCOP15の開催前に，GDP当たりの二酸化炭素排出量を2020年に2005年比40〜45％削減するとの目標を発表した[20]。これは，COP交渉の国際合意に向けて，先進国のみならず途上国の2020年までの目標と行動をリスト化するプロセスに中国が同意したことを示していた。2006年には中国の二酸化炭素の排出量が米国（19.6％）を抜き，世界第一位のシェア（20.0％）を占めるようになっていた[21]。最大排出国となった中国に対しては，先進国のみならず，気候変動の影響が大きい島嶼諸国など他の途上国，環境NGOなどから，相応の責務を果たすことが求められるようになった[22]。中国は，著しい経済成長に伴い，温室効果ガスの削減に「応分の責任を果たす」姿勢を取らざるを得なくなったと言うことができる[23]。

それでは，コペンハーゲン合意に基づく規範は，中国のエネルギー政策にどのように反映されていたのであろうか。以下では，コペンハーゲン合意が成立する以前の2006年に策定された第十一次五カ年計画およびコペンハーゲン合意が成立した後の2011年に策定された第十二次五カ年計画における気候変動の扱いを見ていくこととする。

2006年3月に公表された「国民経済と経済発展に関する第十一次五カ年計画」では，エネルギーに関し，GDP当たりのエネルギー消費量（エネルギー原単位）を2005年比で約20％削減するという目標を掲げた[24]。同計画では，

気候変動に関しては触れられていない。

　これを受けて，翌年の2007年4月，国家発展改革委員会は，第十一次エネルギーに関する五カ年計画を公表した。同計画においては，エネルギー発展戦略は「省エネルギーを優先し，国内をベースにしてエネルギーの多様化を推進し，国際協力を強化する。安定供給，経済効率性，クリーン・エネルギー・システムを構築し，エネルギーの持続可能な発展を通して経済・社会の持続可能な発展を支える」こととされた[25]。同計画は，「石炭を主要なエネルギー源とするエネルギー構造は，多くの環境と社会問題を起こし，経済・社会の持続可能な発展を阻害している」と記載した[26]。具体的な目標としては，単位GDP（GDP1万元）当たりのエネルギー消費量を2005年の1.22石炭換算トンから2010年の0.98石炭換算トンに，年間平均約4.4％減少させるとされた[27]。これは「国民経済と経済発展に関する第十一次五カ年計画」に掲げられた2005年比で約20％削減するという目標よりも厳しい目標になっている。大気汚染など環境保護についてはより一層重視しているが，気候変動に関する言及はなかった。

　また，2008年3月には，国家発展改革委員会は，再生可能エネルギーに関する五カ年計画を公表した[28]。同計画においては，2010年に（水力を含む）再生可能エネルギーの消費量は3億石炭換算トンに達し，エネルギー消費総量の10％を占めるものとされた[29]。水力発電の設備容量は1.9億kW，風力発電は1000万kW，バイオマス発電は550万kW，太陽光発電は30万kWに達するものとされた（バイオマスガス化利用量は190億立方メートル，バイオディーゼル燃料年間利用量は20万トンに達するものとされた）[30]。再生可能エネルギーの推進は，エネルギー需給の不均衡の解消，環境汚染の解決，新産業の開発による経済発展に資するものとして位置づけられた[31]。再生可能エネルギーを発展する目的として，エネルギー供給の安定，環境汚染の防止や経済発展の促進などが挙げられたが，気候変動に関する言及はなかった。

　このように，エネルギーに関する五カ年計画および再生可能エネルギーに関する五カ年計画においては，気候変動に関する言及はなかったが，中国は，この時期，気候変動に関する行動を具体化し始めている。2007年6月，国家発展改革委員会は「国家気候変動対応計画」を策定し，「国民経済と経済発展に

関する第十一次五カ年計画」において設定した 2010 年までの単位 GDP 当た
りのエネルギー消費量に関する数値目標を明記している[32]。同計画では，気候
変動対策は，産業構造やエネルギー構造の転換とその関連法規定政策の制定を
中心とする気候変動防止策，および農林水利工程を中心とする気候変動適応策
に分けて明記された。

　第十一次五カ年計画の時期（2006〜2010）の終了時点，2010 年時点での実
績は，単位 GDP 当たりエネルギー消費量が 0.81 石炭換算トンまで減少し，エ
ネルギーに関する五カ年計画における目標値（0.98 石炭換算トン）を上回っ
た[33]。一方，非化石燃料消費割合は 8.6％となり[34]，再生可能エネルギー五カ
年計画の目標値（10％以上）を達成できなかった。

　コペンハーゲン合意が定まったのちの 2011 年 3 月に公表された「国民経済
と社会発展に関する第十二次五カ年計画」においては，エネルギーに関し，
2015 年に非化石燃料消費割合を 11.4％に達するという目標に加え，GDP 当
たりのエネルギー消費量を 16％削減するという目標を掲げた[35]。また，気候
変動に関し，五カ年計画として初めて章を追加し，産業構造転換，省エネル
ギー，エネルギー利用効率の向上，植林などを通じた二酸化炭素排出の削減，
低炭素製品の標準・標識・認証制度の確立，排出統計制度や排出権取引市場
の創設など気候変動防止策，および異常気象対策など気候変動適応策を提出
し[36]，単位 GDP 当たり二酸化炭素排出を 2010 年比で 2015 年に 17％削減する
という目標値を設定した[37]。さらに，共通だが差異ある責任（CBDR）原則に
基づき，国際交渉を積極に参加し，気候変動技術や投資の国際協力を強化する
と掲げた[38]。

　今回は，エネルギーに関する五カ年計画の策定に先立って，再生可能エネル
ギーに関する五カ年計画が発表された。2012 年 7 月，国家発展改革委員会は，
再生可能エネルギーに関する五カ年計画を公表した。同計画が前期の五カ年計
画から大きく変化した点としては，水力が主要な再生可能エネルギーであるこ
とは変わらないものの，風力発電と太陽光発電について規模と技術の急速な
発展を行うこととされた点である。計画期間内における水力，風力，太陽光，
バイオマスの新規発電設備容量は，それぞれ 6100 万 kW，7000 万 kW，2000
万 kW，750 万 kW とすることが設定され，2015 年までに発電設備容量を 2

億 9000 万 kW，1 億 kW，2100 万 kW，1300 万 kW とすることが目標とされた[39]。

　第十二次エネルギーに関する五カ年計画は，国務院より 2013 年 1 月に発表された。同計画においては，福島原子力発電所事故以降各国が再生可能エネルギーに転換を進めていることを認識し，中国の二酸化炭素排出削減目標達成の主要手段，および経済効果をもつ新産業として再生可能エネルギーを発展すべきと記載した[40]。また，同計画では，エネルギー発展戦略は「経済発展方式の転換を加速し，エネルギー体制と技術のイノベーションを推進し，エネルギー生産と利用方法の変革を進める。省エネルギーの優先，エネルギー生産・利用効率の向上，消費量のコントロールなどを通して，安全，安定供給，経済効率性，クリーン・エネルギー・システムを構築し，社会の持続可能な発展を保障する」こととされた[41]。これに加え，同計画は，気候変動について，「気候変動問題は各国の核心的利益に関わるグローバルイシューになり，温室効果ガスの排出と経済発展の権利に関する論争が繰り広げられている。先進国は，技術と資本の優位性を持ち，再生可能エネルギー産業の発展と排出権取引の推進に注力する一方，環境基準と炭素関税など非関税障壁を通して途上国の発展を遅らせている。中国は最大の途上国として排出削減と新産業の発展の二重の挑戦を行う」と明記した[42]。

　第十二次エネルギーに関する五カ年計画では，「国民経済と社会発展に関する第十二次五カ年計画」における GDP 当たりのエネルギー消費量を 2015 年までに 2010 年比 16％削減するとの目標が維持された[43]。エネルギー消費総量は 2015 年に 40 億石炭換算トン，電力使用量 6.15 兆 kWh とするとされた[44]。また，化石燃料と非化石燃料の構成割合を規定し，非化石燃料の割合は 11.4％を上回り，発電設備容量は 30％を超えることとされた。石炭は 65％に削減し，天然ガスは 7.5％に上昇させるとされた[45]。

　また，第十二次エネルギーに関する五カ年計画では，前回までの五カ年計画と比べ，環境保護に関する規定振りが大きく変更になった。大気汚染源である硫黄酸化物・窒素酸化物の排出量に加えて，気候変動問題の要因である二酸化炭素の排出量が取り上げられた。

　さらに，同計画においては，エネルギー政策目標とする数値に関する表が

掲示され，各目標は，努力目標（予期性）と約束目標（約束性）に分けられた[46]。非化石燃料消費割合，単位 GDP 当たりエネルギー消費量，二酸化炭素，硫黄酸化物・窒素酸化物の排出量が約束目標とされた[47]。二酸化炭素については，2015 年に単位 GDP 当たり二酸化炭素排出量を 2010 年比で 17％削減することが約束目標とされた。

　第十二次五カ年計画の時期（2011～2015）の終了時点，2015 年の実績は，石炭，石油，天然ガスと非化石燃料の消費の割合はそれぞれ 64％，18.1％，5.9％と 12％である[48]。2015 年の単位 GDP 当たりエネルギー消費量が 2010 年比で 18.4％削減，単位 GDP 当たり二酸化炭素排出量が 20％以上減少した[49]。いずれもエネルギーに関する五カ年計画が設定した目標値を上回った。

　このように，コペンハーゲン合意が成立する前後において，中国では気候変動対策に取り組む動きが強まった。これに伴い，エネルギー政策においても気候変動対策が積極的に取り扱われることとなった。2013 年に策定された第十二次エネルギー基本計画では，二酸化炭素排出量の削減の約束目標が設定されるなど，気候変動防止がエネルギー政策の文脈で位置づけられるようになった。また，この時期においては，エネルギー政策における再生可能エネルギーの位置づけもより大きなものとなった。

## ４．パリ協定に基づく規範の受容

　パリ協定に基づく規範ではすべての国が温室効果ガスの削減行動を行うものとなった。2015 年に採択されたパリ協定は，産業革命以降の地球の平均気温の上昇を 2℃より十分に低く抑える目標が設定されるとともに，1.5℃以内に抑えるよう努力することが目標に加わった。パリ協定では，すべての加盟国が温室効果ガスの排出削減の貢献を行うこととされた[50]。先進国，途上国を問わずすべての加盟国が「自国が決定する貢献」（NDC）に基づき，温室効果ガスの排出削減を行うこととなった。

　中国は，2015 年 6 月に国連気候変動枠組条約事務局に提出した「自国が自主的に決定する貢献案」（INDC）において，2030 年の排出削減目標として GDP 当たりの二酸化炭素排出量を 2005 年比 60～65％削減することを発表し

た[51]。中国はパリ協定に 2016 年 4 月に署名し，2016 年 9 月に批准した[52]。

　それでは，パリ協定に基づく規範は，中国のエネルギー政策にどのように反映されたのであろうか。以下では，2016 年に策定された第十三次五カ年計画における気候変動の扱いを見ていくこととする。

　2016 年 3 月，「国民経済と社会発展に関する第十三次五カ年計画」は，エネルギーに関し，「エネルギー生産・消費の方式を改革し，エネルギー構造を最適化させ，清潔・低炭素・安全・高効率の現代エネルギー体系を築く」ことを掲げた[53]。気候変動に関して，電力，鉄鋼，建築材料や化学工業などを排出削減推進主要産業と規定した。さらに，気候変動問題の国際協力については，共通だが差異ある責任（CBDR）原則に「公平」原則と「能力相応」原則を新たに追加し，国情，発展段階と能力相応の国際義務を積極的に果たし，「自国が自主的に決定する貢献案（INDC）」を達成することを掲げた[54]。

　2016 年 12 月，国家発展改革委員会は，エネルギーに関する五カ年計画および再生可能エネルギーに関する五カ年計画を公表した。

　エネルギーに関する計画においては，エネルギー発展戦略については，前回の五カ年計画と同様に，「安全，安定供給，経済効率性，クリーン・エネルギー・システムの構築」を掲げた[55]。同計画では，省エネルギーを国策として社会経済発展の全過程に貫いて省エネルギーの生産方式と消費スタイルを形成させることが新たに盛り込まれた。また，クリーン・低炭素エネルギーの発展がエネルギー構造改革における最重要の政策として位置づけられた[56]。具体的な目標としては，2020 年には，エネルギー総消費量は 50 億石炭換算トンを下回ることとされ，石炭は 41 億トンを占めるにとどめることとされた。また，非化石燃料消費割合は 15％以上に達することとされ，天然ガスの割合を 10％に高め，石炭の割合は 58％以下とし，単位 GDP 当たりのエネルギー消費を 2015 年より 15％削減することとされた[57]。

　同計画においては，環境保護に関し，前回の五カ年計画に約束目標として掲げられていた硫黄酸化物・窒素酸化物の排出量は約束目標から削除された。それは，2015 年の全国火力発電所の単位発電当たりの排出量（平均）は硫黄酸化物が 0.47 グラム，窒素酸化物が 0.43 グラムとなり，前回の五カ年計画において掲げた目標の 1.5 グラムと 1.5 グラムを大幅に下回ったためである[58]。

これに対し，二酸化炭素については，2020 年には単位 GDP 当たりの二酸化炭素排出量を 2015 年より 18％削減することが掲げられた。また，火力発電（石炭）の単位発電量当たりの石炭使用量を 318 グラムまで削減することが約束目標に追加された[59]。

　再生可能エネルギーに関する五カ年計画においては，風力，太陽光，バイオマス発電施設の建設，再生可能エネルギーに関する制度，価格メカニズムの整備を主要な目標として設定した[60]。水力，風力，太陽光，バイオマスの発電設備容量の目標は，それぞれ 3 億 4000 万 kW，2 億 1000 万 kW，1 億 500 万 kW と 1500 万 kW に設定された[61]。さらに，再生可能エネルギー発電固定買取制度の実施を強化，グリーン電力証書市場の構築および再生可能エネルギー発展目標を地方の発展計画に統合させるなどの制度面のサポートを公表した[62]。

　同計画においては，再生可能エネルギーの発展は気候変動防止目標を実現するための重要な戦略措置だと示した[63]。また，中国は再生可能エネルギー関連技術を積極的に導入，吸収して国産化が実現し，なかでも太陽光発電技術は世界をリードする地位となったことを明記し，経済成長につながる再生可能エネルギー産業をさらに発展すべきだと記載した[64]。さらに，同計画においては，再生可能エネルギー産業の国際協力の強化が追加された。「気候変動に関する政府間パネル（IPCC），国際エネルギー機関（IEA），国際再生可能エネルギー機関（IRENA）など国際組織及び国家間協議と協力を強化し，再生可能エネルギーの国際協力プラットフォームを構築する」こととされた[65]。同時に，「一帯一路」を通じて再生可能エネルギー設備と技術の輸出を図ることについて言及がなされている[66]。

　このように，中国においては，パリ協定に基づく気候変動規範の下，気候変動防止の文脈に沿ったエネルギー政策がより浸透した。環境保護の約束目標から硫黄酸化物・窒素酸化物は除かれたが二酸化炭素についてはより厳しい目標が置かれた。再生可能エネルギーの発展については IPCC などとの関係も位置づけられた。

## 5．中国における気候変動規範の受容に関する主要な要因

　気候変動に関する国際規範が形成された京都議定書，コペンハーゲン合意，パリの各時期における中国の国際交渉に関するスタンスは，「受動的参加」，「受動的協力」と「能動的協力」の 3 つの段階に分けられる。京都議定書が作られた期間においては，中国は発展途上国として気候変動枠組条約のコミットメントを履行し，京都議定書を批准し，その枠組みに参加した。中国政府にとって，経済発展には一層多くの二酸化炭素を排出することが許容される必要があり，経済発展を犠牲にして気候変動に対応するインセンティブはない。中国は気候変動問題を引き起こした責任は先進国にあり，先進国が先に削減することを主張した。中国は共同だが差異のある責任（CBDR）原則を主張し，温室効果ガス排出抑制を拒絶する態度を示したが，国連のメンバー国として，国連のフレームワークの下にある国連気候変動枠組条約の協議に「受動的参加」を行い，京都議定書を締約した。しかし，1990 年代後半からの気候変動による世界的異常気象の頻発と気候変動のメカニズムの研究などに伴い，中国政府は気候変動への科学的認識や中国への影響の解明など，学習段階にも入っている。そして，コペンハーゲン合意が形成された時期においては，中国は国家気候変動対応計画を策定し，気候変動規範を国内政策へと受容する具体的な行動を示し，より積極的な協力姿勢を取るようになった。この時期には，中国は，CBDR 原則を強調しながら，国際協力と国内対応を徐々に展開する「受動的協力」のスタンスを示した。パリ協定では，先進国，途上国を問わずすべての締約国が NDC に基づき，温室効果ガスの排出削減を行うこととなった。パリ協定が作られた時期においては，中国は $CO_2$ 排出量の削減目標を第十二次エネルギーに関する五カ年計画における約束目標として設定した。以降，中国は，その経済発展様式に気候変動対策を織り込むようになり，排出権取引制度，低炭素都市計画など新たな気候変動対策を積極的に導入し始めた。すなわち，この時期には，中国の気候変動問題に対する「能動的協力」の姿勢が見られるようになっている。このような気候変動規範の国内政策への受容に関する変化の背景には，以下のような様々な要因が考えられる。

　第一に，気候変動による被害が挙げられる。中国は，広い国土に多様な地形と気候類型があり，多くの地域において気候変動に対する脆弱性が指摘されている。中国気象局[67]によれば，1961年以降，中国全国の平均気温が上昇しているが，北部は南部より，西部は東部より上昇幅が大きい。年間降水日数は著しく減少したが，豪雨日数は増加傾向にある。また，1990年代以降，上陸した台風の数が増加しており，異常気象の数は顕著に増加した。気候変動による異常気象は，農業，水資源，生態系や沿岸・沿海部に深刻な影響を与える。図5-1は，1990年以降中国の洪水被害を示したものである。水利施設の整備により，洪水の被害面積は減少したものの，経済損失は増大した。近年の経済の飛躍的成長に伴い，同規模の気象災害でも経済的被害は増大した。

　第二に，大気汚染との関連が挙げられる。中国の石炭依存のエネルギー構造は，環境汚染が深刻化する重大な要因となっている。石炭の燃焼によって排出される硫黄酸化物，窒素酸化物，煤塵などによる大気汚染はエネルギー使用量の増加に伴い膨大となっている。2011年，農作物の不作，森林破壊，大気汚染が原因となる疾病などの環境破壊による経済損失は，中国の国内総生産（GDP）の5〜6％に達し，約2兆6000億元（約33兆2540億円）になった[68]。気候変動と大気汚染による被害を軽減するための中国政府の処方箋は再

図5-1　洪水による被害面積と直接的経済損失

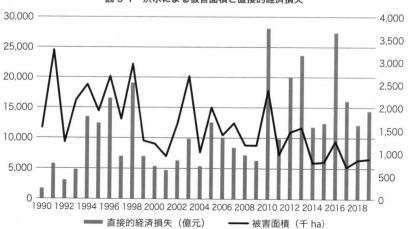

（出典）中華人民共和国水利部「中国水旱災害防御公報 2019」に基づき著者作成。

生可能エネルギーの推進と石炭依存のエネルギー構造からの脱出であった。

　第三に，国際社会からの圧力が挙げられる。中国に対する国際社会からの排出削減を求める圧力はコペンハーゲン合意に向けた交渉過程において急速に強まった。中国の温室効果ガスの排出量は 2006 年に米国を抜き，世界第一位のシェアを占めるようになっていた。中国は，一貫として CBDR 原則を主張することを堅持したが，気候変動に関する国際交渉の焦点は米中の責任分担の側面が強まった。米国は京都議定書から離脱し，国際社会から批判を受けていた。しかし，米国のオバマ政権は気候変動問題を最も重要な外交アジェンダの 1 つとし，中国，インドなど排出量が多い途上国が削減責任を負うべきとの主張を行った。さらに，途上国の中でも，気候変動の影響を懸念する島嶼諸国は，排出量の多い途上国に対して相応の責務を果たすことを厳しく要求した。

　第四に，低炭素発展のメリットが挙げられる。これについては政治と経済の 2 つの側面がある。政治的側面としては，中国は大国としての正当性を築くため，国際制度に積極的に参画し，責任を果たす大国のイメージの形成に努めている。また，経済的側面としては，再生可能エネルギーの積極的活用がもたらすメリットがある。2020 年末時点の中国の再生可能エネルギー発電設備容量は 9 億 3000 万 kW，国内の発電設備容量に占める割合は 42.4％であった。発電量は 2 兆 2000 億 kWh，社会全体の使用電力に占める割合は 29.5％となり，いずれの指標でも世界第 1 位である。また，再生可能エネルギー関連設備の製造も世界第 1 位となっており，世界の水力発電所建設の 70％を中国企業が請け負っているほか，世界の風力発電設備生産量の 50％を中国が占めている。太陽光電池の関連部品供給に占める中国企業の割合では，ポリシリコン 58％，シリコンウエハー 93％，太陽電池セル 75％，太陽電池モジュール 73％と，全ての製造工程で 50％以上を占めている[69]。とりわけ，「一帯一路」沿線国家への再生可能エネルギー関連投資が伸びており，中国の再生可能エネルギー技術と設備の輸出などが進められている。

　このように，中国における気候変動規範の受容に関する主要な要因は，①気候変動による被害，②大気汚染との関連，③国際社会からの圧力，③低炭素発展によるメリットが考えられる。①については京都議定書の段階から，②，③についてはコペンハーゲン合意の段階から，④についてはパリ協定の段階から

顕著になっている。

# 6．おわりに

　本章では，中国のエネルギー政策における気候変動に関する国際規範の受容についてエネルギーに関する五カ年計画に基づき検討した。①国連気候変動枠組条約の段階においては，中国は，条約交渉に参画してはいたものの，第八次五カ年計画（1991 年）には，地球温暖化，気候変動に関する直接の言及はなかった。また，エネルギーに関して独立した五カ年計画は策定されなかった。②京都議定書の段階においては，第九次計画（1996 年）には気候変動に関する言及はなかったが，第十次計画（2001 年）には気候変動を緩和させる政策措置を実行すると盛り込まれた。他方，エネルギーに関する五カ年計画には気候変動に関する言及はなかった。③コペンハーゲン合意の段階においては，同合意の直前に中国は 2020 年までの $CO_2$ 排出量の削減目標を発表した。第十一次計画（2006 年）には気候変動に関する言及はなかった。エネルギーに関する五カ年計画にも言及はなかった。これに対し，第十二次計画（2011 年）では 2015 年までの $CO_2$ 排出目標が設定された。エネルギーに関する五カ年計画（2013 年）では再生可能エネルギーが $CO_2$ 排出目標達成の主要手段と位置付けられた。また，途上国として排出削減と新産業の発展の二重の挑戦を行うと明記された。④パリ協定の段階においては，中国は，INDC に 2030 年までの $CO_2$ 排出削減目標を設定した。第十三次計画（2016 年）には，国際義務を積極的に果たし，INDC を達成すると明記した。エネルギーに関する五カ年計画では，クリーン・低炭素エネルギーの発展をエネルギー構造改革における最重要政策に位置づけた。また，2020 年までの $CO_2$ 排出量に関する目標が設定された。このように，コペンハーゲン合意以降，エネルギーに関する五カ年計画に $CO_2$ 排出目標が掲げられ，省エネルギーや再生可能エネルギーに関する政策が気候変動対策としての位置づけをも持つようになった。

【注】
1　IEA Data and statistics.

2　横塚 (2009)。

3　大塚 (2009)。

4　明日香 (2005)。

5　野口 (2008)。

6　Zang (2009).

7　例えば，Mori (2008) を参照。

8　金森俊樹「中国の『5ヵ年規画』──その位置付け，役割，意味合いは？」幻冬舎ゴールドオンライン，2021 年 2 月 16 日掲載。

9　金・馬場・田頭 (2011)。

10　中国国務院 (1996)，第四章第 2 節。

11　京都議定書によって削減義務を負う国については例えば https://unfccc.int/process-and-meetings/the-kyoto-protocol/what-is-the-kyoto-protocol/kyoto-protocol-targets-for-the-first-commitment-period を参照。

12　京都議定書の発効は 2005 年 2 月であるが，中国は 2004 年 6 月に CDM 暫定法を施行するなど，発効以前から CDM に参画していた。Chew Chong Siang「中国の CDM 活用の現状と課題」IEEJ，2005 年 6 月掲載，https://eneken.ieej.or.jp/data/pdf/1082.pdf を参照。

13　曲 (2006)。

14　中国国務院 (2001)，第七章第 3 節。

15　同上，第十五章第 2 節。

16　国家計划委員会 (2001)，第二章第 1 節。

17　国家経済貿易委員会 (2001)。

18　国家統計局，CEIC database。

19　コペンハーゲン合意については https://unfccc.int/resource/docs/2009/cop15/eng/11a01.pdf#page=4 を参照。

20　中央政府「中国到 2020 年単位 GDP 二酸化炭排放降低 40%-45%」2010 年 9 月 29 日付；http://www.gov.cn/wszb/zhibo409/content_1712489.htm （2020 年 12 月 20 日アクセス）。

21　World Bank Data and statistics.

22　「COP15，途上国間の亀裂が表面化　ツバルの新提案で」フランス通信社，2009 年 12 月 10 日付；https://www.afpbb.com/articles/-/2673145 （2020 年 12 月 20 日アクセス）。

23　李 (2009)。

24　中国国務院 (2006)，第一篇第 3 章。

25　国家発展和改革委員会 (2007)，第二章第 1 節，5 頁。

26　同上，第一章第 2 節，4 頁。

27　同上，第四章第 1 節，10 頁。

28　国家発展和改革委員会 (2008)。国家経済貿易委員会は，2003 年の国務院の機構再編により，国家発展計画委員会に合併された。同機構再編により，国家発展計画委員会が国家発展改革委員会に名称変更されている。

29　同上，第二章第 2 節，13 頁。

30　同上，第二章第 2 節，13 頁。

31　同上，第二章第 2 節，13 頁。

32　国家発展和改革委員会 (2007)。

33　中国国務院 (2013)，第二章第 3 節表 2。

34　同上，第二章第 3 節表 2。

35　中国国務院 (2011)，第一篇第 3 章。

36　同上，第六篇第 21 章。

37　同上，第一篇第 3 章。

38　同上，第六篇第 21 章。

39　国家発展和改革委員会 (2012)，第三章第 2 節。

40　中国国務院 (2013)，第一章第 2 節。

41　同上，第二章第 1 節。

42　同上，第一章第 2 節。

43　同上，第二章第 3 節。

44　同上，第二章第 3 節表 2。

45　同上，第二章第 3 節。

46　2011 年 3 月 6 日の記者会見で国家発展改革委員会の担当者は「努力目標は，努力の方向性を示す目標として，目標値を達成しなくても何の咎めがないという性質を持っている。一方，約束目標は，一定の強制力を持ち，達成すべき目標である」と述べている（「張平：五年規劃発展目標分預期性与約束性両類」新華社，2011 年 3 月 6 日付）。

47　中国国務院 (2013)，第二章第 3 節。

48　国家発展改革委員会・国家能源局 (2016)，第一章第 1 節表 1。

49　同上，第一章第 1 節。

50　パリ協定の概要については https://unfccc.int/process-and-meetings/the-paris-agreement/what-is-the-paris-agreement を参照。

51　中国の INDC については https://www4.unfccc.int/sites/submissions/INDC を参照。

52　https://treaties.un.org/Pages/ViewDetails.aspx?src=TREATY&mtdsg_no=XXVII-7-d&chapter=27&clang=_en

53　国家発展和改革委員会 (2016)，第三十章，57 頁。

54　同上，第四十六章，92 頁。

55　国家発展改革委員会・国家能源局 (2016)，第二章第 1 節，10 頁。

56　同上，第二章第 2 節，10-11 頁。

57　同上，第二章第 4 節，14 頁。

58　中国电力企业联合会 (2016)，第 4 巻，43 頁。

59　国家発展改革委員会・国家能源局 (2016)，第二章第 4 節，14 頁。

60　国家発展和改革委員会 (2016)，第二章第 2 節，7-8 頁。

61　同上，第三章表 2，9 頁。

62　同上，第二章第 2 節，7 頁。

63　同上，第一章第 1 節，1 頁。

64　同上，第一章第 1 節，3-4 頁。

65　同上，第一章第 1 節，1 頁。第八章，25 頁。

66　同上，第八章，25 頁。

67　中国气象局『中国气候变化蓝皮书 (2019)』。

68　賈軍・浅野浩子 (2013)。

69　日本貿易振興機構 (2021)。

## 第 6 章

# ASEAN の気候変動政策とエネルギー政策

## 1. はじめに

　東南アジア諸国連合（ASEAN）は 1967 年の「バンコク宣言」によって設立された[1]。ASEAN は, 当初は緩やかな協議体であったが, 次第に制度化が進み, 2003 年の「第二 ASEAN 協和宣言」において 2020 年までに「政治・安全保障共同体（APSC）」,「経済共同体（AEC）」,「社会・文化共同体（ASCC）」から成る「ASEAN 共同体」を設立することで合意した[2]。2007 年の「セブ宣言」においては, ASEAN の機構強化および意思決定過程の明確化を目的とした「ASEAN 憲章」を採択するとともに, ASEAN 共同体設立の目標年次を 2015 年に前倒しした。翌 2008 年には「ASEAN 憲章」が発効, 2009 年には 3 つの共同体の「青写真（ブループリント）」からなる「ASEAN 共同体ロードマップ（2009〜2015）」が発出され, ASEAN 共同体設立に向けた道筋が示された。2015 年には,「共同体」となった ASEAN は, 新たに「ASEAN 共同体ビジョン 2025」を発出し, 共同体としての取り組みを進めている[3]。

　このように, 制度化が進展する過程において, ASEAN は, 具体的な政策分野における協力・協調をどのように図ってきたのであろうか。本章では, ASEAN の気候変動政策とエネルギー政策に関する協力・協調の取り組みの変遷を検証する。第 1 章で見たように, 気候変動規範は, 国連気候変動枠組条約（1992 年）, 京都議定書（1997 年）, コペンハーゲン合意（2009 年）, パリ協定（2015 年）の 4 つの段階を経てきている。こうした気候変動規範の変容に対し,「共同体」を目指した ASEAN はどのように対処してきたのであろうか。ASEAN としての気候変動政策はどのように確立されていったのか。また,

ASEAN としてのエネルギー協力において，気候変動政策はどのように取り扱われてきたのか。本章では，こうした観点から，ASEAN の気候変動政策とエネルギー政策の変遷を振り返ることとする。第 2 節では ASEAN 首脳会議，第 3 節では ASEAN 環境大臣会合，第 4 節では ASEAN エネルギー大臣会合を順次取り上げる。最後に，第 5 節において本章の総括を行う。

## 2．ASEAN 首脳会議における気候変動政策とエネルギー政策

ASEAN 首脳会議は ASEAN 設立から 9 年後の 1976 年に初めて開催された[4]。ASEAN 首脳会議は，各分野の大臣会議の協力に基づき，最高意思決定機関として政策や方針などを決定する。当初は不定期の開催であったが，1995 年以降は 3 年に一度の公式首脳会議（その間の 2 年間は非公式首脳会議）として毎年開催されるようになった。2001 年以降，公式・非公式の区別がなくなり毎年開催されるようになった[5]。

京都議定書が採択されることとなる 1997 年時点では気候変動問題は ASEAN 首脳会議における重要議題とはなっていなかった。1997 年の第二回 ASEAN 非公式首脳会議で採択された「ASEAN ビジョン 2020」においては，他の様々な目標に加えて，地域環境の保護，天然資源の持続可能な利用，国民生活の質の向上を確保した持続可能な開発のためのメカニズムを備えるクリーンかつグリーンな ASEAN の構築が目標として掲げられている[6]。しかし，気候変動には直接の言及はなされなかった。これに対し，エネルギーについては，ASEAN パワーグリッド，環 ASEAN ガス・パイプラインなどによるエネルギー分野や電力部門における接続性に関するアレンジメントを構築すること，あるいは，省エネルギーの促進や再生可能エネルギーの開発が目標として掲げられた[7]。

1998 年の第六回 ASEAN 公式首脳会議においては，「ASEAN ビジョン 2020」の実現のための最初の行動計画「ハノイ行動計画」（Hanoi Plan of Action）が採択された。同計画においては，「環境保護および持続可能な開発の促進」の中の一項目として「気候変動に対する地域の努力の強化」を掲げている[8]。しかし，具体的な内容には一切触れられていない。これに対し，エ

ネルギーについては，「地域のインフラストラクチャーの整備」の中の一項目として「エネルギー」を掲げ，エネルギー供給の安全保障と持続可能性の確保，天然資源の効率的な利用，環境に配慮したエネルギー需要に関する地域マネジメントに取り組むことを明記している。さらに，ASEAN電力グリッド，ASEANガス・パイプラインなどを含むASEANのエネルギー・ネットワークの早期の実現のための政策枠組みの設立を掲げた[9]。

　2004年の第十回ASEAN首脳会議においては，ハノイ行動計画を引き継ぐ第2次中期計画である「ヴィエンチャン行動プログラム」（Vientiane Action Programme）が採択された。2003年の「第二ASEAN協和宣言」の下，「政治・安全保障共同体（APSC）」，「経済共同体（AEC）」，「社会・文化共同体（ASCC）」の設立を目指すこととされていたが，2004年の同プログラムにおける「社会・文化共同体（ASCC）」に関する規定においては，「ASCCは，地域環境の保護，天然資源の持続可能性，人々の生活の質の高さを確保する，持続可能な開発のための完全に確立されたメカニズムに基づくクリーンかつグリーンなASEANを推進する」とされた。そして，「環境の管理」に関する中期目標に関して，「共通だが差異ある責任原則に基づき，競争力や社会的および経済的発展に影響を与えることなく，地球環境問題に効果的に対処する」とされた。附属の表における「地球環境問題」に関する項目の中に，「気候変動やウィーン条約およびその議定書などの大気問題に取り組む多国間環境協定のクラスターに関連する措置に取り組むために国および地域の協力を促進する」こととされた。これに対し，「経済共同体（AEC）」に関する規定においては，「エネルギー」が項目に挙げられた。そこでは，「ASEANエネルギー協力行動計画2004-2009（ASEAN Plan of Action for Energy Cooperation for 2004-2009）」の実施を通じた持続的なエネルギー開発の追求が掲げられたが，地域のエネルギー・インフラストラクチャーの統合，エネルギー安全保障の促進に加え，市場改革や自由化の促進，環境の持続可能性の保全に対応する政策の構築に関する協力に焦点を当てることが記載された[10]。

　気候変動に関する国際交渉においてコペンハーゲン合意（2009年）に結実することとなるプロセスは「バリ行動計画」として2007年の国連気候変動枠組条約第十三回締約国会議（COP13）において合意されている。COP13は

ASEAN の主要国であるインドネシアのバリ島において開催された。この年，2007 年は ASEAN の首脳レベルにおいて気候変動対策を本格的に取り上げられる最初の年となった。

　ASEAN 設立 40 周年にあたる 2007 年の第十三回 ASEAN 首脳会議において，「環境持続性に関する ASEAN 宣言（ASEAN Declaration on Environmental Sustainability）」が発出された[11]。この中で，気候変動対策としては，次の 6 項目が掲げられた。

① 　国際社会と緊密に協力し，気候変動への理解と対応策を強化する。
② 　気候変動対策とエネルギー安全保障対策における貿易と投資の障壁の導入を避ける。
③ 　化石燃料がエネルギーミックスにおいて引き続き重要な役割を果たすことを認識し，高効率・低排出技術の開発・導入を推進する。
④ 　太陽光，水力，風力，潮力，バイオマス，バイオ燃料，地熱といった再生可能エネルギーや新エネルギーの利用を促進する（また，関心がある国においては，安全性・安全基準を確保したうえで原子力を促進する）。
⑤ 　適切な技術やプラクティスの導入・管理のためのキャパシティビルディングやベストプラクティスの共有を通じ，主要な部門における省エネルギーを促進する。
⑥ 　安価なエネルギーの導入および高効率・低排出の技術の導入を促進する開放的かつ競争的なエネルギー市場に向けた効果的な措置を採る。

　同じく 2007 年の ASEAN 首脳会議においては，気候変動交渉により直接的に関連する宣言として，「COP13 および CMP3 に向けた ASEAN 宣言」が発出されている[12]。宣言の前文においては，「2007 年 12 月 3〜14 日にインドネシアのバリ島において開催される COP13 および CMP3 の成功裡の成果を確保するための国際的な支持を促すため加盟国とパートナー国の間の協力を形成することに ASEAN が重大な役割を持つことを認識する」と記載された。具体的には，次の 10 項目について宣言している。

① 　持続可能な開発の目的を達成する決意を再確認し，UNFCCC と京都議定書における温室効果ガスの濃度安定化の目的に沿って，それぞれの能力に応じて，気候変動対策に対するコミットメントを実施する。

② 　第一約束期間と第二約束期間の間のギャップを避ける観点から，共通だが差異ある責任を考慮しつつ，2012 年以降の気候変動対策に関する，効果的，公平，柔軟，包括的な多国間合意を構築するための道筋をつけるために緊密に働く。

③ 　気候変動問題は全世界的な解決が必要であること，共通だが差異ある責任原則に基づきすべての国が役割を果たすべきことに留意しつつ，歴史的な責任，経済の強さと能力に鑑み，附属書 I 国に対し，排出の実質的な削減を引き続き主導することを促す。

④ 　附属書 I 国に対し，UNFCCC および京都議定書に基づく財政的支援，技術移転，キャパシティビルディングに関するコミットメントのさらなる実施を促す。

⑤ 　二国間，地域内，グローバルのパートナーシップを通じ，よりクリーンな，気候にやさしい技術を含む，低炭素技術の開発と移転を働きかける。

⑥ 　気候にやさしい技術の開発に対する投資を促進する革新的な財政オプションを確立することを国際金融・開発協力機関に働きかける。

⑦ 　気候にやさしい技術の開発・導入・投資の促進の基本的なツールであり，同時に持続可能な開発の目的の達成に資する，京都議定書の CDM の重要性を強調する。

⑧ 　適応の重要性に鑑み，すべての国がその国の開発戦略・政策において気候変動の影響と適応戦略を考慮するよう促すとともに，京都議定書の適応基金の早期の運用開始を求める。

⑨ 　本宣言を実施するために ASEAN 加盟国間の協力・協調を強化することに合意し，ASEAN の関連大臣会合および分野別の組織に対し，宣言の目的の実施に関する協力を指示する。

⑩ 　COP13 および CMP13 における包括的な合意に関する交渉の成功裡の成果を確保するために積極的かつ建設的に参加する。

　コペンハーゲン合意に向けた交渉が行われていた 2009 年には，「COP15 お
よび CMP5 に向けた気候変動に関する ASEAN 共同宣言」が採択されてい
る [13]。2009 年の宣言は 8 項目から成るが，COP15 および CMP5 の成功裡の成
果に向けて協力することを言明していることに加え，REDD+ や海洋への影響
に対する言及が加わっている点が 2007 年の宣言との主な違いとなっている。

　2010 年には，「気候変動に対する共同対応に関する ASEAN 首脳声明」が採
択された [14]。同声明は，Towards a global solution to the challenge of climate
change at COP 16/CMP 6 が 11 項目，Towards an ASEAN Community resil-
ient to climate change が 12 項目，合計 23 項目から成っている。これらの項
目においてはエネルギーに対する直接的な言及はない。さらに，2011 年には，
「COP17 および CMP7 に向けた気候変動に関する ASEAN 首脳声明」が採択
された [15]。同声明は 19 項目から成っている。これらの項目においてもエネル
ギーに対する直接的な言及はなかった。

　このように，2007 年の「環境持続性に関する ASEAN 宣言」では，化石燃
料，再生可能エネルギー，省エネルギーに対する言及がなされていた。これに
対し，同年の 2007 年以降 2011 年までの間に採択された気候変動に関する国際
交渉に関する宣言，声明は，気候変動対策に焦点をあて，年を経るごとに，よ
り充実した内容を盛り込むものとなってきたものの，エネルギーに対する直接
的な言及はなされなかった。

　その後，気候変動に関する国際交渉に合わせて首脳レベルでの宣言が採択
されるのは 2014 年から 2018 年にかけてである。これはパリ協定（2015 年）
の採択の前後の時期にあたる。2014 年には，「気候変動に関する ASEAN 共
同声明 2014」が採択された [16]。同声明には，COP21 より十分早い段階での
INDC の提出を含む 33 項目が掲げられた。2015 年には，「気候変動に関す
る ASEAN 共同声明」が採択された [17]。同声明には，同年 12 月に開催される
COP21 における「新たな包括的かつバランスの取れた法的拘束力のある合意」
の採択に向けた努力（パラ 5）を 13 項目が掲げられた。パリ協定採択の翌年
の 2016 年には，「COP22 に向けた気候変動に関する ASEAN 共同声明」が採
択された [18]。同声明では，パリ協定の早期批准を含む 17 項目が掲げられた。
さらに，2017 年には，「COP23 に向けた気候変動に関する ASEAN 共同声

明」が採択された[19]。同声明では 11 項目が掲げられた。2018 年には,「COP24
に向けた気候変動に関する ASEAN 共同声明」が採択された[20]。同声明にお
いては気候変動に関する 16 項目が掲げられた。なお,同声明においては,
ASEAN 加盟国は,パリ協定の批准や NDC の実施に加え,ASCC ブループリ
ント 2025 の下での気候変動対策の実施などを通じ,「パリ協定の中心を占める
こと」を明記した(前文)。さらに,2019 年には,「COP25 に向けた気候変動
に関する ASEAN 共同声明」が採択された[21]。ただし,2014 年から 2019 年に
かけてのこれらの声明には,エネルギーに対する直接的な言及はなかった[22]。

　この間,ASEAN の制度化が進展してきた。2003 年の「第二 ASEAN 協和
宣言」において「政治・安全保障共同体(APSC)」,「経済共同体(AEC)」,
「社会・文化共同体(ASCC)」から成る「ASEAN 共同体」を設立する構
想が合意されたが,環境分野は 3 つの共同体のうちの「社会・文化共同体
(ASCC)」に位置づけられた。翌 2004 年には 3 つの共同体に関する規定に
またがる「ヴィエンチャン行動プログラム」が採択されているが,同時に,
ASCC については,「ASEAN 社会・文化共同体行動計画(ASCC Plan of
Action)」が公表されている。同計画では,持続可能な開発については述べ
られているが,気候変動については触れられなかった。これに対し,2009 年
に採択された「ASEAN 社会・文化共同体ブループリント 2009-2015(ASCC

**表 6-1　ASEAN 社会・文化共同体ブループリント 2009-2015 における気候変動関連措置 (2009)**

① ASEAN 加盟国の気候変動問題に対する共通ポジションを形成する。
② ASEAN 気候変動防止イニシアティブを構築する。
③ 適応策と緩和策に関する研究開発および人材育成を促進する。
④ ASEAN の植林と再植林および森林破壊防止の国際参入を促進する。
⑤ 気候変動の適応,低炭素経済の発展と気候変動に関する知識の普及など地域戦略を築く。
⑥ 気候変動による災害と気候変動シナリオシミュレーションの加盟国と関連国との協力を強化する。
⑦ ASEAN の脆弱な生態系のモニタリングシステムの構築。
⑧ 地域政策,科学の研究を強化し,気候変動問題に関する合意の実施を促進する。
⑨ 公衆意識と公衆参加を促進し,気候変動の人間健康への悪影響を防ぐ。
⑩ 地方政府,民間部門,NGO とコミュニティーの気候変動から悪影響の対処を促進する。
⑪ 経済発展と気候変動対策のウィン・ウィンを達成するため,活力のある経済と友好な環境を構築する戦略を打ち出す。

(出典) ASEAN Socio-Cultural Community Blueprint 2009-2015, pp. 19-20.

Blueprint)」においては，気候変動に関する具体的な措置が盛り込まれた（表6-1参照）。さらに，2016年に採択された第二期の「ASEAN社会・文化共同体ブループリント2025」においても，気候変動に関する具体的な措置が盛り込まれた（表6-2参照）。

　こうした中，徐々にではあるが，「社会・文化共同体（ASCC）」においてもエネルギー政策が取り扱われるようになった。2009年のASCCブループリントにおいてはエネルギーに関する言及は極めて限定的なものとなっていた[23]。これに対し，2016年のASCCブループリントにおいては，資源の持続可能性の観点などから，エネルギー・アクセスや再生可能エネルギーやグリーン技術の開発が取り上げられた[24]。

　以上，ASEAN首脳会議の宣言や声明を材料として首脳レベルにおける気候変動政策とエネルギー政策の変遷を検討してきた。1997年の「ASEANビジョン2020」の段階では，エネルギー政策がASEANにおける政策の中に位置づけられている一方，「クリーンかつグリーンなASEANの構築」が目指されることとはされたが，気候変動政策については明示的ではなかった。2003年の「第二ASEAN協和宣言」に基づく3つの共同体の設立構想が実行に移される2004年の「ヴィエンチャン行動プログラム」の「社会・文化共同体」の規定や同年の「社会・文化共同体行動計画」においても気候変動は明示的でなかっ

**表6-2　ASEAN社会・文化共同体ブループリント2025における気候変動関連措置（2016）**

① 最も脆弱，周縁化したコミュニティーに対し，気候変動の適応策や緩和策の実施に係る人的・制度的キャパシティを強化する。
② 複数のステークホルダーやマルチセクターからのアプローチなど，気候変動の課題に対する包括的かつ首尾一貫した対応の開発を促進する。
③ 民間部門とコミュニティーを活用し，気候変動に対処するための革新的な資金調達メカニズムを構築する。
④ 温室効果ガスインベントリ，脆弱性評価，適応ニーズに係る部門機関や地方政府の能力を強化する。
⑤ 開発活動からの温室効果ガスの排出を削減するため，政府，民間部門とコミュニティーの努力を促す。
⑥ 部門計画における気候変動リスクの管理と温室効果ガス排出削減を強化する。
⑦ UNFCCCなどグローバル・パートナーシップを強化し，関連国際合意や枠組の実施をサポートする。

（出典）ASEAN Socio-Cultural Community Blueprint 2025, pp. 12-13.

た。他方，「ヴィエンチャン行動プログラム」の「経済共同体」の規定に位置
づけられたエネルギーについては，「ASEANエネルギー協力行動計画2004-
2009」に見られるように，域内協力が進展する。ASEANとしての気候変動政
策が本格化するのは2007年以降であった。2007年の「環境持続性に関する
ASEAN宣言」においては，化石燃料，再生可能エネルギー，省エネルギーに
対する言及がなされたが，同年以降の気候変動に関する共同声明においては
エネルギーに対する言及はなされなかった。こうした中，2009年のASCCブ
ループリントにおいてはエネルギーへの言及は極めて限定的であったが，2016
年のASCCブループリントではエネルギー政策に踏み込んだ記載が盛り込ま
れた。徐々にではあるが，ASEANの気候変動政策とエネルギー政策の相互乗
り入れが進んできていることが見て取れた。

## 3．ASEAN環境大臣会合における気候変動政策とエネルギー政策

　ASEANの環境分野での協力フレームワークは，環境大臣会合（ASEAN
Ministerial Meeting on the Environment：AMME），環境高級事務レベル
会合（ASEAN Senior Officials on the Environment：ASOEN）および7つ
の分野のワーキンググループによって構成されている[25]。1981年のASEAN
環境大臣会合の発足以来，環境問題を対処する部門として機能してきた[26]。
ASEANは定期的に環境大臣会合を開催し，地域の環境協力の実施状況を審査
し，新規の環境プロジェクトに関する提案を議論することを通じ，ASEAN域
内の環境協力を促進してきた。環境大臣会合は，近年は隔年，環境高級事務レ
ベル会議は毎年開催されてきている（表6-3参照）[27]。
　国連環境開発会議（UNCED）の開催，国連気候変動枠組条約の採択が
なされた1992年には，第五回ASEAN環境大臣会合において「環境と開
発に関するシンガポール決議（Singapore Resolution on Environment and
Development）」が採択されている[28]。しかしながら，同決議においては，国
連気候変動枠組条約を含め気候変動については明示的な言及はなされていな
い。また，京都議定書が採択されることとなる1997年の9月に開催された第
七回ASEAN環境大臣会合においては「環境と開発に関するジャカルタ決議

表 6-3　ASEAN 環境大臣会合

|  | 開催日 | 開催地 | 開催国 |
|---|---|---|---|
| 第 1 回 | 1981年 4 月30日 | マニラ | フィリピン |
| 第 2 回 | 1984年11月29日 | バンコク | タイ |
| 第 3 回 | 1987年10月30日 | ジャカルタ | インドネシア |
| 第 4 回 | 1990年 6 月19日 | クアラルンプール | マレーシア |
| 第 5 回 | 1992年 2 月18日 | シンガポール | シンガポール |
| 第 6 回 | 1994年 4 月26日 | バンダルスリブガワン | ブルネイ |
| 第 7 回 | 1997年 9 月18日 | ジャカルタ | インドネシア |
| 第 8 回 | 2000年10月 6 日 | コタキナバル | マレーシア |
| 第 9 回 | 2003年12月18日 | ヤンゴン | ミャンマー |
| 第 10 回 | 2006年11月10日 | セブ | フィリピン |
| 第 11 回 | 2009年10月30日 | シンガポール | シンガポール |
| 第 12 回 | 2012年 9 月26日 | バンコク | タイ |
| 第 13 回 | 2015年10月28日 | ハノイ | ベトナム |
| 第 14 回 | 2017年 9 月12日 | ブルネイ | ブルネイ |
| 第 15 回 | 2019年10月 8 日 | シェムリアップ | カンボジア |

（出典）https://environment.asean.org/statements-and-declarations-1981-1990/

（Jakarta Declaration on Environment and Development)」が採択されている[29]。しかしながら，同決議には，京都議定書を含め気候変動については明示的な言及はなされていない。

　これに対し，2006 年の第十回 ASEAN 環境大臣会合における「持続可能な開発に関するセブ決議（Cebu Resolution on Sustainable Development)」においては，気候変動が生態系，特に水資源に与える影響について懸念を表明し，特に洪水，干ばつ，地滑り，その他の水関連の危険による影響を最小限に抑えるための緩和策と適応策が必要であると決議した[30]。

　さらに，2009 年の第十一回 ASEAN 環境大臣会合においては，「環境持続性および気候変動に関するシンガポール決議（Singapore Resolution on Environmental Sustainability and Climate Change)」が採択された[31]。同決議においては気候変動に関して次の 6 項目が決議された[32]。

①　気候変動の影響に関する理解と適応のためにパートナー国や国際社会との協力を重視する。
②　COP15 および CMP5 に向けた ASEAN 首脳共同宣言に基づき，コペン

**の開催日・開催地・共同宣言**

| 共同宣言 |
|---|
| ASEAN 環境に関するマニラ宣言 |
| ASEAN 環境に関するバンコク宣言 |
| 持続可能な開発に関するジャカルタ決議 |
| 環境と開発に関するクアラルンプール合意 |
| 環境と開発に関するシンガポール決議 |
| 環境と開発に関するバンダルスリブガワン決議 |
| 環境と開発に関するジャカルタ宣言 |
| |
| 持続可能な開発に関するヤンゴン決議／ヘリテージ・パークに関する ASEAN 宣言 |
| 持続可能な開発に関するセブ決議 |
| 環境持続性および気候変動に関するシンガポール決議 |
| ASEAN 環境協力に関するバンコク決議 |
| |
| 有害化学物質および廃棄物管理に関する ASEAN 共同宣言 |
| |

　ハーゲンにおける公平な成果の合意の確保のために交渉プロセスに建設的に関与する。

③　化石燃料が我々のエネルギーミックスにおいて主要な要素であることを認識し，クリーンな技術の研究，開発，導入に関する活発な連携を通じ，化石燃料のよりクリーンな利用に向けた緊密な協力を強化する。

④　太陽光，水力，風力，潮力，バイオマス，バイオ燃料，地熱，原子力といった再生可能エネルギーや代替エネルギーの利用に関する努力を強化する[33]。

⑤　キャパシティビルディングやベストプラクティスに関する情報の共有を通じ，エネルギーの生産・利用における省エネルギーを促進する。

⑥　ASEAN における気候変動に関する協力を拡大する努力に注力する[34]。

　このように，2009 年の同決議においては，気候変動に関連して，エネルギー技術の開発，再生可能エネルギー，省エネルギーに関する言及がなされた。
　2012 年の第十二回 ASEAN 環境大臣会合における「ASEAN 環境協力に関するバンコク決議（Bangkok Resolution on ASEAN Environmental

Cooperation）」においては，気候変動交渉に関する貢献に言及されるとともに，同年に策定された「気候変動に対する共同対応に関する ASEAN 行動計画（ASEAN Action Plan on Joint Response to Climate Change）」の実施を通じた域内協力の強化が盛り込まれた[35]。しかしながら，エネルギーに関する言及はなされなかった。「気候変動に対する共同対応に関する ASEAN 行動計画」においてもエネルギーに関する言及はなされなかった[36]。

　以上，ASEAN 環境大臣会合における気候変動政策とエネルギー政策に関する変遷を見てきた。1990 年代から 2000 年代前半にかけては気候変動政策について言及はなかった。2006 年の「持続可能な開発に関するセブ決議」において気候変動の脅威に対する言及がなされ，2009 年の「環境持続性および気候変動に関するシンガポール決議」において本格的に気候変動政策が取り扱われた。2009 年の同決議においてはエネルギー政策にも言及がなされたが，2012 年の「ASEAN 環境協力に関するバンコク決議」においてはエネルギー政策への言及がなされなかった。

## 4．ASEAN エネルギー大臣会合における気候変動政策とエネルギー政策

　ASEAN のエネルギー分野での意思決定と政策形成は，エネルギー大臣会合（ASEAN Ministers of Energy Meeting：AMEM），エネルギー高級事務レベル会合（Senior Officials Meeting on Energy：SOME）および関連の下位機構（sub-sector networks：SSNs, specialised energy bodies：SEBs）によって行われている[37]。1980 年の第一回「ASEAN エネルギー協力に関する経済大臣会合（AEMMEC）」以来，エネルギー分野における ASEAN 域内の協力について議論が行われてきた[38]。1986 年には「ASEAN エネルギー協力協定（Agreement on ASEAN Energy Cooperation）」が採択された[39]。ASEAN におけるエネルギー協力はその後も継続し，1995 年の第十三回「ASEAN エネルギー協力に関する経済大臣会合（AEMMEC）」においては「ASEAN エネルギー協力中期行動プログラム 1995-1999（ASEAN Mid-Term Programme of Action on Energy Cooperation（1995-1999））」が採択されている[40]。同大

臣会合は1996年の第十四回から「ASEANエネルギー大臣会合（AMEM）」
と呼ばれることとなった[41]。

　エネルギー分野については，1997年の「ASEANビジョン2020」や1998年
の「ハノイ行動計画」において，再生可能エネルギーの開発や省エネルギーの
促進などに関する政策目標が掲げられ，ASEANのエネルギー・ネットワーク
の早期の実現のための政策枠組みの構築などが掲げられていたが，これらを
進めていくブループリントとして，1999年には「ASEANエネルギー協力行
動計画1999-2004」（APAEC）が採択された[42]。「ASEANエネルギー協力行
動計画（APAEC）」は，その後，2004年から2009年までの第二期，2010年
から2015年までの第三期，2016年から2025年までの第四期（ただし，Phase
I: 2016-2020とPhase I: 2021-2025の2つの期間に分けられる）と続いていく
（表6-4〜表6-8参照）。

　APAECにおけるプログラム分野は，第一期は，① ASEANパワーグリッ
ド，②環ASEANガス・パイプライン，③石炭，④省エネルギー（Energy
Efficiency & Conservation），⑤再生可能エネルギー（New and Renewable

**表6-4　ASEANエネルギー協力行動計画1999-2004におけるプログラム分野（1999）**

①　ASEANパワーグリッド
②　環ASEANガス・パイプライン
③　石炭
④　省エネルギー（Energy Efficiency & Conservation）
⑤　再生可能エネルギー（New and Renewable Sources of Energy）
⑥　地域エネルギー・アウトルック，エネルギー政策，環境分析

（出典）APAEC 1999-2004, p. 4.

**表6-5　ASEANエネルギー協力行動計画2004-2009におけるプログラム分野（2004）**

①　ASEANパワーグリッド
②　環ASEANガス・パイプライン
③　石炭
④　省エネルギー（Energy Efficiency & Conservation）
⑤　再生可能エネルギー（Renewable Energy）
⑥　地域エネルギー政策・計画（Regional Energy Policy and Planning）

（出典）APAEC 2004-2009, pp. 9-25.

Sources of Energy），⑥地域エネルギー・アウトルック，エネルギー政策，環境分析の6分野である。第二期は①から⑤は同じタイトルであるが，⑥は地域エネルギー政策・計画（Regional Energy Policy and Planning）と改称された。第一期，第二期においては，省エネルギー，再生可能エネルギーを含め各プログラム分野は気候変動防止とは関連づけられていなかった[43]。

　これに対し，2010年から2015年までの第三期では，③の石炭は「石炭およびクリーン・コール技術」と改称されるとともに，新たに⑦民間原子力エネルギー（Civilian Nuclear Energy）が追加された。これは，2007年の第13回ASEAN首脳会議で採択された「ASEAN経済共同体ブループリント2015」におけるエネルギー分野の協力としてこれらの7つの分野が掲げられたことを受けたものであった[44]。原子力の利用については，クリーンかつゼロ・エミッションの燃料として電源構成に加えることに対する一般の理解を深めることなどを目標に掲げた[45]。省エネルギーや再生可能エネルギーについては具体的な目標設定がなされるなどエネルギー政策としてのより一層の充実が図られた[46]。その際，省エネルギーや再生可能エネルギーは，エネルギー安全保障に加え，気候変動防止に資するものと位置付けられた[47]。第三期は気候変動問題を明確に認識した最初のエネルギー協力行動計画となった[48]。

　第四期のプログラム分野は，第三期と同じく，①ASEANパワーグリッド，②環ASEANガス・パイプライン，③石炭およびクリーン・コール技術，④省エネルギー，⑤再生可能エネルギー，⑥地域エネルギー政策・計画，⑦民間原子力エネルギーの7分野である。しかしながら，プログラムにおける具体的な措置においては気候変動がより強く認識されている。また，具体的な目標

表6-6　ASEANエネルギー協力行動計画2010-2015におけるプログラム分野（2009）

① ASEANパワーグリッド
② 環ASEANガス・パイプライン
③ 石炭およびクリーン・コール技術
④ 省エネルギー（Energy Efficiency & Conservation）
⑤ 再生可能エネルギー（Renewable Energy）
⑥ 地域エネルギー政策・計画（Regional Energy Policy and Planning）
⑦ 民間原子力エネルギー（Civilian Nuclear Energy）

（出典）APAEC 2010-2015, p. 2.

**表 6-7　ASEAN エネルギー協力行動計画 (Phase I: 2016-2020) におけるプログラム分野 (2015)**

① ASEAN パワーグリッド
② 環 ASEAN ガス・パイプライン
③ 石炭およびクリーン・コール技術
④ 省エネルギー（Energy Efficiency & Conservation）
⑤ 再生可能エネルギー（Renewable Energy）
⑥ 地域エネルギー政策・計画（Regional Energy Policy and Planning）
⑦ 民間原子力エネルギー（Civilian Nuclear Energy）

（出典）APAEC 2016-2025 (Phase I: 2016-2020), p. 3.

の設定がなされるようになった。

　第四期の Phase I: 2016-2020 における省エネルギーについては，持続可能な開発，市場の統合とともに気候変動対策としての位置づけが与えられた。2020年までに 2005 年比 20％向上の中期目標および 2025 年までに 30％向上の長期目標が設定された。目標を達成するための 4 つの戦略として，①エネルギー関連製品におけるエネルギー効率基準とレベリングの推進，②民間部門の省エネルギー政策への参加の強化，③建築業における「グリーン・ビルディング・コード（Green Building Code）」制度の導入，④金融機関の省エネルギーへの参加の強化を定めた[49]。また，再生可能エネルギーについては，技術の商品化と市場化に注力することとし，再生可能エネルギー産業の自立を目指すこととされた。このための 5 つの戦略として，① 2025 年までに ASEAN のエネルギーミックスに占める再生可能エネルギー割合を 2025 年までに 23％に向上する努力目標の設定，②再生可能エネルギーの役割に関する官民の意識の向上，③域内における再生可能エネルギー技術開発と実用化の促進，④再生可能エネルギーを促進するファイナンス・スキームの促進，⑤バイオ燃料の開発と実用化が決められた[50]。

　第四期の Phase II: 2021-2025 における省エネルギーについては，経済競争力の向上，気候変動対策，エネルギー安全保障の強化において最も費用対効果が高い方策であり，気候変動とエネルギー安全保障に配慮しながら，エネルギー転換を通じて地域の持続可能な開発を実現する有力な選択肢であるとされた[51]。Phase I における 2025 年までに 30％向上の長期目標は，Phase II においては 2025 年までに 32％向上することに上方修正された。また，Phase I の

表 6-8　ASEAN エネルギー協力行動計画（Phase II: 2021-2025）におけるプログラム分野（2020）

① ASEAN パワーグリッド
② 環 ASEAN ガス・パイプライン
③ 石炭およびクリーン・コール技術
④ 省エネルギー（Energy Efficiency & Conservation）
⑤ 再生可能エネルギー（Renewable Energy）
⑥ 地域エネルギー政策・計画（Regional Energy Policy and Planning）
⑦ 民間原子力エネルギー（Civilian Nuclear Energy）

（出典）APAEC 2016-2025 (Phase II: 2021-2025), pp. 2-3.

4つの戦略を加え，①交通部門のエネルギー集約度の向上，②製造業における
エネルギーマネジメントの強化とエネルギー集約度向上の促進などが掲げられ
た[52]。また，再生可能エネルギーについては，①エネルギー転換の加速，②パ
リ協定の下での気候変動対策，③地域の持続可能な開発の実現などの役割があ
るとされた[53]。Phase I の際の 2025 年までにエネルギーミックス（一次エネル
ギー供給量）に占める再生可能エネルギー割合を 23％に向上する努力目標に
加え，総発電容量に占める再生可能エネルギーの発電容量割合を 35％に引き
上げることを目指すことを定めた。具体的な計画としては，ASEAN 再生可能
エネルギー長期ロードマップの策定などを掲げた[54]。

　このように，ASEAN におけるエネルギー協力の計画である APAEC では，
1999 年から 2004 年までの第一期，2004 年から 2009 年までの第二期におい
ては気候変動が位置づけられていなかったが，2010 年から 2015 年までの第
三期，2016 年から 2025 年までの第四期（Phase I: 2016-2020 および Phase I:
2021-2025）では気候変動が位置づけられることとなった。APAEC の第三期
の策定時期までにエネルギー分野における気候変動に関する配慮が始まるとと
もに，APAEC の実施の中で気候変動に関する配慮が強化されてきていること
が見て取れる。

　2007 年は ASEAN の首脳レベルにおいて気候変動対策を本格的に取り上げ
られる最初の年となったことは前述したとおりであるが，ASEAN エネルギー
大臣会合においても 2007 年以降，徐々に気候変動が取り扱われるようになっ
た。2007 年の第二十五回 ASEAN エネルギー大臣会合の共同声明では，省エ
ネルギーの推進が，エネルギー需要に対処するためだけでなく，温室効果ガス

の排出削減の目的のためであることに言及されている。温室効果ガスの排出削減の目的のためにも省エネルギーに関する協力をさらに強化することが明示された[55]。2008年の第二十六回ASEANエネルギー大臣会合の共同声明では，「大臣は，グローバルなエネルギー・環境問題に効果的に対処するための緊密な対話と協力を促進することに対するコミットメントを強調」した[56]。2009年の第二十六回ASEANエネルギー大臣会合のテーマは「繁栄と持続可能性に向けてASEANのエネルギーの未来を確実にする（Securing ASEAN's Energy Future Towards Prosperity and Sustainability）」とされた[57]。同年の共同声明では，省エネルギーについては，「地域のエネルギー安全保障を強化し，気候変動に対処するための最も費用対効果が高い方策の一つである」とされた[58]。他方，再生可能エネルギーについては，この時点では，エネルギー安全保障上の位置づけはされたが，気候変動には直接的な言及はなかった。翌2010年の第二十七回ASEANエネルギー大臣会合では，気候変動に対するより積極的な姿勢を見せることとなった。同年のASEANエネルギー大臣会合のテーマは「エネルギーと気候変動（Energy and Climate Change）」とされた[59]。「気候変動に対する共同対応に関するASEAN首脳声明」に言及しつつ，気候変動に対処するための努力の強化および低炭素・グリーン経済に向けたASEANのエネルギー協力の強化を再確認するとした[60]。とはいえ，具体的なエネルギー協力は，APAECの第二期（2010-2015）の着実な実施を行うことであった[61]。2012年の第三十回エネルギー大臣会合では，2010年に行った，気候変動に対処するための努力の強化および低炭素・グリーン経済に向けたエネルギー協力の強化に関するコミットメントについて再確認した[62]。二酸化炭素回収・貯留（CCS）技術の開発の重要性についても言及した[63]。しかしながら，この間のエネルギー大臣会合の議論における気候変動の扱いは限られたものであったということができる。2013年[64]，2014年[65]のエネルギー大臣会合の声明においても気候変動を大きく取り扱った形跡はなかった。

　2015年のASEANエネルギー大臣会合ではAPAEC 2016-2015のPhase Iの採択が行われた[66]。APAEC 2016-2015の戦略的テーマは，「Enhancing energy connectivity and market integration in ASEAN to achieve energy security, accessibility, affordability and sustainability for all（すべての人に

対するエネルギー安全保障，アクセシビリティ，低価格，持続可能性を達成するために ASEAN のエネルギーの接続性と市場統合を強化する）」であることを強調した[67]。パリ協定が採択された 2015 年の翌年に当たる 2016 年の第三十四回 ASEAN エネルギー大臣会合では，パリ協定の重要性に関する認識と APAEC 2016-2015 の Phase I の実施とを結びつける言明がなされた[68]。APAEC 2016-2015 の Phase I において盛り込まれた省エネルギーと再生可能エネルギーの数値目標が気候変動の文脈で意識されることとなった[69]。2017 年の ASEAN エネルギー大臣会合でも，APAEC 2016-2015 の Phase I において盛り込まれた，省エネルギーに関するエネルギー集約度（energy intensity）を 2020 年までに 2005 年比 20％削減する目標[70]，再生可能エネルギーに関するエネルギーミックスに占める再生可能エネルギー割合を 2025 年までに 23％に向上する目標[71] の達成に向けた努力を促す議論がなされた。

　2018 年の ASEAN エネルギー大臣会合では，エネルギー集約度を 2020 年までに 2005 年比 20％削減する目標を達成（21.9％削減，2016 年）したことを歓迎した[72]。再生可能エネルギーについては，エネルギーミックスに占める再生可能エネルギー割合は 12.4％（2016 年）を占めるに至っており，今後の進展に対する自信を表明した[73]。

　2019 年以降の ASEAN エネルギー大臣会合は「エネルギー転換（energy transition」をテーマに掲げるようになっている。2019 年の第 37 回 ASEAN エネルギー大臣会合のテーマは「パートナーシップとイノベーションを通じたエネルギー転換の推進（Advancing Energy Transition through Partnership and Innovation)」であった[74]。また，2020 年の第三十八回 ASEAN エネルギー大臣会合のテーマは「持続可能な開発に向けたエネルギー転換（Energy Transition Towards Sustainable Development)」であった[75]。2019 年には「ASEAN 気候変動エネルギープロジェクト（ASEAN Climate Change and Energy Project)」が開始された[76]。ノルウェー政府の協力による同プログラムは，ASEAN がエネルギー政策と気候変動政策の間の整合性を改善することを支援し，エネルギー部門のより気候にやさしい発展に貢献することを目的としている[77]。2020 年のエネルギー閣僚会合では APAEC の Phase II（2021-2025）を承認した[78]。

## 5．おわりに

　本章では，ASEANのエネルギー政策における気候変動規範の受容を検証した。ASEAN首脳会議，ASEAN環境大臣会合，ASEANエネルギー大臣会合における主要な動向を取り上げ，エネルギー政策および気候変動政策の取り扱いを検討した。①国連気候変動枠組条約の段階においては，環境大臣会合においてもエネルギー大臣会合においても気候変動に関する取り扱いは見られなかった。②京都議定書の段階においては，ハノイ行動計画（1998年）は気候変動に対する努力の強化を掲げた。しかし，ASEAN環境大臣会合の「環境と開発に関するジャカルタ決議」（1997年）は気候変動に触れなかった。ASEANエネルギー大臣会合のASEANエネルギー協力中期行動計画（APAEC）の第一期（1999年）は気候変動とは関連づけされなかった。③コペンハーゲン合意の段階においては，第二ASEAN協和宣言（2003年）の下，当初は社会・文化共同体（ASCC）が気候変動，経済共同体（AEC）がエネルギーを取り扱ったが，環境持続性に関するASEAN宣言（2007年）は気候変動政策とエネルギー政策を共に取り上げた。環境大臣会合の「環境持続性及び気候変動に関するシンガポール決議」（2009年）は，エネルギーの開発や再エネの利用を掲げた。APAECの第三期（2010年）は気候変動を明確に認識した最初の計画となった。④パリ協定の段階においては，気候変動に関するASEAN共同声明（2014年，2015年）が発出された。近年，ASEAN環境大臣会合ではエネルギー政策を取り扱っていない。他方，APAEC第四期（2015年）の省エネルギーや再エネルギーの政策目標は，パリ協定の採択後，協定の実施に結び付けられるようになった。2019年，2020年のASEANエネルギー大臣会合はエネルギー転換をテーマに掲げた。このように，ASEANでは，コペンハーゲン合意前後の環境大臣会合とエネルギー大臣会合の気候変動政策とエネルギー政策に関する相互乗入れを経て，パリ協定以降，エネルギー大臣会合において気候変動を視野に入れたエネルギー転換の推進が行われるようになった。

**【注】**

1　原加盟国はタイ，インドネシア，シンガポール，フィリピン，マレーシアの5カ国であったが，順次，加盟国が増加し，現在は，ブルネイ，カンボジア，ベトナム，ミャンマー，ラオスを含む10カ国で構成されている。

2　厳密には，2003年時点では，「安全保障共同体（ASC）」を目指すこととされた。2015年に「政治・安全保障共同体（APSC）」として設立。

3　https://www.mofa.go.jp/mofaj/press/pr/wakaru/topics/vol133/index.html

4　国際協力機構（JICA）国際協力総合研修所（2006），53頁。

5　同，53頁。

6　ASEAN (1997).

7　ASEAN (1998).

8　ASEAN (1998).

9　ASEAN (1998).

10　"Pursue sustainable energy development through the implementation of the ASEAN Plan of Action for Energy Cooperation for 2004-2009, based primarily on individual sectoral plans of action and roadmaps, including but not limited to the ASEAN Power Grid, the Trans-ASEAN Gas Pipeline (TAGP), Coal, Energy Efficiency and Conservation, Renewable Energy, and Regional Energy Policy and Planning, focusing on cooperation activities, including with the ASEAN Dialogue Partners, to enhance the integration of the regional energy infrastructures, promote energy security, create responsive policies to progressively enhance market reforms and liberalisation, as well as preserve the sustainability of environment."

11　ASEAN (2007).

12　ASEAN (2007b).

13　ASEAN (2009b).

14　ASEAN (2010).

15　ASEAN (2011).

16　ASEAN (2014).

17　ASEAN (2015).

18　ASEAN (2016b).

19　ASEAN (2017).

20　ASEAN (2018).

21　ASEAN (2019).

22　2015年には，上記の声明に加え，「2015年以降の環境の持続可能性と気候変動アジェンダに関する宣言」が採択されているが，同宣言においてもエネルギーに対する直接的な言及はなかった。ASEAN (2015b).

23　2009年のASCCブループリントにおいては「ASEAN shall work towards achieving sustainable development as well as promoting clean and green environment by protecting the natural resource base for economic and social development including the sustainable management and conservation of soil, water, mineral, energy, biodiversity, forest, coastal and marine resources as well as the improvement in water and air quality for the ASEAN region」との記載がなされているものの，エネルギーに関するこれ以上の具体的な言及はなされなかった。ASEAN (2009).

24　2016年のASCCブループリントにおいては「Enhanced and Optimised Financing Systems, Food, Water, Energy Availability, and other Social Safety Nets in Times of Crises by making Resources more Available, Accessible, Affordable and Sustainable」の項目において「Enhance cross-sectoral and cross-pillar coordination to ensure availability and accessibility of affordable energy services at the household level and promote utilisation of renewable energy and green technologies」との記載がなされている。ASEAN (2016).

25　About ASEAN Cooperation on Environment, https://environment.asean.org/about-asean-cooperation-on-environment/

26　ASEAN Ministerial Meeting on Environment (AMME), https://asean.org/asean-socio-cultural/asean-ministerial-meeting-on-environment-amme/

27　ASEAN Ministerial Meeting on Environment (AMME), https://asean.org/asean-socio-cultural/asean-ministerial-meeting-on-environment-amme/

28　ASEAN (1992).

29　ASEAN (1997b).

30　ASEAN (2006).

31　ASEAN (2009d).

32　para 17 〜 para 22.

33　本項目には、「安全性や安全基準の確保、生産・利用の全ライフサイクルの環境面での持続可能性を考慮し、適切な場合」との記述がある。

34　本項目では、気候変動に関する ASEAN 作業部会の設置、ASEAN 気候変動イニシアティブの策定、域内の気候変動の域内への影響の評価研究が挙げられている。

35　ASEAN (2012b).

36　ASEAN (2012).

37　ASEAN Center for Energy (2015).

38　ASEAN (1980).

39　ASEAN (1986).

40　ASEAN (1995).

41　ASEAN (1996).

42　ASEAN (1999).

43　第一期の省エネルギーのプログラム分野については、①情報ネットワークの構築、②ラベリングシステムの構築、③民間部門の参加の強化、④地域部門の強化などが掲げられている（APAEC 1999-2004, pp. 11-12）。再生可能エネルギーのプログラム分野については、①製造能力の開発、②開発のための政策と管理部門の構築、③ ASEAN 内部企業の関連製品開発の促進、④農村地域における導入などが掲げられている（APAEC 1999-2004, pp. 13-14）。また、第二期の省エネルギーのプログラム分野については、① ASEAN 域内におけるエネルギー効率規格の統一、②エネルギー監査制度やエネルギー管理士制度の普及、③省エネルギー技術を有した企業の誘致を行うためのセミナーやエネルギーデータベースの構築、④ ESCO ビジネスを発展させるための環境整備などを掲げた（APAEC 2004-2009, pp. 18-22）。再生可能エネルギーについては、① ASEAN の発電事業における再生可能エネルギーの発電容量を 10％以上とする目標の設定、②再生可能エネルギー政策の策定、情報ネットワークの構築、域内の関連企業と製品の開発、③バイオマス、バイオ燃料の推進を掲げた（APAEC 2004-2009, pp. 22-25）。

44　APAEC 2010-2015, p. 3.

45　APAEC 2010-2015, p. 26.

46　省エネルギーの目標は、2015 年までに 2005 年ベースのエネルギー集約度（Energy intensity）を少なくとも 8％向上すると設定し、適切な規制と市場メカニズムの活用を通じて、すべての産業において最終消費者のエネルギー効率を向上させるとされた。目標を達成するため、①政策の策定と人材育成の促進、②情報の普及と公衆意識の向上、③金融部門の規制緩和を通じて民間部門の参

入を促進させるなどの措置を掲げた（APAEC 2010-2015, p. 20）。また，再生可能エネルギーの目標については，2015 年までに発電事業における再生可能エネルギーの導入率を 15％以上にする目標を設定し，具体的な措置として，①公衆意識の向上，情報共有の促進，② ASEAN 域内の再生可能エネルギー関連企業と製品の優遇，③金融部門の規制緩和を通じた民間部門の参加意欲の醸成，④バイオ燃料の応用と市場開拓の推進などを掲げた（APAEC 2010-2015, pp. 21-23）。

47　省エネルギーは気候変動防止に資するもっともコストの安い方策であるとされた（APAEC 2010-2015, p. 19）。また，再生可能エネルギーについてはクリーン開発メカニズム（CDM）として促進することが明記された（同，p. 22）。

48　"Moreover, the APAEC recognizes global and regional issues and challenges on energy and climate change including inter-related issues on food and energy security as well as the impacts of energy development on health, safety and environment"（APAEC 2010-2015, p. 5）。

49　APAEC 2016-2025 Phase I: 2016-2020, pp. 33-34.

50　APAEC 2016-2025 Phase I: 2016-2020, pp. 37-38.

51　APAEC 2016-2025 Phase II: 2021-2025, p. 28.

52　APAEC 2016-2025 Phase II: 2021-2025, p. 33.

53　APAEC 2016-2025 Phase II: 2021-2025, p. 34.

54　APAEC 2016-2025 Phase II: 2021-2025, p. 37.

55　ASEAN (2007c), para 12.

56　ASEAN (2008), para 4.

57　ASEAN (2009c).

58　ASEAN (2009c), para 9.

59　ASEAN (2010b).

60　ASEAN (2010b), para 3.

61　ASEAN (2010b), para 4.

62　ASEAN (2012c), para 5.

63　ASEAN (2012c), para 10.

64　ASEAN (2013).

65　ASEAN (2014b).

66　ASEAN (2015c), para 20.

67　ASEAN (2015c), para 19.

68　ASEAN (2016c), para 3.

69　ASEAN (2016c), para 4.

70　ASEAN (2017b), para 8.

71　ASEAN (2017b), para 13.

72　ASEAN (2018b), para 4.

73　ASEAN (2018b), para 11.

74　ASEAN (2019b).

75　ASEAN (2020).

76　ASEAN (2019b), para 29.

77　ASEAN (2019b), para 29.

78　ASEAN (2020), para 4.

# 第三部

## IEA の政策手法に関する実態分析

第7章

# エネルギー政策に関する国別審査

## 1. はじめに

　IEA は，1977 年から各国のエネルギー政策を総合的に評価する国別審査を実施してきた。約 5 年に一度のタイミングで加盟各国に対して実施される国別審査は詳細審査（In-Depth Review）と呼ばれてきた。2000 年以降 2020 年までの間に限っても，IEA の国別審査は，延べ 128 カ国・地域に実施されている（表 7-1 参照。1999 年に審査を実施し，審査報告書が 2000 年に公表されたものも含む）。近年では，IEA 加盟国だけでなく，パートナー国など IEA 非加盟国の国別審査も実施している[1]。この間，日本に対しては 4 回（1999 年，2003 年，2008 年，2016 年），米国に対しては 4 回（2002 年，2007 年，2014 年，2019 年），EU に対しては 3 回（2008 年，2014 年，2020 年），国別審査が実施されている。この時期には，京都議定書（1997 年），コペンハーゲン合意（2009 年），パリ協定（2015 年）の気候変動規範の変容を経てきている。

　本章では，日本，米国，EU の国別審査を取り上げ，国別審査は気候変動の観点をどのように加味しているかについて分析する。次節においては，公表された国別審査報告書に基づき，国別審査の審査基準，審査団の構成，審査団の訪問先，報告書の構成・内容を検証し，各国のエネルギー政策の審査における気候変動規範の反映状況について検討する。最後に，第 3 節において本章の総括を行う。

## 表 7-1　IEA 国別審査の実施国・地域リスト

| 実施年 | IEA 加盟国・地域 | 非 IEA 加盟国・地域 |
|---|---|---|
| 1999年 | スイス，日本，アイルランド，ハンガリー，フィンランド | |
| 2000年 | フランス，オランダ，ルクセンブルク，スウェーデン，ポルトガル，カナダ | |
| 2001年 | ノルウェー，チェコ，トルコ，スペイン，ベルギー，ニュージーランド，オーストラリア | |
| 2002年 | オーストリア，ドイツ，英国，ギリシャ，デンマーク，韓国，米国 | |
| 2003年 | フィンランド，日本，イタリア，ハンガリー，スイス，アイルランド | |
| 2004年 | カナダ，ルクセンブルク，ポルトガル，フランス，オランダ，スウェーデン | |
| 2005年 | ベルギー，ノルウェー，スペイン，チェコ，オーストリア，トルコ | |
| 2006年 | ハンガリー，英国，ギリシャ，デンマーク，ニュージーランド，韓国 | |
| 2007年 | フィンランド，オーストリア，米国，スイス，アイルランド，ドイツ | |
| 2008年 | EU，ルクセンブルク，オランダ，日本，スウェーデン | |
| 2009年 | フランス，トルコ，カナダ，イタリア，スペイン，ポルトガル | |
| 2010年 | ニュージーランド，ノルウェー，チェコ | |
| 2011年 | デンマーク，スロバキア，ギリシャ，ハンガリー，ポーランド | |
| 2012年 | オーストラリア，アイルランド，スイス，英国，韓国 | ウクライナ |
| 2013年 | ドイツ，フィンランド，スウェーデン，エストニア | |
| 2014年 | 米国，EU，ルクセンブルク，オランダ，オーストリア | ロシア，モロッコ |
| 2015年 | カナダ，スペイン | 東欧・コーカサス・中央アジア，インドネシア |
| 2016年 | フランス，ポーランド，イタリア，チェコ，トルコ，日本，ポルトガル，ベルギー | |
| 2017年 | デンマーク，ギリシャ，ノルウェー，ハンガリー，ニュージーランド | メキシコ |
| 2018年 | フィンランド，スイス，オーストラリア | チリ |
| 2019年 | エストニア，米国，英国，アイルランド，スウェーデン，スロバキア | モロッコ |
| 2020年 | 韓国，オランダ，EU，オーストリア，ルクセンブルク，ドイツ | ジョージア，インド |

（出典）IEA ホームページ（https://www.iea.org/）に基づき著者作成。

## 2．エネルギー政策に関する IEA の国別審査

### (1)　審査基準

　国別審査報告書には，IEA の国別審査は 1993 年 6 月に IEA 閣僚理事会において採択された「共通目標（Shared Goals）」を審査基準としていることが明示されている[2]。「共通目標」においては，エネルギー政策の策定に当たっては，自由で開かれた市場の確立が基本的な出発点であるが，政府はエネルギー安全保障と環境保護を特に重視しなければならないとされた。そして，①エネルギー部門内の多様性，効率性，柔軟性，②エネルギーに係る緊急事態に迅速かつ柔軟に対処する能力，③エネルギーの環境的に持続可能な供給と使用，④より環境的に受け入れられるエネルギー源の奨励・開発，⑤エネルギー効率の改善，⑥エネルギー技術の継続的な研究開発・市場展開，⑦歪みのないエネルギー価格，⑧自由で開かれた貿易と投資の安全な枠組み，⑨エネルギー市場参加者の協力，の 9 つの目標に整合的な政策の枠組みを構築することを目指すことを定めている（表 2-2 参照）。

　「共通目標」においては，「環境保護」，「環境的に持続可能な」，「より環境的に受け入れられる」などの記述がなされているが，こうした環境面での目標設定においては気候変動防止の観点が考慮されているものと考えてよい。例えば，④より環境的に受け入れられるエネルギー源の奨励・開発に関する具体的な記述には，「原子力エネルギーは二酸化炭素を排出しないため，IEA 加盟国の中には最も高い安全基準の下，将来の選択肢として原子力を維持・改良したい国がある」ことが記載されている。他方，「共通目標」においては，「気候変動」に明示的に触れていないことも指摘できる。

　IEA の国別審査はこうした「共通目標」を審査基準として実施されてきている。国別審査の審査基準においては，①エネルギー部門内の多様性，効率性，柔軟性などエネルギー安全保障の観点が重視される一方，気候変動防止の観点は，複数の環境目的の中の 1 つという位置づけである。

　なお，IEA は非加盟国に対する国別審査の審査基準としても，多くの場合には，「共通目標」を用いている。対ウクライナ審査報告書（2012 年），対ロ

シア審査報告書（2014 年），対モロッコ審査報告書（2014 年，2019 年），対チ
リ審査報告書（2018 年），対メキシコ審査報告書（2017 年）には「共通目標」
が Annex として付けられている。

　これに対し，対インド審査報告書（2020 年），対ジョージア審査報告書
（2020 年），対インドネシア審査報告書（2015 年），対東欧・コーカサス・中央
アジア審査報告書（2015 年）には「共通目標」が Annex として付けられてい
なかった[3]。これらの国別審査の審査基準については引き続き調査する必要が
あるが，このうち，対東欧・コーカサス・中央アジア審査報告書（2015 年）
については特別な基準が設けられたことが明らかにされている。対東欧・コー
カサス・中央アジア審査報告書（2015 年）によると，4 つの優先分野を定め，
各分野の個別の審査項目を列挙している。優先分野は，第一優先分野がエネル
ギー市場統合，第二優先分野がエネルギー安全保障，第三優先分野が持続可能
な開発，第四優先分野が投資環境とされたのである[4]。

　このように，現在に至るまで国別審査においてはおおむね 1993 年に採択さ
れた「共通目標」を審査基準として採用することが継続されている。共通目標
では，エネルギー安全保障に加え環境保護の観点が重視されているが，気候変
動については明示的には触れられていない。このことが気候変動の観点を審査
するうえでどの程度影響を与えているかを見ていく必要がある。

## ⑵　審査団の構成

　各国の国別審査に当たっては，各回，IEA 事務局の職員のみならず，原子
力を担当する経済協力開発機構原子力機関（NEA）事務局の職員，さらに，
加盟各国のエネルギー専門家（主として各国のエネルギー担当省から派遣）が
加わった審査団が構成された。以下では，対日審査（1999 年，2003 年，2008
年，2016 年），対米審査（2002 年，2007 年，2014 年，2019 年），対 EU 審査
（2008 年，2014 年，2020 年）の順に国別審査の審査団の構成を見ていくこと
とする。

　対日審査においては，1999 年の対日審査に当たっては，IEA 事務局 4 名，
OECD 事務局 1 名に加え，米国（団長），フランス，ドイツ，オランダのエネ
ルギー専門家が参加する審査団が構成された[5]。2003 年の対日審査に当たって

は，IEA 事務局3名，NEA 事務局1名に加え，ドイツ（団長），米国，スペイン，イギリス，オーストラリアのエネルギー専門家が参加する審査団が構成された[6]。2008 年の対日審査に当たっては，IEA 事務局3名，NEA 事務局1名に加え，イギリス（団長），アイルランド，スウェーデン，カナダ，ノルウェー，オランダのエネルギー専門家が参加する審査団が構成された[7]。2016 年の対日審査に当たっては，IEA 事務局4名，NEA 事務局1名に加え，米国（団長），イギリス，フランス，カナダ，スウェーデン，オーストラリア，インドネシア（アソシエーション国）のエネルギー専門家が参加する審査団が構成された[8]。

　対米審査においては，2002 年の対米審査に当たっては，IEA 事務局3名，NEA 事務局1名に加え，英国，オーストラリア，ドイツのエネルギー専門家が参加する審査団が構成された[9]。2007 年の対米審査に当たっては，IEA 事務局3名，NEA 事務局1名に加え，英国（団長），フランス，スウェーデン，オーストラリア，ドイツ，トルコのエネルギー専門家が参加する審査団が構成された[10]。2014 年の対米審査に当たっては，IEA 事務局4名，NEA 事務局1名に加え，オーストラリア（団長），英国，デンマーク，カナダ，ドイツのエネルギー専門家が参加する審査団が構成された[11]。2019 年の対米審査に当たっては，IEA 事務局3名，NEA 事務局1名に加え，オーストラリア（団長），メキシコ，カナダ，ノルウェー，スペイン，EU のエネルギー専門家が参加する審査団が構成された[12]。

　対 EU 審査においては，2008 年の対 EU 審査に当たっては，IEA 事務局5名，NEA 事務局1名に加え，米国（団長），オーストラリア，カナダ，アイルランド，日本，ノルウェー，トルコのエネルギー専門家が参加する審査団が構成された[13]。2014 年の対 EU 審査に当たっては，IEA 事務局7名，NEA 事務局1名に加え，韓国（団長），カナダ，ノルウェー，スイスのエネルギー専門家が参加する審査団が構成された[14]。2020 年の対 EU 審査に当たっては，IEA 事務局3名，NEA 事務局1名に加え，オーストラリア（団長），米国，ニュージーランド，スイス，カナダ，日本，ノルウェーのエネルギー専門家が参加する審査団が構成された[15]。

　このように，審査団は，IEA 事務局の職員数名に NEA 事務局または OECD

事務局の職員 1 名が加わるとともに，IEA 加盟国（場合によってはパートナー国を含む）の複数国のエネルギー専門家が参加して構成されている。各国からの専門家についてはエネルギー分野からの参加が主体となっている。また，審査団の構成においては環境 NGO などからの参加は見られない。

### (3)　審査団の訪問先

　IEA の国別審査においては，被審査国より資料の提出を受けるとともに，実際に被審査国を訪問して被審査国の関係者との議論を行ったうえで審査報告書がまとめられている。以下では，対日審査，対米審査，対 EU 審査の順に国別審査の審査団の訪問先を見ていくこととする。

［対日審査］

　1999 年，2003 年，2008 年，2016 年のそれぞれの対日審査においては，審査団は下記の日程で日本の各機関を訪問し，議論を行っている。

　1999 年の対日審査に当たっては，1998 年 8 月 31 日から 9 月 4 日まで実施された日本訪問においては，通商産業省（資源エネルギー庁，工業技術院および環境立地局），環境庁，運輸省，建設省，東京電力株式会社，日本ガス協会，経済団体連合会，石油連盟，日本エネルギー経済研究所，電気事業連合会，新日本製鐵株式会社を訪問している。また，9 月 7 日から 8 日にかけて，野村證券株式会社，電源開発株式会社，公正取引委員会との間で追加的な議論を行っている。

　2003 年の対日審査に当たっては，2003 年の 1 月 20 日から 24 日まで実施された日本訪問においては，経済産業省（本省および資源エネルギー庁），文部科学省，環境省，国土交通省，公正取引委員会，新エネルギー・産業技術総合開発機構（NEDO），日本経済団体連合会，電気事業連合会，東京電力株式会社，日本ガス協会，東京ガス株式会社，石油連盟，株式会社エネット，日本消費生活アドバイザー・コンサルタント・相談員協会を訪問している。

　2008 年の対日審査に当たっては，2007 年の 9 月 3 日から 7 日まで実施された日本訪問においては，経済産業省（本省，資源エネルギー庁および原子力安全・保安院），文部科学省，環境省，外務省，国土交通省，産業技術総合研

究所，NEDO，日本エネルギー経済研究所，日本経済団体連合会，電気事業連合会，石油連盟，日本ガス協会，太陽光発電協会，日本風力発電協会，日本鉄鋼連盟，新日本製鐵株式会社，日本自動車工業会，電力中央研究所，電力系統利用協議会，株式会社エネット，日本卸電力取引所，日本消費生活アドバイザー・コンサルタント・相談員協会を訪問している。

　2016年の対日審査に当たっては，2014年の12月15日から19日まで実施された日本訪問においては，経済産業省（本省および資源エネルギー庁），文部科学省，国土交通省，環境省，原子力規制委員会，産業技術総合研究所，NEDO，石油天然ガス・金属鉱物資源機構（JOGMEC），石油連盟，電力系統利用協議会，電気事業連合会，燃料電池実用化推進協議会，日本経済団体連合会，日本エネルギー研究所，日本自動車工業会，日本ガス協会，日本鉄鋼連盟，トヨタ自動車株式会社，日本生活協同組合連合会を訪問している。

## ［対米審査］

　2002年，2007年，2014年，2019年のそれぞれの対米審査においては，審査団は下記の日程で米国の各機関を訪問し，議論を行っている。

　2002年の対米審査に当たっては，2001年の10月1日から5日まで実施された米国訪問においては，エネルギー省，エネルギー情報局（EIA），連邦エネルギー規制委員会，国務省，運輸省，環境保護庁（EPA），原子力規制委員会，全国エネルギー計画（NEP）コーディネーター，上院・エネルギー委員会，ペンシルベニア州公益事業委員会，PJM（地域送電機関），米国ガス協会（AGA），電力供給協会（EPSA），ELCON（大規模電力需要者団体），PPL（電力会社），サザンカリフォルニアエジソン（電力会社），米国石油協会（API），エジソン電気協会（EEI），原子力エネルギー協会（NEI），環境保護基金（EDF），自然資源防衛協議会（NRDC），憂慮する科学者同盟（UCS），世界資源研究所（WRI）を訪問している[16]。

　2007年の対米審査に当たっては，2007年の6月18日から22日まで実施された米国訪問においては，エネルギー省（政策・国際局，化石エネルギー局，省エネルギー・再生可能エネルギー局，電気伝送・エネルギー信頼性局，原子力エネルギー局，環境管理局，科学・環境・安全衛生局），エネルギー情報局

（EIA），連邦エネルギー規制委員会，国務省，運輸省，環境保護庁（EPA），原子力規制委員会，連邦航空局（FAA），道路交通安全局（NHTSA），農業研究局（ARS），上院・エネルギー委員会，下院・科学委員会，米国ガス協会（AGA），米国公共動力協会（APPA），太陽エネルギー産業協会（SEIA），全米製造業者協会（NAM），全米法定公益法人協会（NARUC），全米州エネルギー担当官協会（NASEO），北米断熱材製造業者協会（NAIMA），建物所有者管理者協会（BOMA），フリーダムカー（FreedomCAR）イニシアティブ，米国エネルギー合理化経済評議会（ACEEE），エネルギー節約同盟（Alliance to Save Energy），米国建築家協会（AIA），米国石油協会（API），米国太陽エネルギー協会（ASES），ピーク・オイル研究協会（ASPO），賢い成長のための連合（CSG），Ceres，ダウ・ケミカル，エジソン電気協会（EEI），ローレンス・バークレー国立研究所，鉱業・鉱物サービス，国立再生可能エネルギー研究所（国立バイオエネルギーセンター，太陽光発電国立センター），原子力エネルギー協会（NEI），シェル・コロラド（石油会社），エクセロン（電力会社）を訪問している[17]。また，今回の審査ではコロラド州の様々な関連機関を訪問している[18]。

　2014 年の対米審査に当たっては，2014 年の 6 月 17 日から 24 日まで実施した米国訪問においては，エネルギー省，エネルギー情報局（EIA），連邦エネルギー規制委員会，国務省，原子力規制委員会，米国商工会議所 21 世紀エネルギー研究所，PJM（地域送電機関），全米法定公益法人協会（NARUC），テキサス電力信頼度委員会（ERCOT），米国エネルギー合理化経済評議会（ACEEE），エネルギー節約同盟（Alliance to Save Energy），BGE（エクセロンの子会社），シェブロン（石油会社），デューク・エナジー（電力会社），ペプコ（電力会社），エジソン電気協会（EEI），電力研究所（EPRI），ナショナル・グリッド，原子力エネルギー協会（NEI），パシフィック・ノースウェスト国立研究所（PNNL）を訪問している[19]。

　2019 年の対米審査に当たっては，2018 年の 9 月 24 日から 10 月 1 日まで実施された米国訪問においては，エネルギー省，エネルギー情報局（EIA），連邦エネルギー規制委員会，国務省，内務省，環境保護庁（EPA），PJM（地域送電機関），全米法定公益法人協会（NARUC），全米州エネルギー担当官協

会（NASEO），全米電力消費者擁護協会（NASUCA），米国商工会議所，米国
水力発電協会（NHA），燃料電池・水素エネルギー協会（FC HEA），ワシン
トン D.C. 公益事業委員会，米国石炭協会（ACC），米国クリーン石炭電力
連合（ACCCE），米国エネルギー合理化経済評議会（ACEEE），持続可能な
エネルギーのためのビジネス協議会（BCSE），米国石油協会（API），BP ア
メリカ（石油会社），シェブロン（石油会社），クリアー・パス，デューク大
学，エジソン電気協会（EEI），電力研究所（EPRI），エネルギー政策研究財
団（EPRF），地熱資源協議会（GRC），グリッド・ストラテジー，エネルギー
研究所（IER），国立エネルギー技術研究所（NETL），北米電力信頼度協議
会（NAERC），原子力エネルギー協会（NEI），ローレンス・バークレー国立
研究所，パシフィック・ノースウェスト国立研究所（PNNL），安価なクリー
ンエネルギーのためのパートナーシップ（PACE），米国自動車研究評議会
(USCAR)，ウィルキンソン・バーカー・クナウアー法律事務所を訪問してい
る [20]。

## ［対 EU 審査］

　2008 年，2014 年，2020 年のそれぞれの対 EU 審査においては，審査団は下
記の日程でブリュッセルを訪問し，欧州委員会の各総局をはじめとする様々な機
関と議論を行っている。

　2008 年の対 EU 審査に当たっては，審査団は，2008 年の 2 月 4 日から 12
日までの間，ブリュッセルを訪問している [21]。訪問先は，欧州委員会（委員長
官房，競争総局，環境総局，企業総局，対外総局，研究総局，貿易総局，運
輸エネルギー総局），欧州執行機関（EACI, TEN-T），欧州議会（産業・運
輸・エネルギー委員会（ITRE）），欧州自動車工業会（ACEA），欧州航空協会
（AEA），欧州消費者団体（BEUC），欧州家電製品製造業委員会（CECED，
業界団体），欧州化学産業協会（CEFIC），Cogen Europe（コジェネレー
ション産業の業界団体），欧州再生可能エネルギー協議会（EREC），欧州電
力ガス規制機関グループ（ERGEG），欧州送電系統運用者（ETSO），欧州
原子力共同体（Euratom）事務局，欧州電気事業連合会（Eurelectric），エ
ネルギー保全協会（Euro ACE），欧州石炭協会（Euracoal），欧州天然ガス

産業連盟（Eurogas），欧州復興銀行（EBRD），欧州投資銀行（EIP），欧州エネルギー産業需要家協会（IFIEC），ノルドプール（NordPool），欧州石油産業協会（Europia），欧州風力エネルギー協会（EWEA），グリーンピース（Greenpeace），世界自然保護基金（WWF）である。

　2014 年の対 EU 審査に当たっては，審査団は，2014 年の 1 月 20 日から 27 日の間，ブラッセルを訪問している[22]。訪問先は，欧州理事会事務局エネルギー作業部会，欧州連合議長国スタッフ（ギリシャ），欧州委員会（エネルギー総局，気候行動総局，税制・関税同盟総局，企業総局，研究イノベーション総局，共同研究センター，環境総局，競争総局，健康・消費者総局），欧州執行機関（EACI, TEN-T EA），欧州議会（産業・運輸・エネルギー委員会（ITRE），域内市場・消費者保護委員会（IMCO），環境委員会（ENVI）），欧州ガス系統運用者ネットワーク（ENTSO-G），欧州送電系統運用者ネットワーク（ENTSO-E），CORESO，欧州エネルギー規制協力庁（ACER），欧州エネルギー規制機関評議会（CEER），欧州電気事業連合会（Eurelectric），欧州天然ガス産業連盟（Eurogas），欧州ガス・インフラストラクチャー（GIE），国際石油ガス生産者協会（IAOGP），欧州エネルギートレーダー協会（EFET），欧州電力取引所協会（Europex），ビジネスヨーロッパ（BusinessEurope），欧州熱電協会（EH&P），Cembureau（セメント産業の業界団体），GEODE，CECED，欧州化学産業協会（CEFIC），欧州鉄鋼協会（Eurofer），欧州石炭協会（Euracoal），欧州石油産業協会（Europia），欧州政策研究センター（CEPS），FSR Think（Florence School of regulation），フランス国際関係研究所（ifri），E3G，欧州再生可能エネルギー評議会（EREC），ゼロ・エミッション・プラットフォーム（ZEP），カーボン・マーケット・ウォッチ（Carbon market watch），欧州政策センター（EPC）である。

　2020 年の対 EU 審査に当たっては，審査団は，2019 年の 9 月 16 日から 23 日の間，ブラッセルを訪問し，以下の機関と面談している[23]。

　欧州理事会事務局エネルギー作業部会，欧州連合議長国スタッフ（フィンランド），欧州委員会（エネルギー総局，気候行動総局，税制・関税同盟総局，域内市場・産業・起業・小規模企業総局，研究イノベーション総局，共同研究センター，環境総局，競争総局），欧州執行機関（EACI, INEA），欧

州議会（産業・運輸・エネルギー委員会（ITRE），域内市場・消費者保護委員会（IMCO），環境委員会（ENVI）），欧州投資銀行（EIB），欧州エネルギー規制機関協力庁（ACER），欧州エネルギー規制機関評議会（CEER），欧州ガス系統運用者ネットワーク（ENTSO-G），欧州送電系統運用者ネットワーク（ENTSO-E），CORESO，欧州電気事業連合会（Eurelectric），欧州天然ガス産業連盟（Eurogas），欧州ガス・インフラストラクチャー（GIE），国際石油ガス生産者協会（IAOGP），欧州エネルギートレーダー協会（EFET），欧州電力取引所協会（Europex），ビジネスヨーロッパ（BusinessEurope），欧州熱電協会（EH&P），Cembureau（セメント産業の業界団体），COGEN（コジェネレーション産業の業界団体），Hydrogen Europe，SolarPower Europe，Wind Europe，EDSO4SmartGrids，SmartEn，欧州家電製品製造業委員会（CECED，業界団体），欧州化学産業協会（CEFIC），欧州石炭協会（Euracoal），欧州石油産業協会（Europia），欧州政策研究センター（CEPS），FSR Think（Florence School of Regulation），フランス国際関係研究所（ifri），E3G，欧州研究センター（EPC），Regulatory Assistance Project，欧州委員会欧州政治戦略センター（EPSC），ジャック・ドロール・インスティテュート，カーボン・マーケット・ウォッチ，グリーンピース（Greenpeace），世界自然保護基金（WWF）である。

　このように，審査団の訪問先は，エネルギー担当省をはじめとする政府機関，エネルギー関連の企業・業界団体，研究機関などである。近年の国別審査では，消費者団体など多様なステークホルダーを訪問するなど訪問先は拡大傾向にあることがうかがえる。

### (4)　報告書の構成・内容

　国別審査の結果は，国別審査報告書にまとめられ，IEA の長期協力作業部会（SLT）における議論を経たのちに，一般に公開される。加盟国は勧告に従ってエネルギー政策を推進する一般的義務を負うこととなる[24]。以下では，対日審査報告書，対米審査報告書，対 EU 審査報告書を用いて，国別審査報告書の章立て，使用されている用語，章における構成・内容について，年代ご

と，対象国・地域ごとに違いが生じているかを検証していくこととする。

[章立て]

　章立てについては，対日審査報告書，対米審査報告書，対 EU 審査報告書を
比較すると，同じ年代に作成された報告書には類似性が見られる。また，年代
ごとに章立てのスタイルに変化が見られる。他方，どの報告書においても，エ
ネルギー政策全般，石油，ガス，石炭，原子力，再生可能エネルギー，省エネ
ルギー，電力，エネルギー技術などエネルギーに関する幅広い分野が扱われて
いる。また，名称は変化しているが，どの報告書においてもエグゼクティブ・
サマリー章が置かれている。

　審査報告書においては，年代ごとに気候変動の扱いには大きな変化が生じ
ている。気候変動関連の記述が置かれている章のタイトルを見てみると，対
日審査報告書では，ENERGY AND THE ENVIRONMENT（1999 年，2003
年），SUSTAINABLE ENERGY POLICIES（2008 年），CLIMATE CHANGE
（2016 年）と変遷してきている。対米審査報告書では，ENERGY AND THE
ENVIRONMENT（2002 年，2007 年），CLIMATE CHANGE（2014 年），
Energy and climate change（2019 年）[25] と変遷してきている。対 EU 審査報
告書では，SUSTAINABLE ENERGY（2008 年），CLIMATE CHANGE（2014
年），Climate（2020 年）と変遷してきている。

　このように，気候変動関連の章のタイトルについては，同時代においては
対象国・地域の違いよりは同質性が見て取れるとともに，気候変動関連の審
査について，「エネルギーと環境」に位置づけていた年代，「持続可能なエネル
ギー」に位置づけていた年代，「気候変動」を前面に出す年代と推移してきて
いることが見て取れる。

[用語]

　対日，対米，対 EU の国別審査報告書において使用されている用語のうち，
エネルギー，気候変動に直接関連があると認められる主な用語を抜粋する作業
を行った[26]。審査報告書における単語の使用頻度，使用割合の推移は，それぞ
れの国別審査における審査団（さらには IEA 事務局）の関心事項の推移を反

映しているものと考えられる。

　調査対象のすべての国別審査報告書において「エネルギー」(energy) が最も多く使われている単語となっている。これに対し，「石油」(oil)，「ガス」(gas)，「石炭」(coal)，「原子力」(nuclear)，「再生可能エネルギー」(renewable)「省エネルギー」(energy efficiency) などの用語はどのように推移してきたのであろうか。また，「気候変動」(Climate Change) はどのように推移してきたのであろうか。

　「石油」(oil) は，対日審査報告書では229件（1999年，8位），244件（2003年，5位），217件（2008年，14位），346件（2016年，7位）と推移している。対米審査報告書では，156件（2002年，14位），156件（2007年，14位），432件（2014年，11位），618件（2019年，5位），対EU審査報告書では，117件（2008年，54位），377件（2014年，18位），404件（2020年，23位）と推移している。

　「ガス」(gas) は使用頻度が高く，対日審査報告書では342件（1999年，3位），405件（2003年，2位），341件（2008年，3位），407件（2016年，6位）と推移している[27]。対米審査報告書では，280件（2002年，3位），325件（2007年，4位），771件（2014年，3位），742件（2019年，4位），対EU審査報告書では，256件（2008年，13位），900件（2014年，3位），731件（2020年，4位）と推移している。

　「石炭」(coal) は，対日審査報告書では208件（1999年，13位），145件（2003年，25位），107件（2008年，44位），157件（2016年，33位）と推移している。1999年，2003年，2008年にかけて単語の使用頻度が低下したが，2016年には使用頻度が高まった。対米審査報告書では，172件（2002年，13位），161件（2007年，25位），312件（2014年，24位），363件（2019年，19位），対EU審査報告書では，112件（2008年，59位），229件（2014年，47位），277件（2020年，41位）と推移している。

　「原子力」(nuclear) は，対日審査報告書では222件（1999年，11位），216件（2003年，10位），278件（2008年，7位），147件（2016年，35位）と推移している。対米審査報告書では，138件（2002年，23位），138件（2007年，23位），251件（2014年，41位），311件（2019年，30位），対EU審査

報告書では，151 件（2008 年，34 位），308 件（2014 年，29 位），301 件（2020年，35 位）と推移している。

「再生可能エネルギー」（renewable）は，対日審査報告書では 36 件（1999年，185 位），116 件（2003 年，34 位），133 件（2008 年，35 位），297 件（2016年，10 位）と推移している。1999 年には単語の使用頻度が極端に少なかったが[28]，2003 年には増加し，2008 年は横ばい，2016 年に最も大きくなっている。対米審査報告書では，118 件（2002 年，30 位），118 件（2007 年，30 位），372 件（2014 年，17 位），342 件（2019 年，22 位），対 EU 審査報告書では，270 件（2008 年，11 位），436 件（2014 年，14 位），457 件（2020 年，12 位）と推移している。

また，「省エネルギー」（energy efficiency）は，対日審査報告書では 47 件（1999 年），63 件（2003 年），187 件（2008 年），112 件（2016 年）と推移している。対米審査報告書では，55 件（2002 年），117 件（2007 年），227 件（2014年），130 件（2019 年），対 EU 審査報告書では，278 件（2008 年），315 件（2014 年），183 件（2020 年）と推移している。

各エネルギー源の用語の頻度がこのように推移しているのに対し，「気候変動」（climate change）は，対日審査報告書では 4 件（1999 年），28 件（2003年），32 件（2008 年），48 件（2016 年）と推移している。対米審査報告書では，17 件（2002 年），25 件（2007 年），78 件（2014 年），68 件（2019 年），対EU 審査報告書では，60 件（2008 年），86 件（2014 年），33 件（2020 年）と推移している[29]。「気候変動」（climate change）は 2000 年代に入って使用が増加した。パリ協定の頃をピークにその後使用の頻度は少なくなっている。

ちなみに，「エネルギー転換」（energy transition）は，対日審査報告書，対米審査報告書では対象となるどの報告書においても 0 件であったが，対 EU 審査報告書では 0 件（2008 年），4 件（2014 年），43 件（2020 年）と使用が増加している。

このように，年代ごとの使用される用語の頻度の変化を見てみると，同じ年代の報告書において使用される用語の頻度の類似性が読み取れる。他方，時期ごとに用語の使用の頻度は変化している。「気候変動」（climate change）については 2000 年代に入って使用が増加し，パリ協定の頃にピークを見ている。

## ［章における構成・内容］

　国別審査報告書の各章における構成・内容を見てみると，おおむね，関連概況の説明に続き，政策・措置を説明したうえで，批評（Critique）又は評価（Assessment），勧告（Recommendation）と続く構成を採用している。また，報告書にはエグゼクティブ・サマリー章が置かれており，各章における勧告のうちの主要なものについては抜粋してエグゼクティブ・サマリー章にも掲げている。以下では，対日，対米，対 EU の審査報告書についてどのような気候変動関連の勧告がなされているかを見ていくこととする。

　対日審査報告書（1999 年）のエグゼクティブ・サマリー章（SUMMARY AND RECOMMENDATIONS）には気候変動に関連する勧告は置かれていない。そもそも気候変動を扱った「エネルギーと環境（ENERGY AND THE ENVIRONMENT）」章には 1 つも勧告が置かれていない。

　これに対し，対日審査報告書（2003 年）のエグゼクティブ・サマリー章（SUMMARY OF CONCLUSIONS AND RECOMMENDATIONS）には気候変動に関する 5 つの勧告が置かれている。気候変動を扱った「エネルギーと環境（ENERGY AND THE ENVIRONMENT）」章においては章全体として 5 つの勧告がなされている（p. 42）。第一の勧告は，2004 年に改定される地球温暖化対策推進大綱のレビューにおいて予見可能な変化や予見不可能な変化に対処することというものであった。第二の勧告は，温室効果ガスの排出（特に運輸部門や電力部門）のモニターを継続し，京都目標の達成のために必要あれば国内対策および京都メカニズムの双方を用いた更なる行動を採ることであった。第三の勧告は，経団連自主行動計画の進捗を緊密にフォローすること，第四の勧告は，気候変動の緩和における高い費用対効果を確保し，経済への悪影響を低減するために国際的な排出量取引制度の活用を検討することであった。そして，第五の勧告は，費用対効果とエネルギー安全保障への貢献を考慮して気候変動の緩和のための対策を選択することというものであった。このように，この回の勧告は，費用対効果に対する考慮を強調するものであった。

　対日審査報告書（2008 年）においては，エグゼクティブ・サマリー章（EXECUTIVE SUMMARY）の 5 つの勧告のうちの 4 つについては気候変動関連であると言ってもよいものであった。第一の勧告は，セクター・アプロー

チを通じた省エネルギーの推進や低炭素エネルギー技術の開発に関するこれまでの成功を踏まえ，エネルギーと環境に関する国際的な対話における主導的な役割を継続すること，第二の勧告は，エネルギー技術の開発・移転に関する卓越した地位を維持すること，第三の勧告は，既存のエネルギー・環境政策を寄り強い選択肢で補完すること（具体的には，セクターごとのベンチマーク，基準，規制，税，排出量取引，ガスと電力の市場の規制強化を挙げている），第四の勧告は，エネルギー安全保障と環境持続可能性の改善のために，温室効果ガス排出の価値づけを通じて市場へのシグナルの役割を強めることであった。なお，第五の勧告は，ガスと電力市場に関する勧告であった。これに対し，「持続可能なエネルギー政策（SUSTAINABLE ENERGY POLICIES）」章は Climate Change と Energy Efficiency で構成されている。同章の 10 の勧告のうち 4 つは気候変動関連である（pp. 82-83）。第一の勧告は，温室効果ガスの排出に対する自主的アプローチの効果を定期的に検証し，他の政策の選択肢（具体的には，基準・規制の強化，温室効果ガスの排出の価値づけを挙げている）で補完することを検討することであった。第四の勧告は，産業界の自主的な合意に関し，数値目標の設定を促進し，政府による厳格なフォローアップを行い，より高い目標の採択に向けた交渉を行うこと，第五の勧告は，産業界の既存の自主的な合意を補完する費用対効果の高い政策措置を検討すること，第六の勧告は，排出削減に関する自主的国内オフセット・スキームなど中小企業のエネルギー効率の改善につながる柔軟で革新的な政策を形成することを継続することであった。

　対日審査報告書（2016 年）については，エグゼクティブ・サマリー章（EXECUTIVE SUMMARY AND KEY RECOMMENDATIONS）においては，4 つの勧告が掲げられている。このうちの最初の 2 つの勧告は気候変動関連である。ただし，この 2 つの勧告の中心はエネルギー安全保障の確保にあると言える（pp. 13-14）。第一の勧告は，安全性，エネルギー安全保障，経済効率性，環境保護を考慮し，再生可能エネルギー，原子力，効率的な火力発電を含むバランスの取れた多様性のあるエネルギーミックスに向けて努力することであった。そして，第二の勧告が，2030 年目標及び 2050 年目標を達成するために必要なあらゆる措置を採ることであった。具体的には，安全性，コスト，

国民の賛同を前提に低排出のエネルギー源・電力供給の増加に努めることに加え，省エネルギー政策の強化，低炭素エネルギー技術の促進が挙げられている。これに対し，「気候変動（CLIMATE CHANGE）」章は Climate Change と CCS で構成されている。同章の5つの勧告のうちの4つは前者の「気候変動」に関する勧告である（p. 39）。第一の勧告は，2030年目標及び2050年目標の達成についてである。2016年に策定された地球温暖化対策計画の実施，2050年を視野に入れたエネルギー技術の研究開発の推進が挙げられている。第二の勧告は，費用対効果の高い気候変動対策の策定に向けてステークホルダーとの緊密な検討を続けることである。具体的には，より高い基準の採択のための自主行動計画の定期的な再検討，経団連自主行動計画に盛り込まれた2030年に向けた目標の達成に対する支援，長期的な脱炭素目標の達成のための財政的なメカニズムによる貢献の確保が挙げられている。第三の勧告は，「美しい星への行動2.0」における国際協力の強化や二国間クレジット制度（JCM）による発展途上国との間の二国間協力の増加などにより，気候変動防止のためのグローバルな努力を継続することであった。第四の勧告は，低炭素のエネルギー源の促進である。具体的には，費用対効果や安全性を前提としつつ，化石燃料を置換する，原子力や省エネルギーの推進を挙げている。第五の勧告は CCS についてである。

　対米審査報告書（2002年）では，エグゼクティブ・サマリー章（SUMMARY AND RECOMMENDATIONS）に置かれている勧告のうち，「環境」（Environment）の見出しのセクションに5つの勧告を置いている（pp. 14-15）。5つの勧告のうちの4つが気候変動関連であり，残りの1つは環境汚染についてである。「エネルギーと環境（ENERGY AND THE ENVIRONMENT）」章にも同じ勧告が置かれている（pp. 41-42）。第一の勧告は，米国の温室効果ガスの排出が世界の排出レベルや気候に与える影響を認識し，現行のエネルギー・環境政策による温室効果ガスの排出の見通しが国内およびグローバルな排出レベルに与える影響を定量化するとともに，米国の温室効果ガス排出を抑制する特定の数値目標を設定することとされた。第二の勧告は，環境にやさしい技術の研究開発に関する現行の努力を補完するため，一定の期間内での温室効果ガスの排出の十分な削減を達成するためにデザインさ

れた政策の枠組み（経済的手法を含む）を設けることである。第三の勧告は，新しい資本ストックに対する投資の際に企業が二酸化炭素排出に関する考慮を行うよう二酸化炭素排出に関する大気汚染法の補完や他の対策のアナウンスを行うことである。第四の勧告は，米国産業が将来的に国際的な排出権市場に参加する選択肢を維持するために京都議定書の柔軟性メカニズムと整合性がとれた温室効果ガス政策を策定することである。

　対米審査報告書（2007年）では，エグゼクティブ・サマリー章（EXECUTIVE SUMMARY AND KEY RECOMMENDATIONS）には全体で 3 つの勧告が置かれており，これらのうちの 2 つは気候変動関連である（p. 14）。第一の勧告は，より強力な需要サイドのクリーンエネルギー政策によって燃料依存や温室効果ガス排出を削減することである。特に，電力，運輸，建築物の効率の改善に関する現行の提案を超えた政策の導入を求めている。第二の勧告は，クリーンエネルギー技術プロジェクトのより迅速な導入と投資リスクの削減のために二酸化炭素と他の温室効果ガスの排出に統一的な価格づけを導入することを検討することであった。また，気候変動を扱った「エネルギーと環境（ENERGY AND THE ENVIRONMENT）」章では 4 つの勧告がなされており，これらのすべてが気候変動関連である（pp. 91-92）。第一の勧告は，温室効果ガス排出の削減を達成する政策と技術の立案・採択・実施の加速である。第二の勧告は，全国レベルでの二酸化炭素排出の市場における統一的な価格づけを行う連邦レベルでのシステムの確立を検討することである。第三の勧告は，主な排出源からの二酸化炭素の排出に関する連邦レベルでの強制的な報告制度の創設である。第四の勧告は，低炭素技術の採用および多排出技術の撤廃を促進する市場的な方策や規制の検討である。

　対米審査報告書（2014年）では，エグゼクティブ・サマリー章（EXECUTIVE SUMMARY AND KEY RECOMMENDATIONS）には全体で 3 つの勧告が置かれている。これらは，①四年に一度実施されるエネルギー政策の評価プロセス，②持続可能なエネルギー・システムの維持，③電力部門の持続可能性の強化に関する勧告であり，直接的に気候変動に関連するものではない（p. 16）。「気候変動（CLIMATE CHANGE）」章における勧告は 3 つである（p. 152）。1 つ目が全国規模のカーボン・プライシングを勧めるものである。カーボン・

プライシングについては，低炭素エネルギー・システムに向けた転換をエネルギー市場における投資に確実性を与えるものと位置づけている。2つ目が温室効果ガスの排出削減につながるエネルギー技術開発のプログラムの持続を求めるものである。三番目は，再生ガス・電力に関するインフラストラクチャーへの投資支援を勧めるものである。

対米審査報告書（2019年）では，エグゼクティブ・サマリー章（Executive summary）には全体で5つの勧告が置かれている（pp. 15-16）。1つ目の勧告として，排出削減・クリーン技術における米国のリーダーとしての地位を維持するために効果的かつ能率的な規制を設定すべきであることを掲げている。これ以外の勧告は，再生可能エネルギー，天然ガス・パイプライン，エネルギー技術に関する研究開発，定期的・総合的なリスク評価の実施に関するものであった。「エネルギーと環境（Energy and climate change）」章には4つの勧告が置かれている（p. 61）。これらの勧告のうちの1つ目の勧告がエグゼクティブ・サマリー章の勧告の1つ目に置かれたものである。2つ目の勧告としては自動車に関する将来のCAFE水準の設定が挙げられている。さらに，3つ目としてメタンの排出に関する研究開発，4つ目としてエネルギー部門における気候変動に対する強靭性の改善のための適切な計画と投資決定を行うためのツールの整備が挙げられている。

対EU審査報告書（2008年）では，エグゼクティブ・サマリー章（EXECUTIVE SUMMARY AND KEY RECOMMENDATIONS）には3つの勧告が置かれている（p. 13）。1つ目の勧告は，2008年1月23日の「エネルギーと気候変動パッケージ」提案の実施を追求すべきことが挙げられている。2つ目の勧告には，エネルギー市場の自由化について挙げられている。3つ目の勧告には，エネルギー技術の研究開発への予算をエネルギーと気候変動の直面する課題に対処することに適した水準の増額すべきことが挙げられている。3つの勧告のうちの2つは気候変動関連と呼ぶことができる。気候変動を扱った「持続可能なエネルギー（SUSTAINABLE ENERGY）」章では，気候変動に関して3つ，再生可能エネルギーに関して5つ，省エネルギーに関して9つ，CCSに関して2つの勧告が置かれている（pp. 157-159）。気候変動に関しては，「引き続き野心的な気候変動政策を発展（develop）させること」を1つ

目の勧告として挙げている。その際，「目標を費用対効果に優れた方法によって達成しうる総体的かつ柔軟なアプローチを採用すること」などを求めている（p. 157）。ここでは，EU 域内排出量取引制度（EU-ETS）についても触れられている（p. 157）。

　対 EU 審査報告書（2014 年）では，エグゼクティブ・サマリー章（EXECUTIVE SUMMARY AND KEY RECOMMENDATIONS）には 5 つの勧告が置かれている（pp. 20-21）。1 つ目は域内エネルギー市場についての勧告であるが，2 つ目に「2030 年の気候エネルギー政策の枠組み」に関する勧告が置かれている（p. 21）。なお，5 つ目の勧告はエネルギー技術の研究開発についてである（p. 21）。「気候変動（CLIMATE CHANGE）」章においては 7 つの勧告がなされている（pp. 77-78）。1 つ目から 5 つ目までの勧告は EU-ETS の強化についてである。6 つ目の勧告は CCS，7 つ目の勧告はインフラストラクチャーの整備への投資についてである。

　対 EU 審査報告書（2020 年）では，エグゼクティブ・サマリー章（Executive summary）には 6 つの勧告が置かれている（pp. 22-23）。1 つ目の勧告は，新型コロナウイルス感染症の蔓延に伴う経済危機に対処するに当たってエネルギー部門が行うべき対応に関するものである。具体的には，クリーンエネルギー産業の振興や将来のためのインフラストラクチャーの整備への投資の障壁の除去が挙げられている（p. 22）。2 つ目の勧告においては，国家エネルギー・気候変動計画（NECP）に基づく費用対効果の高い方法による「2030 年の気候エネルギー政策の枠組み」の実施とともに，気候中立に向けたエネルギー政策の見直しを挙げている。3 つ目は省エネルギーの推進と様々な分野の政策の統合を図ること，4 つ目は炭素価格による価格シグナルの強化と EU エネルギー課税について，5 つ目はエネルギー技術に関する勧告である。Climate 章においては 3 つの勧告が置かれている（p. 72）。1 つ目の勧告は EU-ETS の強化に関するものである。2 つ目の勧告は，加盟国とともに，エネルギー課税が化石燃料の使用を抑制し気候変動防止の目的に合致するものとするための EU エネルギー課税の枠組みの改定を進めるべきであるとするものである。3 つ目の勧告は気候変動に対する強靭性を高めるためのインフラ整備に関するものである。

　このように，対日，対米，対 EU の国別審査報告書においては，エグゼク
ティブ・サマリー章及び関連章において，気候変動に関連する勧告がなされて
きた。1990 年代の対日審査報告書を除き，2000 年代以降の国別審査報告書に
おいては，気候変動に関する勧告がなされてきた。

## 3．おわりに

　本章では，IEA のエネルギー政策に関する国別審査を検討した。IEA は
1977 年から各国のエネルギー政策を総合的に評価する国別審査を実施してき
た。対日審査報告書（1999 年，2003 年，2008 年，2016 年），対米審査報告書
（2002 年，2007 年，2014 年，2019 年），対 EU 審査報告書（2008 年，2014 年，
2020 年）に基づき，IEA の国別審査が気候変動に関する国際規範に即した審
査となっているかについて検討した。具体的には，国別審査の審査基準，審査
団の構成，審査団の訪問先，報告書の構成・内容を検証した。国別審査の審査
基準は直近に至るまで依然として 1993 年の「共通目標（Shared Goals）」が用
いられている。共通目標においては，一部を除き気候変動は明示的には扱われ
ていなかったが，環境保護を包含した目標であったことから，年々，気候変動
に関する審査が実質的に進むこととなった。審査団の構成はエネルギー専門家
によって占められているが，審査団の訪問先は幅広いステークホルダーを含む
ようになってきた。審査報告書の構成・内容も気候変動をより明示的・本格的
に取り扱うものとなってきた。このように，IEA の国別審査は，共通目標に
基づくとの制約はあるものの，気候変動規範を反映する方向に審査を適応させ
てきた。

**【注】**
1　非加盟国に対しては，定期的に審査を実施する加盟国とは異なり，リクエストがあった国のみに
　対して審査を実施している。
2　各国別審査報告書には，Annex として「共通目標」が掲載されている。
3　対 EU 審査報告書については，2008 年と 2014 年は「共通目標」が Annex として付けられてい
　たが，2020 年は付けられていなかった。理由は不明である。
4　IEA（2015），pp. 449-451.
5　IEA（2000），p. 15.
6　IEA（2003），p. 15.

7　IEA（2008），p. 201.

8　IEA（2016），p. 165.

9　IEA（2002），p. 19.

10　IEA（2008b），p. 173.

11　IEA（2014），p. 263.

12　IEA（2019），p. 267.

13　IEA（2008c），p. 199.

14　IEA（2014），p. 293.

15　IEA（2020），pp. 298-299.

16　IEA（2002），pp. 19-20.

17　IEA（2008b），pp. 174-175.

18　IEA（2008b），p. 174. 訪問先のリストには，コロラド州の知事エネルギー局，天然資源局，地域政策局，公衆衛生・環境局，公益事業委員会，コロラド大学，西部知事協会（WGA）が挙げられている。

19　IEA（2014），pp. 264-265.

20　IEA（2019），pp. 268-269.

21　IEA（2008），pp. 200-201.

22　IEA（2014），pp. 294-295.

23　IEA（2020），pp. 299-300.

24　IEA 関係者からの聞き取りによる。

25　2019 年のみ原文の章のタイトルが小文字となっている。

26　この際，一般的な名詞や動詞，副詞，形容詞などは除いた。また，エネルギー，気候変動に関連がある用語をすべて網羅的に挙げることはしていない。このため，ランキングの読み方には注意が必要である。

27　「ガス」（gas）は，天然ガス等に限定できていないことに留意が必要である。例えば，「温室効果ガス」（greenhouse gas）は，例えば，対日審査報告書では 39 件（1999 年），12 件（2003 年），51 件（2008 年），9 件（2016 年）と推移している。しかしながら，これを除いても「ガス」（gas）が「石油」（oil），「原子力」（nuclear）等と比べ使用頻度が高くなっている。

28　1999 年，2003 年の対日審査報告書においては，「新エネルギー」（new energy）の用語が使用されていることも一因である。なお，「新エネルギー」（new energy）は，29 件（1999 年），21 件（2003 年），23 件（2008 年），13 件（2016 年）と推移している。

29　対 EU 審査報告書の 33 件（2020 年）は前回に比べて減っているが，climate だけの単独の単語では 80 件（2008 年），268 件（2014 年），219 件（2020 年）と推移しており，その使用回数の減少は小さい。

# 第 8 章

# 『世界エネルギー展望』のシナリオ分析

## 1. はじめに

　国際エネルギー機関（IEA）は毎年，『世界エネルギー展望』（WEO, *World Energy Outlook*）を刊行している。世界のエネルギーの動向と見通しを示す権威ある刊行物として，WEO は，各国の政府やエネルギー関係者に活用されている。IEA 自身，WEO は「エネルギー市場の分析と見通しに関する世界で最も権威ある情報源」と謳っている[1]。

　WEO は，IEA が独自に開発した部分均衡モデルである「世界エネルギー・モデル（Energy Outlook Model)」を用いて，将来のエネルギーの見通しを示していく[2]。世界の経済成長率，エネルギー価格，人口や産業の分布などを外生変数として置き，エネルギーの各部門におけるアウトプットを測る。その際にいくつかのシナリオのケースにおけるそれぞれの前提の下でモデル推計を行う場合に生じる結果を見ていくこととなる。このため，IEA がその年の WEO を作成するに当たってどのような分析を行うかについては，どのようなシナリオを用いるかが極めて重要な意味を持つこととなる。

　世界のエネルギーの動向と見通しを示す WEO が気候変動に関してどのように取り扱ってきたかを分析することは，IEA が気候変動をどのように扱ってきたかを示すこととなるものと考えられる。本章では，気候変動に関する分析の観点から，これまでに WEO が提示してきたシナリオの変遷を取り上げ，WEO のシナリオ分析における気候変動の取り扱いについて明らかにする。

## 2．方法論

　最初の WEO は 1977 年に刊行された[3]。その後，1993 年から定期的に刊行されるようになり，2008 年からは毎年刊行されている。また，近年は，毎年の WEO の刊行に先立ち，特定の課題に関する WEO 特別報告書を刊行してきている[4]。また，WEO は，例年，特定の国や地域の分析を行っている[5]。東南アジアについては，東アジア・アセアン経済研究センター（ERIA）との協力の下，2013 年以降，隔年で，WEO 特別報告書を刊行している。WEO は，その時点から見て約 20 年先を見越した推計を行ってきている[6]。

　WEO が用いるシナリオは，技術的にフォーキャスティング（forecasting），バックキャスティング（back-casting）の二種類に分けられる[7]。フォーキャスティングは，現状から出発してこれを設定した前提条件をもとに延長して将来の状態を示すシナリオである。各国が採用している政策に基づけば将来においてどのような状態となるかを示す際に用いられる[8]。これに対し，バックキャスティングは，将来の状態を想定し，そこに至るための途中のプロセスに関するモデル解析を行うためのシナリオである。将来のあるべき姿，あるいは，将来の仮の状況を想定すると，どういう政策が採用されていなければならないかを見る際に用いられる。

　2010 年代になると，WEO が示すエネルギーの見通しについて批判的な見方が散見されるようになった。Whitmore（2013）は WEO の 2006 年版（WEO2006 と書く。以下，各年版に同様）から WEO2012 までの風力，太陽光の見通しを比較し，毎回，見通しを上方修正してきたことを指摘した。毎回，実際よりも低く見積もってきた。技術の革新について現実と合致させることができていないことを指摘した。ただし，Whitmore（2013）は，あくまで「参照シナリオ（Reference Scenario）」または「新政策シナリオ（New Policy Scenario）」（WEO2010 以降）といったフォーキャスティングのシナリオについて考察している。また，Osmundsen（2014）は，WEO2013 の見通しを Bloomberg New Energy Finance（2013）などと比較し，WEO は再生可能エネルギーの増加を低く見積もっていると指摘した。この要因としては再生可能

エネルギーのコストの仮定が保守的であることを強調している。IEAはモデルと仮定を再考し，太陽光が高コストであるとの取り扱いを止めるべきであると指摘した。しかしながら，この場合も「新政策シナリオ」についての指摘である。

　Metayer, Breyer and Fell（2015）は，WEO1994からWEO2014までの各エネルギーの見通しを比較し，風力，太陽光が低く見積もられている（underestimate）ことを指摘している。実際との乖離の主要な要因として，WEOが再生可能エネルギーの増加が線形であると仮定し，指数的に増加する現実を捉えていないと結論づけている。しかし，彼らが注目しているのはフォーキャスティングのシナリオである。WEO2010以降は「新政策シナリオ」について検討している。

　Roberts（2015）は，WEOが毎年，風力，太陽光の増加を低く見積もってきた原因についていくつかの可能性を挙げている。1つは，化石燃料産業がステータス・クオにバイアスがあってIEAはこれに影響されている，とするものである。ただし，これについては十分なエビデンスがないとしている。低く見積もることによってより多くの投資をするインセンティブを与えているという考え方もありうることを指摘している。このほか，指数的に増加することを見落としている，コストが高いとの仮定を置いている，との指摘を行っている。ただし，すべての国のすべての政策を予測することは困難であり，一般的な仮定を置く必要があることも指摘している。

　これらに対し，Mohn（2016）はWEO2015を取り上げ，450シナリオの仮定に関する問題点を指摘している。特に，Mohn（2016）は，450シナリオのCCS技術の仮定は現実的ではないとして懐疑的である。そして，化石燃料の利用を続けるための「ステータス・クオ（現状）」バイアスの疑いがあると指摘する。他方，パリ協定の必要性を再認識させる効果があるとの指摘も行っている。

　このように，WEOのシナリオに対する批判は，主にフォーキャスティングのシナリオにおける仮定の置き方に集中してきた。バックキャスティングのシナリオにおける仮定の置き方に対する批判がなされた場合については，その実現可能性を疑問視する観点からなされるものであった。

　本章が着目するのは WEO における気候変動に関連するバックキャスティングのシナリオである。具体的には，① 2008 年から 2020 年までの WEO における気候変動に関するシナリオ，② 2013 年，2015 年の気候変動に関する WEO 特別報告書におけるシナリオ，③ 2007 年，2017 年の WEO における中国に関するシナリオ，④ 2013 年，2015 年，2017 年，2019 年の ASEAN に関するシナリオを取り上げる。

# 3．『世界エネルギー展望』のシナリオ分析

## (1)　WEO における気候変動に関するシナリオ

　気候変動に関するバックキャスティングのシナリオについては，WEO2008 において「450 政策シナリオ」（450 Policy Scenario）および「550 政策シナリオ」（550 Policy Scenario）が導入された。第 4 次 IPCC 報告書においては温室効果ガスの長期的な安定化レベルを 450ppmCO2-eq（50％の確率で地球の平均気温を 2℃上昇）あるいは 550pmCO2-eq（同じく 3℃上昇）にとどめるシナリオが示されていた[9]。そして，気候変動に関する国際交渉においても，2009 年のコペンハーゲンにおける合意に向けて，これらのシナリオが念頭に置かれるようになっていた。IEA は，気候変動に関する国際交渉の動きを踏まえた分析を WEO2008 において全面的に取り上げることとしたのである[10]。

　WEO2008 では，ポスト 2012 気候変動レジームについて，①野心の適切な規模はどの程度か，②合意する目標を達成するために最も効率的なメカニズムは何か，③どのような国別の約束と行動が公平かつ衡平か，という 3 つの課題を解決しなければならないと指摘した（p. 409）。そのうえで，WEO2008 では，第四次 IPCC 報告書に基づく，温室効果ガスの長期的な安定化レベルを 450ppmCO2-eq または 550ppmCO2-eq を目指すことが国際的な議論の方向性として出てきているとして，バックキャスティングのシナリオとして「450 政策シナリオ」と「550 政策シナリオ」を提示した（p. 410）。これに対し，フォーキャスティングのシナリオ（Reference Scenario）では，1000ppmCO2-eq（同じく 6℃上昇）となるとされた（p. 410）。

　①に関しては，「450 政策シナリオ」と「550 政策シナリオ」の実現に必要

な野心の規模には，すべての国による削減を促進するポスト 2012 気候変動レジームが必要であると指摘した（p. 416）。②，③に関しては，電力部門については，OECD+ 諸国（EU 域内の非 OECD 諸国を含む）には排出量取引制度の導入，その他の国には各国ごとの政策・措置の導入，産業・運輸部門については，OECD 諸国およびその他の主要な排出国には国際的なセクター別合意，その他の国には各国ごとの政策・措置の導入，建築部門については各国ごとの政策・措置の導入，というハイブリッドな政策枠組みを想定した（p. 422）。

　翌年の WEO 刊行時はコペンハーゲンにおける気候変動に関する国際交渉の直前となっていた。WEO2009 では，2℃上昇に抑えることを「大部分の国のリーダーが究極の目標として認めるようになった」（p. 3）として，「450 シナリオ」（450 Scenario）を前面に押し出すこととなった。また，フォーキャスティングのシナリオ（Reference Scenario）における気候変動へのインプリケーションを示すとともに，行動の遅れの影響を警告する内容となった。「450 シナリオ」において想定された政策枠組みは，2013 年から 2020 年まで，と 2021 年から 2030 年までに分けたより詳細なものとなった。電力部門および産業部門については，2020 年までは OECD+ 諸国が，2021 年以降は OECD+ 諸国およびその他の主要な排出国が排出量取引制度を導入し，産業部門（鉄鋼，セメント）および運輸部門についてはすべての国に国際的なセクター別合意（OECD+ 諸国の産業部門には排出量取引制度とダブルで適用）するものとし，他の国には国ごとの政策・措置が導入されることを想定した（p. 202）。WEO2009 は，こうした想定の下，バックキャスティングのシナリオによる 2030 年におけるエネルギー分野の状況を示したのである。

　翌年の WEO2010 では，コペンハーゲン合意を受けて，コペンハーゲン合意に基づく各国の誓約（Pledge）が「450 シナリオ」が想定する 2℃目標に向けては十分なものではないことを強調した（p. 53）。そして，「450 シナリオ」に沿って 2℃目標のためにはグローバルなエネルギー・システムの更なる変換が必要であることを明確に示した（p. 54）。

　2007 年より IEA の事務局長を務めていた田中信男が退任し，2011 年 9 月にマリア・ファン・デル・フーフェンが事務局長に着任した。時期を一にして，WEO2011 以降の「気候変動」の扱いは WEO2010 までと比べて小さいものと

　なった。しかしながら，「450 シナリオ」を用いたフォーキャスティングのシナリオの提示はその後も継続した。

　WEO2011 では，フォーキャスティングのシナリオである「新政策シナリオ（New Policy Scenario)」（コペンハーゲン合意およびカンクン合意において各国が宣言した政策が実施された場合）では 3.5℃上昇が見込まれることを示した。そのうえで，すべての OECD 諸国が排出量取引制度又は炭素税を用いるなどとする想定による政策枠組みを改訂した新たな「450 シナリオ」による結果を示した（p. 211)。WEO2011 は，すでに多くのインフラストラクチャーが「ロックイン」されており，気候変動に対する行動の遅れが 2℃目標を達成する扉を閉ざしかねないことを強調した（p. 40)。

　WEO2012 では，「450 シナリオ」が想定する世界の実現が年々困難になってきていることを警告している（p. 25)。WEO2012 は，2℃目標を念頭に置きつつも，主に省エネルギーの役割が強調されるものとなっている。そして，省エネルギーが 2℃目標を達成する扉を「ほんのわずかに長く」開き続けるとの主張を行った（p. 25)。

　WEO2013 では，「新政策シナリオ」に基づく 2035 年のエネルギーの状況を示すことが中心となった。気候変動の取り扱いが小さいものとなったのは，1 つには，同年に気候変動に関する WEO 特別報告書を別途発行したことによる（同特別報告書については次項で取り上げる)。特別報告書のエッセンスは WEO2013 に掲載されたが（p. 80-81)，「450 シナリオ」はこの中で紹介されるにとどまった。もう 1 つには，WEO2013 は，「競争力（Competitiveness)」を特集するなど，エネルギー分野のステークホルダーの関心が気候変動から離れていたことが考えられる。

　WEO2014 では，引き続き，気候変動の取り扱いは小さかった。これは，2015 年に気候変動に関する第二の特別報告書の発行を準備していたことにもよる。WEO2014 は，「エネルギー分野の投資が低炭素の経路にシフトするためには，2015 年の合意が，長期の脱炭素化にすべての国がコミットしているとの強いシグナルを官民のエネルギー投資家に対して発する必要がある」と指摘した（p. 87)。そして，2040 年における「新政策シナリオ」と「450 シナリオ」に基づくエネルギーの状況とエネルギー起源の二酸化炭素排出量を比較・

提示した (pp. 86-93)。

　2015 年 9 月，IEA の事務局長は，マリア・ファン・デル・フーフェンからファティ・ビロルに交代した[11]。WEO2015 では，2040 年における「新政策シナリオ」に基づくエネルギーの状況とエネルギー起源の二酸化炭素排出量を示した。気候変動に関する詳細は同年に発行した特別報告書に委ねた。WEO2015 は，「COP21 前になされた各国の誓約は低炭素かつ高効率のエネルギー・システムへの動きに対する新たな弾みをつけるものであったが，エネルギーに対するグローバルな必要性に関する絵姿を変えるものではない」と指摘するにとどまった (p. 21)。

　パリ協定の成立後の WEO2016 では，「2℃の道程は極めて厳しい。1.5℃への道は未開拓の領域である」としたうえで，2℃を念頭に置いた「450 シナリオ」の達成ですらエネルギー分野における投資の大幅な再配分が必要であることが強調された (p. 25)。WEO2016 には「エネルギーと気候変動」という章が置かれ，「新政策シナリオ」（NDC を反映させたシナリオ）と「450 シナリオ」との間には 2040 年時点で比較しても二酸化炭素の排出量に大きなギャップがあることを示し，エネルギーの各部門において「450 シナリオ」の達成のために必要なステップを明示した。

　WEO2016 では引き続き「450 シナリオ」が用いられたが，新たなバックキャスティングのシナリオが求められることは明らかとなっていた。パリ協定では，地球の平均気温上昇を「2℃より十分に小さく」(well below 2℃) 抑えることを目指し，更に 1.5℃上昇に抑えるよう努力することが規定された。これを受けて，WEO2016 では，「450 シナリオ」に加え，電気自動車の普及率，電力部門の炭素集約度などを変えた「well below 2℃」ケースを提示している (p. 342)。さらに，「1.5℃」ケースについても示したが，この場合，BECCS (bioenergy with carbon capture and storage) の大幅な活用を考慮せざるを得ず，持続可能なバイオマスの利用可能性に大きく依存していることを示した (p. 345)。

　WEO2017 は，バックキャスティングのシナリオとして，「450 シナリオ」に，これまで別途扱ってきたエネルギー・アクセスと大気汚染の分析を加えて，「持続可能な開発シナリオ」（SD シナリオ，Sustainable Development

Scenario）を導入した[12]。① 2030 年までのエネルギーのユニバーサル・アクセス，②パリ協定の目標を達成するための 2040 年時点における道筋，③大気汚染の大幅な改善，の 3 点を達成することを想定するシナリオとされた（pp. 37-38）。「SD シナリオ」は，「450 シナリオ」に比べ，例えば，バイオマスの利用が少なくなることを想定している（p. 132）。2100 年時点の温度上昇については，ネットゼロが 2100 年時点であれば 2℃上昇に相当，それより早ければそれ未満となるとした（p. 38）。「新政策シナリオ」と「SD シナリオ」による 2040 年時点の世界の二酸化炭素排出量の違いを明示した。その違いは省エネルギー（44％）と再生可能エネルギー（36％）によるものが多く，それ以外は燃料転換（2％），原子力（6％），CCS（9％），その他（2％）が占めることが示されている（p. 139）。

　また，WEO2017 には，これに加えて，「迅速転換シナリオ」（Faster Transition Scenario）としてエネルギー分野からの二酸化炭素の排出が 2060 年にネットゼロとなるシナリオが提示されている。このシナリオは，IEA と IRENA との共同プロジェクトである *Perspectives for the Energy Transition: Investment Needs for a Low-Carbon Energy System*（IEA and IRENA 2017）のために作られたものである（p. 39）。

　WEO2018 では，「新政策シナリオ」は，2040 年のエネルギー起源の二酸化炭素の排出量は気候変動に関する科学的知見が必要とする軌道を大きく外れていることを指摘し，「SD シナリオ」によって「エネルギー・アクセス，大気汚染，気候に関する目標を達成する総合的な政策（integrated policy）」が 2040 年に向けて「世界のエネルギーが大きく転換する」絵姿を示した（p. 27）。「SD シナリオ」は「well below 2℃」と整合的なシナリオであると記載した（p. 29）。

　WEO2019 では，「SD シナリオ」は 2050 年までに延長された[13]。「SD シナリオ」では，2070 年に二酸化炭素の排出量はグローバルにネットゼロとなり，その後はネットゼロが継続する見通し（66％の確率で 1.8℃上昇，50％の確率で 1.65℃上昇に相当）となっている（p. 88）。2070 年以降のネット・ネガティブによる 1.5℃上昇の可能性を含んだシナリオとなっている（p. 88）。

　WEO2020 では，「SD シナリオ」に加えて，新たに，2050 年までにグロー

バルなネットゼロ排出を達成する「Net Zero Emissions by 2050（NZE2050）」ケースを導入している。NZE2050ケースとIPCCの1.5℃特別報告書に用いられている90のシナリオとを比較すると，NZE2050ケースは，人口増，経済成長を高めに見積もっている。また，NZE2050ケースは，原子力は低め，再生可能エネルギーは高めに見積もっている（pp. 130-131）。

　以上，2008年版から2020年版までのWEOにおける気候変動に関するバックキャスティングのシナリオを概観した。田中信男事務局長時代のWEO（WEO2008〜WEO2010）は，IPCC報告書やコペンハーゲン合意に向けた国際交渉を反映したバックキャスティングのシナリオである「450シナリオ」を提示してきた。これに対し，マリア・ファン・デル・フーフェン事務局長時代のWEO（WEO2011〜WEO2014）は，気候変動の取り扱いは小さいものとなった。他方，この間には，パリ協定に向けた国際交渉が進む中で，次項で取り上げる気候変動に関するWEO特別報告書が二回にわたって作成された。ファティ・ビロル事務局長時代のWEO（WEO2015〜WEO2020）は，パリ協定の合意の反映を試みたのちに，国連におけるSDGsの成立を反映した「SDシナリオ」の提示へと転回した。気候変動防止の目的に特化したバックキャスティングのシナリオではなく，より広範な政策目的を反映したものとなった。

## ⑵　気候変動に関するWEO特別報告書

　気候変動に関するWEO特別報告書は，2013年には*Redrawing the Energy-Climate Map*，2015年には*Energy and Climate Change*というタイトルで発行された（IEA 2013；IEA 2015b）。この時期には，パリ協定のための国際交渉が進められていた。2013年時点では，国際交渉においてはどのような国際的な枠組みとなるかが未だ明らかになっていなかった。また，2015年に入っても，国際交渉においては，国際的な枠組みの具体的な要素がまだ定まっていなかった。こうした中で，IEAは気候変動に関するWEO特別報告書を作成・公表した。以下では，それぞれの特別報告書において，どのようなバックキャスティングのシナリオが提示されているかを見るとともに，その政策的なインプリケーションを検討することとする。

　2013年のWEO特別報告書では，バックキャスティングのシナリオとし

て，コペンハーゲン合意が扱ってきた，いわばパリ協定のスタート時点まで
の「空白」期間に直目した「2℃目標のための4つの政策シナリオ」(4-for-2℃
Scenario) が提示されている。「2℃目標のための4つの政策シナリオ」におい
ては，採用する政策としては①2020年までにエネルギー・セクターからの排
出を大幅に減らすことができる政策，②既に存在する技術で実行できる政策，
③既にいくつかの国で実行され，問題ないと分かっている政策，④地域や国
の経済成長を害することがない政策，の4点を念頭に置くものとした（p. 45-
46)。そして，これらの基準を満たす政策として，①各分野の省エネルギー政策
を採用する（排出削減分の49％相当），②低効率な石炭火力発電所の建設・使
用を制限する（同21％相当），③上流における石油・天然ガスの生産時のメタ
ンの排出を減らす（同18％相当），④化石燃料補助金の（部分的な）撤廃を加
速する（同12％），という4つの政策を示した（p. 46-47)。「2℃目標のための
4つの政策シナリオ」は，こうした政策を実施した場合，2035年時点で世界の
二酸化炭素排出量（30.8Gt）は「新政策シナリオ」に比べ6.2Gt（17％）減少
し，「新政策シナリオ」と「450シナリオ」のギャップの約半分を削減できる
ことを示した（p. 75，図8-1)。

　こうしたシナリオ分析を踏まえて，2013年の特別報告書では，①世界の平
均気温の上昇を2℃以内に抑える目標に世界の取り組みは合致していない，
②エネルギー・セクターがこの気候変動の変化を緩和させるための鍵である，

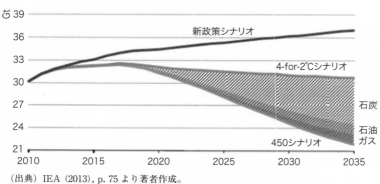

図 8-1　世界の二酸化炭素排出量（4-for-2℃シナリオ）

（出典）IEA (2013), p. 75 より著者作成。

③4つのエネルギー政策を用いることで，経済コストを掛けずに，2℃目標に近づくことができる，との提言を行った（p. 9）。「2℃目標のための4つの政策シナリオ」は，気候変動問題への対応に当たっては，エネルギー分野における対応が重要であり，経済を犠牲にせずともできる有効な政策余地が大きいことを示したのである。

2015年の特別報告書では，バックキャスティングのシナリオとして「ブリッジ・シナリオ」を導入している。「ブリッジ・シナリオ」は，5つの政策を行った場合に2030年にどのような排出量となるかを示すシナリオである。5つの政策とは，(1)産業，建築，運輸部門における省エネルギーの拡大，(2)低効率な石炭発電所の新設の禁止と使用の削減，(3)再生可能エネルギー技術に対する投資の大幅な増加，(4)化石燃料補助金の2030年までの段階的な廃止，(5)石油，天然ガスの生産におけるメタンの排出の削減，である（p. 13）。2013年の特別報告書における「2℃目標のための4つの政策シナリオ」と同様な政策が中心となっているが，さらに厳しくするとともに，再生可能エネルギーの役割をより重要視するシナリオになっている。同報告書では，フォーキャスティングのシナリオとして，各国がパリ協定に向けて提出した2030年に向けた対策と目標を積み上げたシナリオ「INDCシナリオ」を提示している（pp. 31-32）。「INDCシナリオ」では，エネルギー起源の温室効果ガスの排出量の削減はなされるものの，2030年時点でも引き続き排出量の増加が続き，対策としては不十分であると指摘した（p. 12）。バックキャスティングのシナリオである「ブリッジ・シナリオ」が採用している政策を導入することによって，エネルギー起源の温室効果ガスの排出が早期に大幅な削減をしていく道筋を描き得ることを指摘した（p. 74，図8-2）。

こうしたシナリオ分析を踏まえて，2015年の特別報告書では，気候変動問題への対応においてはエネルギーが議論の中心にあるべきであり，エネルギー起源の温室効果ガスの排出が早期にピークを迎え，減少傾向となる戦略を提案し，これらの政策を実施することが必要との主張を行った（pp. 12-13）。そのうえで，同報告書は，2013年の特別報告書と比べ，気候変動に関する国際交渉に対する直接的な提案を含む，より具体的な政策提言を行っている。具体的には，COP21に向けて，エネルギー起源の排出の一層の削減のために必要な

図 8-2　世界の温室効果ガス削減量（ブリッジ・シナリオ）

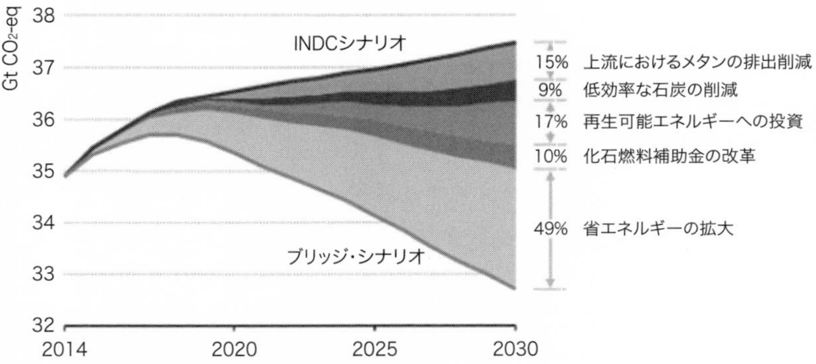

（出典）IEA（2015），p. 74 より著者作成。

取り組みとして，①排出量を早期にピークとすること，②5 年毎に野心の見直しを行うこと，③長期のビジョンを設定し，これと整合的な短期的なコミットメントを行うこと，④エネルギー転換の進展を把握・分析すること，を挙げた（pp. 13-15）。

　以上，2013 年と 2015 年の気候変動に関する WEO 特別報告書におけるバックキャスティングのシナリオを概観した。2013 年の WEO 特別報告書では，気候変動に関する国際的な枠組みに関する国際交渉が進展していない中で，生じている 2020 年までの「空白」期間に追加コストなしでできる「2℃目標のための 4 つの政策シナリオ」を提示し，次なる削減目標の年限が不透明な中で 2035 年時点の温室効果ガスの排出量の見通しを示すとともに，2020 年までのエネルギー政策における早期の対策の強化が必要であることを主張した。2015 年の WEO 特別報告書では，各国の提出した INDC を反映した「INDC シナリオ」では不十分であり，「ブリッジ・シナリオ」に採用された政策を各国が実施することを促した。さらに，COP21 に向けて，気候変動に関する国際的な枠組みに関する具体的な提案を行った。

## ⑶　WEO における中国特集

　WEO は 2007 年と 2017 年に中国に関する特集を行っている。経済成長を続ける中国におけるエネルギー需要の増加は，エネルギー安全保障の問題

であるとともに，気候変動の問題とも考えられた。以下では，WEO2007とWEO2017の中国特集において採用されたバックキャスティングのシナリオについて検討する。

WEO2007では，フォーキャスティングのシナリオである「参照シナリオ（Reference Scenario）」に対し，バックキャスティングのシナリオとして「代替政策シナリオ（Alternative Policy Scenario）」および「高成長シナリオ（High Growth Scenario）」の2つのシナリオが提示された。

中国の二酸化炭素の排出量は，2005年時点では世界の19％を占めるに至っていたが，「参照シナリオ」では，2030年には二酸化炭素の排出量は世界の27％を占めるまでに増加するとされた（p. 313）。そして，「参照シナリオ」では新しい政策・措置や技術革新がなければ中国のエネルギー需要が急速に増加し続けることが示されているとした（p. 362）。これに対し，「代替政策シナリオ」では，既存の政策・措置が完全に履行されるとともに，補完的な新たな政策・措置が導入されることを想定した（p. 363）。「代替政策シナリオ」では2020年代初頭には二酸化炭素の排出量は約8.9Gtで安定することを示した（p. 370，図8-3）。他方，「代替政策シナリオ」におけるエネルギー消費の削減の達成には抜本的な投資・消費パターンの変更が必要であることが主張された（p. 384）。

また，「高成長シナリオ」では，中国の二酸化炭素の排出量は2030年には14.1Gtとなることを見込み，「参照シナリオ」に比べ2.6Gt（23％）増加することが示された（p. 401）。「高成長シナリオ」と「参照シナリオ」との差の多く（1.8Gt）は石炭が占めている（p. 401）。WEO2007は，「高成長は，中国により多くの富をもたらし，多くの民を貧困から脱却させることとなるが，同時に，中国のエネルギー安全保障と環境を著しく悪化させる」と警鐘を鳴らすとともに，高成長下においても，「代替政策シナリオ」で考慮した，エネルギー消費を削減し，環境への影響を軽減する政策・措置を採ることは可能であることを指摘した（p. 402）。

これに対し，WEO2017では，バックキャスティングのシナリオとして「SDシナリオ」を提示している。「気候変動防止の目的に合致するエネルギー部門の転換には新政策シナリオにおける想定よりもエネルギーミックスのより甚大

図8-3　中国の二酸化炭素排出量（代替政策シナリオ）

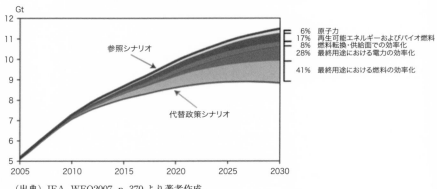

（出典）IEA，WEO2007, p. 370 より著者作成。

な変化が必要である」ことを指摘し，「SD シナリオ」が想定する産業部門，運輸部門，民生部門における対策を示した（p. 621）。「SD シナリオが想定する政策の実施により中国のエネルギーと環境の見通しが根本的に異なったものとなる」とした（p. 622）。具体的には，「SD シナリオ」では，2040 年の時点で，中国の二酸化炭素の排出量は 2001 年の水準まで減少（GDP は 11 倍）している（p. 622）。また，「新政策シナリオ」と「SD シナリオ」の差は，省エネルギー（排出削減分の 39％相当），再生可能エネルギー（同 31％相当）などによることを明示した（p. 622，図 8-4）。

　WEO2017 における中国に関する分析の結論としては，「より効率的でよりクリーンなエネルギーの使用に向けたエネルギー分野の転換を行おうとする意向が，中国のエネルギー政策形成の多くの側面で非常に重要な原則となってきている」とするとともに，「SD シナリオは，高いレベルの将来に対する野心を持って，転換を加速していくことがもたらす結果や利益を示すものになっている」と記している（p. 628）。シナリオ分析の結果を示し，結果がもたらすプラスの側面を強調するメッセージとなっている。

　以上，WEO2007 と WEO2017 の中国特集におけるバックキャスティングのシナリオを概観した。WEO2007 では，「代替政策シナリオ」を示し，二酸化炭素の排出量の低減を図ることを促すとともに，「高成長シナリオ」における二酸化炭素の排出量の増加の懸念を指摘した。これに対し，WEO2017 では，

図8-4　中国の二酸化炭素排出量（SD シナリオ）

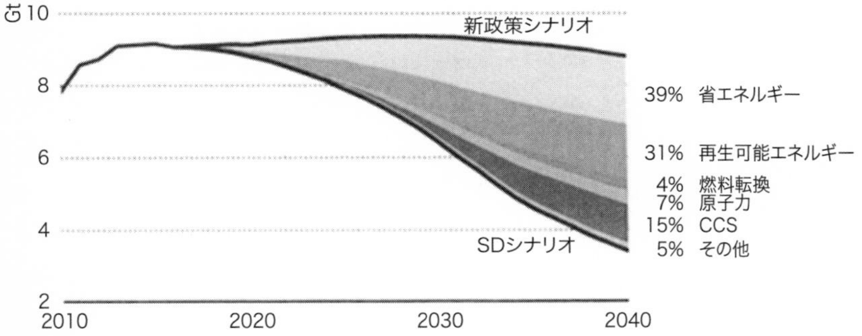

（出典）IEA, WEO2017, p. 622 より著者作成。

「新政策シナリオ」に沿った対策では不十分であるとして、「SD シナリオ」を用い、抜本的なエネルギー転換を行う場合の絵姿を強調した。WEO の中国特集における分析は、中国のエネルギーの将来展望を考えるための枠組みを提供し、中国が行う政策選択についての意味合いを示すものであると言うことができる。

## ⑷　東南アジアアウトルック

　2013 年、2015 年、2017 年、2019 年の ASEAN に関する WEO 特別報告書が導入しているバックキャスティングのシナリオについて見ていくこととする。2013 年から 2019 年にかけての期間は、ASEAN が経済成長を続ける中で、気候変動に対する対策についても次第に強化していく時期に重なっている。2013 年においては、インドネシアやマレーシアなど ASEAN 加盟国の一部の国のみがコペンハーゲン合意（2009 年）に基づく排出目標を設定していたのに対し、2015 年にはすべての ASEAN 加盟国がパリ協定のための INDC を提出し、以降、ASEAN 加盟各国は国際的にコミットした形で気候変動対策に取り組んでいる。ASEAN に関する WEO 特別報告書におけるバックキャスティングのシナリオについてもこのことを反映したものとなっている側面が見て取れる。

　2013 年版では、バックキャスティングのシナリオとして「効率的な ASEAN シナリオ（Efficient ASEAN Scenario）」を提示している[14]。これは省エネル

ギーを対策の中心に据えたシナリオである。省エネルギー政策としては，①政策の調整と規制の枠組みの強化，②市場の歪曲の除去，③省エネルギー意識の向上，④省エネルギー・プロジェクトへのファイナンスの慫慂などを挙げている（pp. 118-119）。「新政策シナリオ」では，ASEAN のエネルギー起源の二酸化炭素の排出量は，2011 年の 1.2Gt（世界の 3.7％）から 2035 年には 2.3Gt（世界の 6.1％）に増加する（p. 40）。「効率的な ASEAN シナリオ」では，「新政策シナリオ」に比べ 400Mt（19％）少なくなるに留まっている（p. 117）。

　2015 年版では，バックキャスティングのシナリオとして，同年の気候変動に関する WEO 特別報告書で採用した「ブリッジ・シナリオ」を使用している。「新政策シナリオ」では，2013 年に 1.2Gt である ASEAN のエネルギー起源の二酸化炭素の排出量は，2040 年には約 2.4Gt まで増加する（p. 35）。2030年時点では 2.0Gt である（p. 48）。「ブリッジ・シナリオ」では，「新政策シナリオ」に比べ 300Mt（14％）少なくなるに留まっている（p. 49）。2015 年版では，エネルギー政策担当者の優先事項として，電力グリッドの相互連結，エネルギー投資，エネルギー・アクセス，化石燃料補助金を挙げている（p. 104）。

　2017 年版は，バックキャスティングのシナリオとして「SD シナリオ」を用いている。「SD シナリオ」では，「新政策シナリオ」（NDC は反映している）に比べ，エネルギー起源の二酸化炭素の排出量は 2040 年には 50％低減する（p. 14）。これに対し，「新政策シナリオ」では，2040 年には，エネルギー・ミックスの多様化に伴い，炭素集約度は改善されるものの，エネルギー起源の二酸化炭素の排出量は 2040 年には倍増する（p. 115）。

　2019 年版は，引き続きバックキャスティングのシナリオとして「SD シナリオ」を用いている。2019 年版は，「公表政策シナリオ」（STEPS）と「SD シナリオ」との 2040 年における二酸化炭素の排出量の比較を行い，「地域がどこに向かっているか」を示している STEPS と「国際的に合意した目的に合致するためにどこに行かなければならないか」を示している SD シナリオとのギャップを埋めるには，より強力な政策が必要である旨を指摘している（p. 5）。STEPS における ASEAN の二酸化炭素の排出量は，2040 年には約 2.4Gt（現在の 42％増）に達するとしている（p. 12）。STEPS を超えた成果を導くために必要とされる対策として，①再生可能エネルギーの導入の拡大（SD シナ

リオでは，エネルギー・ミックスにおける割合は 2040 年に約 70%），②エネルギー安全保障にも資する省エネルギーへ注力すること，③化石燃料補助金を撤廃してエネルギー価格を適切なものとすること，④低効率な石炭発電所の取り扱いをはじめとする「遺産」問題を解決すること，を掲げている（pp. 20-21）。

　以上，2013 年，2015 年，2017 年，2019 年の ASEAN に関する WEO 特別報告書が導入しているバックキャスティングのシナリオについて概観した。2013 年版では ASEAN に関する特別報告書のために導入した省エネルギー対策を想定した「効率的な ASEAN シナリオ」を採用したが，2015 年版では，気候変動に関する特別報告書に用いた「ブリッジ・シナリオ」，2017 年版，2019 年版では，WEO の主要なシナリオである「SD シナリオ」を用いたシナリオ分析が行われている。ASEAN の気候変動対策の本格化に合わせて，ASEAN に関する特別報告書における分析が気候変動対策の強化をより強く打ち出すシナリオを採用するようになってきたことが見て取れる。

## 4．おわりに

　本章では，IEA の『世界エネルギー展望（WEO)』のシナリオ分析における気候変動の取り扱いについて検討した。WEO における気候変動に関するバックキャスティングのシナリオは，WEO2008 の「450 政策シナリオ」「550 政策シナリオ」の提示，WEO2009 以降の「450 シナリオ」の提示がコペンハーゲン合意，パリ協定の合意に向けた議論の材料を提供した。WEO2017 からは SDGs との親和性を高めた「SD シナリオ」を提供している。この間，2013 年，2015 年の気候変動に関する WEO 特別報告書における「2℃目標のための4つの政策シナリオ」，「ブリッジ・シナリオ」はあるべき道筋と現実とのギャップを埋める働きをした。WEO2007 の中国特集における「代替政策シナリオ」，「高成長シナリオ」，WEO2017 の中国特集における「SD シナリオ」は中国の政策選択が持つ意味合いを明らかにする働きをした。ASEAN に関するシナリオでは，「効率的な ASEAN シナリオ」(2013 年)，「ブリッジ・シナリオ」(2015 年)，「SD シナリオ」(2017 年，2019 年）が採用された。このよう

に，WEO のバックキャスティングのシナリオはその時々の政策ニーズに即した議論の材料を提供してきた。

## 【注】

1 IEA のホームページの『世界エネルギー展望』の紹介欄は "The world's most authoritative source of energy-market analysis and projections" と記載している（https://www.iea.org/topics/world-energy-outlook，2020 年 12 月 30 日アクセス）。

2 本章の執筆に当たっては黒住（2015）を参照した。

3 WEO2017 には最初の WEO の刊行から 40 年との旨の記載がある（p. 3）。

4 2011 年，2012 年は天然ガス，2013 年，2015 年に気候変動，2014 年に投資，2016 年に大気汚染，2017 年にエネルギー・アクセス，2018 年に洋上エネルギー，2019 年に石油と天然ガス産業の転換，2020 年には COVID-19 からの持続可能な回復について分析している。

5 これまでに，インド，中国，ロシア，ブラジル，サハラ以南アフリカ，東南アジア，カスピ海沿岸諸国，イラク，アフリカなどを取り上げている。

6 1993 年版から 1996 年版は 2010 年までの推計期間であったが，1998 年版から 2000 年版は 2020 年までの推計期間となった。さらに，2002 年版から 2009 年版は 2030 年までの推計期間となった。2010 年版から 2013 年版は 2035 年までの推計期間，2014 年版以降は 2040 年までの推計期間となった（黒住 2015, 58-59 頁）。

7 黒住（2015）。

8 フォーキャスティングのシナリオについては，2010 年の *WEO* までは各国がすでに施行済みの政策に基づくシナリオ（「参照シナリオ（Reference Scenario）」，2010 年以降は「現行政策シナリオ（Current Policy Scenario）」と呼ぶ）が中心的なシナリオとされてきたが，2010 年の WEO からはある程度施行される確実性が高い政策を織り込んだシナリオである「新政策シナリオ（New Policy Scenario）」を中心的なシナリオとするようになった。将来の推計として，すでに政策意図が表明され，実施される確実性が高い施策については盛り込んだほうが，より現実に近い結果につながるのではないかという考え方が採用されるようになった。

9 IPCC（2007）.

10 WEO2007 では，「450 安定化ケース（450 Stabilisation Case）」が取り扱われている（pp. 207-214）。これについては，2007 年のハイリゲンダム G7 サミットにおける議論を踏まえた対応であり，WEO2018 においてより詳細なシナリオ分析を行う旨を記載している（p. 207）。

11 https://www.iea.org/news/iea-chief-economist-fatih-birol-is-named-agencys-next-executive-director

12 「持続可能な開発目標（SDGs）」における 3 番目の目標の「健康（Health）」，7 番目の目標の「安価かつクリーンなエネルギー（Affordable and Clean Energy）」，13 番目の目標の「気候行動（Climate Action）」の達成が想定されている。

13 WEO2019 においては，フォーキャスティングのシナリオである「新政策シナリオ（New Policy Scenario）」は，「公表政策シナリオ（Stated Policies Scenario）」と改名された。

14 このシナリオについては，目標を念頭において，やや野心的にしたフォーキャスティングの結果という見方もできる。しかし，ここでは広義のバックキャスティングのシナリオに該当するとした。

第 9 章

# 技術協力プログラムの実態調査

## 1. はじめに

　IEA は，創設間もない 1975 年以降，現在に至るまで，エネルギー技術の研究開発・導入に関する国際協力の仕組みを運営してきた。この仕組みは長らく「実施協定（Implementing Agreement）」と呼ばれてきたが，技術協力に関する仕組みであることを明確にするため，2015 年に「技術協力プログラム（Technology Collaboration Programme：TCP）」と改称されている。TCPは，1975 年以来，合計 81 のプログラムが設立され，現在も 38 のプログラムが運用されている[1]。

　このように，TCP は，長期にわたり幅広い技術分野で運営されてきたにも関わらず，一般に広く認知されているとは言い難い。また，TCP の取り組みは各国におけるエネルギー技術の研究開発・導入においてどのように反映されているのかに関する実態把握は進んでいない。世界のクリーンエネルギーへの転換を加速することが必要となっている現在，エネルギー技術の国際協力の仕組みである TCP がどの程度これに対応できる仕組みとなっているのかを把握することが重要であると考えられる。

　TCP の実態についてはこれまであまり踏み込んだ研究がなされてこなかった。TCP の先行研究としては，Geyer et al.（2004）は，「集合型太陽光発電（SolarPACES）」の TCP をケースとして，TCP がコストシェアリングや情報交換を通じて技術開発における費用逓減と利益増大に貢献していることを検証した。また，炭素回収・貯留（CCS）をめぐる政治を分析した de Coninck and Backstrand（2011）には「温室効果ガスの研究開発（GHG）」の TCP が，

電気自動車の技術開発を分析した Bhasin（2014）には「ハイブリッド車と電気自動車（HEV）」の TCP がそれぞれ取り上げられているが，これらは個別の TCP を補助的に検討したものであり，TCP が全体としてクリーンエネルギー転換につながっているかを取り扱うものとはなっていない。

　そこで，TCP がクリーンエネルギー転換の加速につながる仕組みであるかを分析することを念頭に，TCP の運営の実態と参加国における当該技術の研究開発・導入に関する実態を把握するため，各国の TCP 参加者に対してアンケート調査を実施した。次節では，TCP に関するアンケート調査の概念モデルを提示する。第 3 節ではアンケート調査の結果を紹介する。第 4 節では，アンケート調査の結果から見えてきた TCP の運営の実態と参加国における当該技術の研究開発・導入に関してクリーンエネルギー転換の加速の観点から考察する。最後に，第 5 節において本章の総括を行う。

## 2．アンケート調査の概念モデル

　TCP は，2020 年 6 月現在，55 カ国の約 300 の官民の組織の 6000 名以上の専門家が参加する巨大な技術協力の仕組みとなっている[2]。合計 38 件の TCP が設立・実施されており，その対象は横断的な課題，最終用途技術（建物，電力，産業，運輸），化石燃料，核融合，再生可能エネルギーまで広範な技術分野に及んでいる[3]。現在行われている 38 件の TCP の内訳は表 9-1 のとおりである。各 TCP は，それぞれに異なった特徴を有しているが，概念の証明，パイロット・実証，実地調査，応用研究，情報共有といった様々なアクティビティを実施している[4]。

　TCP の運営の実態と参加国における当該技術の研究開発・導入に関する実態を把握するため，アンケート調査を実施した。アンケート調査の概念モデルを図 9-1 で示した。概念モデルでは，政策評価におけるロジック・モデルなどにおいて標準的に用いられるインプット－アクティビティ－アウトプット－アウトカムのモデルを用いた[5]。TCP のインプットとして，国際目標，国家目標，人的資源，財政的資源，内部サポート体制，作業部会・委員会からのフィードバックを想定した。これらのインプットを受けて TCP の様々なアク

**表9-1 TCP の内訳**

| | |
|---|---|
| 横断的な課題<br>（2件） | ・クリーンエネルギー教育とエンパワーメント（C3E）<br>・エネルギー技術システム分析（ETSAP） |
| 最終用途技術<br>（14件） | 建物（5件）<br>・建物とコミュニティ（EBC）<br>・地域冷暖房（DHC）<br>・エネルギー効率の高い最終用途機器（4E）<br>・エネルギー貯蔵（ECES）<br>・ヒートポンプ技術（HPT） |
| | 電力（3件）<br>・デマンドサイド管理（DSM）<br>・高温超伝導体（HTS）<br>・スマート・グリッド（ISGAN） |
| | 産業（1件）<br>・産業技術とシステム（IETS） |
| | 運輸（5件）<br>・先進燃料電池（AFC）<br>・輸送のための先端材料（AMT）<br>・高度なモーター燃料（AMF）<br>・クリーンで効率的な燃焼（Combustion）<br>・ハイブリッド車と電気自動車（HEV） |
| 化石燃料<br>（5件） | ・クリーン石炭センター（CCC）<br>・石油回収の向上（EOR）<br>・流動層変換（FBC）<br>・ガスと石油の技術（GO）<br>・温室効果ガスの研究開発（GHG） |
| 核融合<br>（8件） | ・環境，安全，経済評価（ESEFP）<br>・核融合材料（FM）<br>・核融合炉の核技術（NTFR）<br>・プラズマ壁相互作用（PWI）<br>・リバースフィールドピンチ（RFP）<br>・球面トーラス（ST）<br>・ステラレータとヘリオトロン（SH）<br>・トカマクプログラム（CTP） |
| 再生可能エネルギー<br>（9件） | ・バイオエネルギー（Bioenergy）<br>・集合型太陽光発電（SolarPACES）<br>・地熱（Geothermal）<br>・水素（Hydrogen）<br>・海洋エネルギーシステム（OES）<br>・太陽光発電システム（PVPS）<br>・太陽熱冷暖房（SHC）<br>・風力エネルギーシステム（Wind） |

（出典）IEA ホームページ。なお，分類は同ホームページにおける分類に従った。

図 9-1　アンケート調査の概念モデル

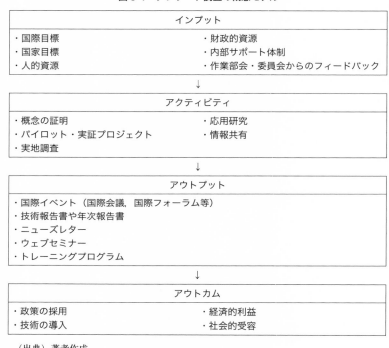

（出典）著者作成。

ティビティが行われた結果，TCP のアウトプットとして，国際イベント（国際会議，国際フォーラム等），技術報告書や年次報告書，ニューズレター，ウェブセミナー，トレーニングプログラムが行われ，TCP のアウトカムとして，政策の採用，技術の導入，経済的利益，社会的受容がなされるとのモデルを考えた。これらのインプットが有効に機能する場合にはアウトプットやアウトカムにおいて良い結果がもたらされるとの仮説を置いた。

　質問表においては，TCP の運営と参加の実態はどうなっているか，さらにはクリーンエネルギー転換の加速につながる仕組みとなっているかを把握するため，TCP の活動が国際目標や国家目標に沿っているか，活動を実施するために十分な人的資源，財政的資源を有しているか，TCP 内のサポート体制，作業部会・委員会からのフィードバックについて調査した。また，参加国にお

ける当該技術の研究開発・導入につながっているかを把握するため，TCP の
アウトプットやアウトカムに関する評価について調査した。さらに，TCP 間
の協力や他の機関との協力などエネルギー技術に関する国際協力の方向性に関
わる調査を行った。

　アンケート調査は 2019 年 11 月の第 1 週から 5 週間にわたって実施した。
オンラインのアンケート調査ツールである SurveyMonkey[6] を用いて質問票
を対象者に送付した。送付する対象者は，TCP のウェブサイトに電子メール
アドレスを公開している 18 件の TCP の参加者全員の 511 名とした。対象者
の内訳は 38 件の TCP のうち 18 件の TCP となっている（表 9–2 参照）[7]。対
象者に対して 3 回のリマインダーのメールを送信し，2 回の中間レポートを送
信した。この結果，合計 173 名から回答を得た（回答率 33.9 ％）[8]。回答者の
職業は研究者（Researcher）が 80 名（46.2 ％），政策立案者（Policy Maker）
が 43 名（24.9 ％），その他（Other）が 37 名（21.4 ％），産業界（Business
(Utilities and industry)）が 13 名（7.5 ％）であった[9]。「その他」の回答者は，
NGO や政府関連の業務に従事する者が多かった[10]。回答者の地域別の分布は，

表 9-2　対象者の内訳

| TCP | 回答者数 | 対象者数 | 回答率 |
|---|---|---|---|
| 4E | 3 | 15 | 20.0% |
| AFC | 9 | 27 | 33.3% |
| AMF | 11 | 31 | 35.5% |
| BioEnergy | 12 | 42 | 28.6% |
| DHC | 10 | 22 | 45.5% |
| DSM | 7 | 34 | 20.6% |
| EBC | 17 | 33 | 51.5% |
| ECES | 8 | 23 | 34.8% |
| EOR | 3 | 10 | 30.0% |
| ETSAP | 4 | 11 | 36.4% |
| FBC | 14 | 29 | 48.3% |
| HEV | 4 | 13 | 30.8% |
| HPT | 11 | 37 | 29.7% |
| HTS | 3 | 16 | 18.6% |
| Hydrogen | 13 | 44 | 29.5% |
| IETS | 9 | 18 | 50.0% |
| PVPS | 20 | 66 | 30.3% |
| SHC | 15 | 40 | 37.5% |
| 合計 | 173 | 511 | 33.9% |

ヨーロッパが 115 名 (66.5%)，アジアが 29 名 (16.8%)，北アメリカが 15 名 (8.7%)，オセアニアが 5 名 (2.9%)，南アメリカが 3 名 (1.7%)，アフリカが 1 名 (0.6%)，その他が 5 名 (2.9%) となっている[11]。これは，アンケートを送付した 511 名の地域別の分布とおおむね似通っている[12]。

## 3．TCP に関するアンケート調査

　以下では，アンケート調査の質問票に沿って，TCP の参加者が TCP の活動に関しどのように認識しているのかを見てゆくこととする[13]。

### (1)　国際目標，国家目標

　TCP が取り扱うエネルギー技術の分野は，上述のとおり，多岐にわたっているが，TCP の参加者は参加している TCP の活動は国際目標や自国の国家目標に沿ったものとして捉えているのであろうか。国際目標，国家目標に関する質問を行うに際しては，国際目標，国家目標の例示として省エネルギーや低炭素エネルギー技術の導入，二酸化炭素排出削減技術，先端技術に関する研究開発を挙げた。クリーンエネルギー転換に関する目標を念頭に置いている設問であることを明確にするためではあるが，これらの具体的な内容に限定することはせず，あくまで例示としたため，回答者がどのように設問者の趣旨を理解して回答したかは明らかではない。この点に留意する必要があるが，以下では，国際目標や国家目標と TCP との関係について見ていく。

　アンケート調査では，国際目標 (international goals) の例として省エネルギーや低炭素エネルギー技術の導入，二酸化炭素排出削減技術，先端技術に関する研究開発を示した上で，参加している TCP は国際目標 (international goals) と合致しているかを尋ねた (設問 3)。国際目標に合致しているかとの設問に対し，「はい」が 166 (97.7%)，「いいえ」が 4 (2.4%) と回答している (n=170)。ほとんどの参加者が参加する TCP の活動は国際目標に合致しているとした。

　次に，国家目標 (national goals) の例として，国際目標の設問と同じく，省エネルギーや低炭素エネルギー技術の導入，二酸化炭素排出削減技術，先端

技術に関する研究開発を例示した上で，参加している TCP は国家目標と合致
しているかを尋ねた（設問 4）。国家目標に合致しているかとの設問に対し，
「はい」が 160（97.6％），「いいえ」が 4（2.4％）と回答している（n=164）。
回答者数が若干減っているものの，ほとんどの参加者が参加する TCP の活動
は国家目標に合致しているとした。

　なお，設問 4 で「いいえ」と回答している者は設問 3 で「いいえ」と答えて
いる者とは異なっている。設問 4 で「いいえ」と回答している者のうちの一
人は，「当該分野が国家目標と言えるほどの活発な活動が自国でなされておら
ず，当該分野における自国における努力を高めることが TCP 代表としての個
人的な目的である」との回答を寄せている[14]。

　このように，TCP は国際目標や国家目標に合致しているとみなしている参
加者が非常に多い。ごく一部の参加者が合致しているとみなすことについて留
保している。


## ⑵　人的資源，財政的資源

　TCP の活動が十分な成果を挙げるためには運営・実施に必要な資源を確保
できていることが必要であるものと考えられる。そこで，参加している TCP
は人的資源，財政的資源が十分であるかどうかを質問した。

　人的資源（human resources）（設問 5）については，「とても十分」が 3
（1.9％），「十分」が 90（57.0％），「まあまあ」が 47（29.8％），「不十分」が
18（11.4％），「とても不十分」が 0（0％）との回答であった（n=158）。「十
分」あるいは「まあまあ」との評価が多くなっている。他方，「不十分」と回
答している者のうちの一人は，「世界に対して十分な影響を与えるためには，
我々のネットワークや参加国を大幅に増やす必要がある」との回答を寄せてい
る[15]。

　財政的資源（financial resources）（設問 6）については，「とても十分」が
1（0.6％），「十分」が 85（54.5％），「まあまあ」が 44（28.2％），「不十分」が
23（14.7％），「とても不十分」が 3（1.9％）との回答であった（n=156）。「十
分」あるいは「まあまあ」との回答が多くなっているが，人的資源に比べ，
「不十分」，「とても不十分」との回答が増えている。「不十分」と回答している

者のうちの一人は，「当該分野において協力して研究を推進すべきニーズは多い」との回答を寄せている[16]。

　また，財政的資源に関連し，TCP 参加に対するコスト分担がどの国に対しても均等な費用負担を求める方式の適切性について尋ねた（設問7）。これに対しては，全体としては「適切」が 76（49.0％），「適切でない」が 79（51.0％）であった（n=154）。IEA 加盟国では「適切」が 66（49％），「適切でない」が 70（51％）であった（n=136）。それ以外では「適切」が 9（54％），「適切でない」が 9（46％）であった（n=18）。アフリカ（n=1），南アメリカ（n=3）は「適切でない」が 100％であった。費用の均等分担が適切でないとする者に対して代替方法を尋ねたところ（設問7.1），多数の回答者は自国の GDP と経済規模に応じてコスト分担を検討すべきだと提案した。アジア（中国を除く），アフリカ，オセアニアの回答者からは，GDP と経済規模に応じたコスト分担が提案された。南・北アメリカの回答者は，GDP 要因も指摘したが，TCP 活動への国家予算の割り当てを検討することも提案された。南アメリカの回答者からは，各国の温室ガス排出量に応じて費用を分担すべきだと提案した。その他（NGO，利益団体など）は均等な費用分担に対して反対を示したが，調整に対するコンセンサスを得るのは難しく，時間がかかるため，均等な費用分担を継続する方が良いとの指摘もあった。

　このように，TCP における人的資源，財政的資源については，TCP ごとにばらつきがあるものの，現在行っているタスクの遂行においては十分に整っているとみている者も多い。ただし，より多くの課題への取り組みやより強い影響力の行使のために，より一層の充実を求めている者もみられた。

## ⑶　TCP 内部におけるサポート体制

　TCP によっては，「センター」等と呼ばれる中央管理機関を置き，プログラムの運営のサポートを行う体制を作っている。参加している TCP に中央管理機関はあるかどうかを尋ねたところ（設問9），「はい」が 97（63.4％），「いいえ」が 56（36.6％）であった（n=153）。

　中央管理機関があると回答した者に対してその評価を尋ねたところ（設問9.1），「とても良い」が 49（50.5％），「良い」が 40（41.2％），「普通」7

（7.2％），「悪い」が0（0％），「とても悪い」が1（1.0％）であった（n=97）。中央管理機関についてはおおむね良い評価が与えられている。他方，「普通」あるいは「とても悪い」と回答した者（n=8）に対して「中央管理機関のパフォーマンスに影響を与えている最大の要因」につき選択肢の中から選んでもらったところ（設問9.1.1），「十分なスタッフがいない」が2（25.0％），「十分な財政的リソースがない」が1（12.5％），「役割が不明確」が2（25.0％），「不十分で硬直的なプロセス」が1（12.5％），「その他」が2（25.0％）との回答であった。「その他」と回答した者の中には，「適切な管理者がいない」とのコメントを寄せている者もいた[17]。

　また，中央管理機関はないと回答した者に対して，中央管理機関は必要かどうかを尋ねたところ（設問9.2），「はい」が10（17.9％），「いいえ」が46（82.1％）であった（n=56）。「はい」と回答した者（n=10）に対してその理由を選択肢の中から選んでもらったところ（設問9.2.1），「技術開発や情報共有以外の活動へのサポートのため」が6（60.0％），「参加者間のより便利で迅速なコミュニケーションを図るため」が3（30.0％），「効率的な情報やデータの管理のため」が1（10.0％），「その他」は0（0％）との回答であった。また，「いいえ」と回答した者（n=46）に対してその理由を選択肢の中から選んでもらったところ（設問9.2.2），「なくてもよいパフォーマンスをあげているため」が22（47.8％），「コストの分担が増加するリスクがあるため」が8（17.4％），「技術開発や情報共有以外の雑務が増加する可能性があるため」が8（17.4％），「その他」が8（17.4％）との回答であった。「その他」と回答した者からは，「とても効率的な事務局があり，十分である」，「事務局があり，また，良い管理体制（委員会，議長，副議長）が存在する」といったコメントが寄せられた[18]。

　このように，TCPの活動に対する内部におけるサポート体制については，一部の参加者を除き，比較的良い評価がなされている。アンケートの個別回答からは，各TCPの活動内容に応じて必要なサポート体制を検討することが有益であることがうかがえた。

### ⑷　作業部会・委員会からのフィードバック

　各 TCP は，その取り扱う技術に応じて，エネルギー最終用途技術に関する作業部会（EUWP），化石燃料に関する作業部会（WPFF），再生可能エネルギー技術に関する作業部会（REWP）の 3 つの作業部会または核融合開発調整委員会（FPCC）にその活動を報告し，フィードバックを受けることとなっている[19]。アンケート調査の対象となっている TCP は EUWP，WPFF，REWPの作業部会のいずれかに活動の報告を行うこととなっている。作業部会や委員会が TCP の活動を検討し，ガイダンスを与える仕組みが TCP の活動を軌道に乗せることに資することとなったとの指摘がなされたこともあるが[20]，作業部会からの TCP の活動へのフィードバックはどの程度効果的なものと考えてよいのであろうか。

　アンケート調査では，参加している TCP は作業部会から当該 TCP の活動に対する適切なフィードバックを受けているかどうかについて尋ねた（設問8）。これに対する回答は，「はい」が 108（73.0％），「いいえ」が 40（27.0％）であった（n=148）。「いいえ」と回答している者の中には，「知らない」とのコメントを寄せている者がいたほか，「作業部会からのフィードバックのタイミングが技術開発のスケジュールと合致しない」，「作業部会のメンバーに技術レベルの知見がない」，「作業部会における議論のフィードバックが TCP の会合においてあまりなされていない」といったコメントを寄せている者もいた[21]。作業部会側の認識については調査できていないが，作業部会から TCP へのフィードバックについては改善の余地があるものと考えられる。

　なお，アンケート調査では質問を設けていないが，IEA では，EUWP，WPFF，REWP および FPCC の作業部会・委員会の上部組織としてエネルギー研究技術委員会（CERT）が設けられている[22]。CERT では，TCP の活動に関する各作業部会・委員会からの報告に対する検討が行われる。

### ⑸　アウトプットに満足しているか

　TCP が実施するアクティビティについては，IEA（2016c）によると，1975年から 2015 年までの間において，「概念の証明」が 4％，「パイロット・実証プロジェクト」が 1％，「実地調査」が 3％，「応用研究」が 80％，「情報共有」

が12%の割合であった（p. 8）。こうしたTCPの活動によるアウトプットは
TCPの参加者においてどのように評価されているのであろうか。以下では，
アンケート調査への回答に基づきTCPのアウトプットに対する満足度を見て
いくこととする。

　TCPの全体的なアウトプットに関して満足しているかどうかについて尋ね
たところ（設問16），「とても満足」が38（25.7%），「満足」が86（58.1%），
「どちらでもない」が23（15.5%），「不満足」が0（0%），「とても不満足」が
1（0.7%）であった（n=148）。「とても満足」あるいは「満足」と回答した者
に対して「技術に関する知識の創造」，「各国間の情報の共有」，「政策提言の
策定」，「他国とのネットワーキング」，「その他」の5つの選択肢を満足した順
に順位付け（1〜5）するよう求めたところ（設問16.1），第1位に選んだ回答
者数は順に31（26.5%），47（39.8%），5（4.3%），28（23.5%），3（3.0%）
であった（n=122）。また，第2位に選んだ回答者数は順に24（20.5%），40
（33.9%），12（10.3%），37（31.1%），3（3.0%）であった。「技術に関する知
識の創造」，「各国間の情報の共有」，「他国とのネットワーキング」への満足度
が高い一方，TCPの活動における「政策提言の策定」への満足度はこれらと
比べては低くなっている。なお，「その他」には，「新しい協力の機会や研究開
発のトピックの選定」，「研究の分野間の連携のための有益なプラットフォー
ム」などの自由記載があった[23]。

　TCPのアウトプットに関する情報や知識の共有のために行っている活動と
して，「国際イベント（国際会議，国際フォーラム等）」（設問11），「技術報告
書や年次報告書」（設問12），「ニューズレター」（設問13），「ウェブセミナー」
（設問14），「トレーニングプログラム」（設問15）について定期的に実施して
いるかどうかを尋ねたところ，それぞれ131（87.3%，n=150），142（94.0%，
n=151），106（71.1%，n=149），72（48.0%，n=150），32（21.6%，n=148）
が「はい」と回答した。それぞれの活動の効果について5段階評価（1〜5）を
尋ねたところ（設問11.1，設問12.1，設問13.1，設問14.1，設問15.1），回答
の加重平均の値はそれぞれ4.2，4.1，3.8，4.0，4.0との高評価であった。これ
らの5つの活動の中では，「国際イベント（国際会議，国際フォーラム等）」
や「技術報告書や年次報告書」を比較的高く評価していることが見て取れる。

　また，このほかにも，ワークショップの開催，委員会の開催に合わせたアウト
リーチ会合の実施，「技術デー」（委員会の主催国の関係者と TCP 参加者との
交流），パイロット事業のサイトの訪問，論文や報告書の政策担当者への送付
などが実際に行った効果的な活動として挙げられた[24]。

　このように，TCP の参加者はアウトプットにおおむね満足していることが
うかがえた。アウトプットの提供方法としては，全般的に高い評価を示してい
るが，ニューズレターの発行，ウェブセミナーやトレーニングプログラムの実
施などに比べ，より規模が大きい国際イベントの実施，より詳細な知識や情報
が提供される技術報告書や年次報告書を高く評価していることがうかがえた。

## ⑹　TCP のアウトプットは政策としての採用につながったか

　中心的な関心の１つとして TCP のアウトプットが TCP に参加している各
国における政策形成に取り入れられているかどうかがある。このため，TCP
のアウトプットが自国の政策として採用されたかどうかについて尋ねたとこ
ろ（設問 17），「はい」が 40（28.0％），「いいえ」が 103（72.0％）であった
（n=143）。自国の政策として採用された理由について５つの選択肢（複数回答
可）の中から選ぶよう求めたところ（設問 17.1），「自国のエネルギー政策をめ
ぐる現状に沿ったものであるため」が 37（92.5％），「温室効果ガスの排出を削
減し地球温暖化を緩和するため」が 27（67.5％），「国内産業の利益を増加する
ことに資するため」が６（15.0％），「エネルギー使用の費用を軽減することに
資するため」が６（15.0％），「その他」が６（15.0％）であった（n=40）。「そ
の他」と回答した者（n=6）は，「自国のエネルギー・気候変動に関する計画
の策定に当たって必要なエネルギーのシナリオの策定」，「将来のエネルギー・
気候変動政策に対する全体的な影響評価」，「自国の技術水準の向上」，「ベスト
プラクティスの普及」，「特定の技術の利用に関する技術面や環境面での追加的
な検討」，「特定の製品に関するより良いパフォーマンス基準やテスト方法」を
挙げている[25]。

　TCP のアウトプットが自国の政策として採用されたとする回答は，以下で
みる技術の導入，経済的利益，社会的受容の場合と比べれば，少ない。しかし
ながら，TCP のアウトプットが自国の政策として採用されたとする回答が一

定の割合でみられることは TCP による国際エネルギー技術協力の活動が参加
する各国の政策形成に取り入れられているケースが存在することを明らかにし
ている。

　そこで，改めて，TCP のアウトプットが各国の政策形成に当たってどのよ
うに活用されているかについて 5 つの選択肢（複数回答可）を示して尋ねたと
ころ（設問 21），「公開討論やヒアリングの実施」が 66（50.0％），「国のステー
トメントや演説における言及」が 52（39.4％），「制度，政策，措置の策定」が
46（34.9％），「予算の増加」が 15（11.4％），「その他」が 34（25.8％）であっ
た（n=132）。「その他」については，「専属の組織や研究センターの創設」，「当
該分野に関与する組織や企業の増加」，「最先端の知識の活用」，「消費者や政治
レベルでの新しい技術の受容に貢献」，「自国のエネルギー研究戦略にバイオエ
ネルギーを位置づけ，関連イベントを開催」，「水素分野の最新の開発状況に関
する情報が共有され，国内の議論を進めるのに貢献」，「2030 年までの再生可
能エネルギー政策の策定に活用」，「バイオエネルギーのロードマップの策定に
貢献」など多くの自由記載があった。

　このように，TCP のアウトプットが各国の政策形成に様々な形で活用され
ていることが見て取れた。各国は，国際エネルギー技術協力の枠組みに参加す
ることから得られた成果を自国の政策の形成に役立てている。ただし，どの技
術をどのように自国の政策として採用するかについては，各国の実情に応じ，
ばらつきが生じることがうかがえた。

### ⑺　自国における技術の開発・導入につながったか

　次に，TCP のアウトプットが自国の技術の導入，経済的利益，社会的受容
につながったかどうかを順次見ていくこととする。

　TCP のアウトプットが自国における技術の導入につながったかどうかを尋
ねたところ（設問 18），「はい」が 73（51.4％），「いいえ」が 69（48.6％）で
あった（n=142）。政策として採用されたかどうかの設問よりも「はい」との
回答が多い結果となっている。自国の技術の導入につながった理由について 7
つの選択肢（複数回答可）の中から選ぶよう求めたところ（設問 18.1），「自国
のエネルギー政策をめぐる現状に沿ったものであるため」が 57（79.2％），「温

室効果ガスの排出を削減し地球温暖化を緩和するため」が 44（61.1％），「自
国の資源やエネルギーの使用などの状況に適しているため」が 31（43.1％），
「自国における組織間のコミュニケーションや活動が十分であるため」が 29
（40.3％），「国内産業の利益を増加することに資するため」が 14（19.4％），「自
国における技術の導入のために高額の費用が掛からないため」が 10（13.9％），
「その他」が 0（0％）であった（n=72）。

　また，TCP のアウトプットが自国に経済的利益をもたらしたかどうかに
ついて尋ねたところ（設問 19），「はい」が 58（42.0％），「いいえ」が 80
（58.0％）であった（n=138）。自国に経済的利益をもたらした理由について 5
つの選択肢（複数回答可）の中から選ぶよう求めたところ（設問 19.1），「自国
のエネルギー政策をめぐる現状に沿ったものであるため」が 38（79.2％），「温
室効果ガスの排出を削減し環境コストへの支払い（炭素税等）を軽減するた
め」が 14（29.2％），「自国の市場の状況に合致するため」が 10（20.1％），「製
品化が容易であり国内産業の利益を増加するため」が 7（14.6％），「その他」
が 1（2.1％）であった（n=48）。「その他」については「雇用機会が生まれた」
との自由記載があった[26]。

　さらに，TCP のアウトプットが当該 TCP が取り扱っている技術の自国にお
ける社会的受容に結びついたかどうかについて尋ねたところ（設問 20），「は
い」が 69（50.7％），「いいえ」が 67（49.3％）であった（n=136）。自国におけ
る社会的受容に結びついた理由について 5 つの選択肢（複数回答可）の中か
ら選ぶように求めたところ（設問 20.1），「温室効果ガスの排出を削減し地球温
暖化を緩和するため」が 56（84.9％），「エネルギーの使用に係る費用を軽減
することに資するため」が 56（84.9％），「自国における組織間のコミュニケー
ションや活動が十分であるため」が 49（74.2％），「国内産業の利益を増加する
ことに資するため」が 52（78.8％），「その他」が 5（7.6％）であった（n=66）。
「その他」については「他国の取り組みがわかるようになったため」，「エネル
ギー消費者とその行動に焦点を当てたため」，「知られていない技術に対する信
用度が増したため」などの自由記載があった[27]。

　このように，TCP 参加者に対するアンケート調査の回答からは，TCP のア
ウトプットは自国の技術の導入，経済的利益，社会的受容に一定程度つながっ

ているとの認識が見て取れた。このことは国際エネルギー技術協力がそれに参加している各国における技術の開発・導入の推進に役立つことを示唆している。

### ⑻　18 の TCP の目標と実施基盤

　アンケート調査の対象となった 18 の TCP については，クリーンエネルギー転換の促進に関する目標との合致度や活動を実施するための能力基盤の充実度に差があるものと考えられる。このことを見るために，目標については国際目標と国家目標の平均，実施基盤については人的資源，財政的資源，中央管理機関を用いてインデックスを作成した[28]。

　目標については，ほとんどの TCP が高いスコアを付けている（TCP の活動は国際目標や国家目標と合致している）が，化石燃料を取り扱う TCP である「石油回収の向上（EOR）」が最も低いスコアを付けている。EOR についてはクリーンエネルギー転換との関連が薄いことが低いスコアにつながった可能性を指摘することができる。このほかでは，電力の「高温超電導体（HTS）」，「デマンドサイド管理（DSM）」の 2 つの TCP が低いスコアを付けている。また，実施基盤については，目標に比べ，TCP の間でばらつきが大きく

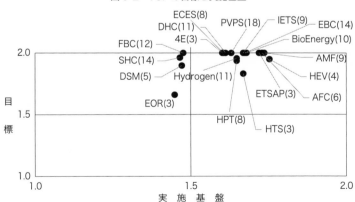

図 9-2　TCP の目標と実施基盤

（注）カッコ内は回答者数。
（出典）Hattori and Nam（2020）に基づき著者作成。

なっている。この中では，「石油回収の向上 (EOR)」，「デマンドサイド管理 (DSM)」，「太陽熱冷暖房 (SHC)」，「流動層変換 (FBC)」の5つの TCP が 1.5 未満の比較的低いスコアを示している。

　18 の TCP の目標と実施基盤のスコアをプロットして図示したものが図 9-2 である。この図からは TCP ごとに国際目標や国家目標との関係，活動を実施するための能力基盤に差があることが見て取れる。特に，化石燃料を取り扱う TCP である「石油回収の向上 (EOR)」は，目標，実施基盤の双方で最も低いスコアを示した。目標や実施基盤のスコアが低い TCP については，どのように目標を再定義し，実施基盤を強化するかが課題であるということができる。

### ⑼　他の TCP との協力

　TCP の今後の活動の展開を検討するため，本調査では，他の TCP との協力や他の機関との連携（⑽参照）の実態と参加者の意向を調査した。

　参加している TCP の活動について今のままで十分であるかどうかについて尋ねたところ（設問 22），「はい」が 124（88.6%），「いいえ」が 16（11.4%）であった（n=140）。このことからは，現在の活動が適切であるとする参加者が多いことがわかる。こうした中で，参加している TCP は他の TCP と協力することによりより良いアウトプットが得られるかどうかについて尋ねたところ（設問 23），「はい」が 129（91.5%），「いいえ」が 12（8.5%）であった（n=141）。参加している TCP の活動は今のままで十分であると認識しつつも，より良いアウトプットが得られるためには，他の TCP と協力することに期待していることが見て取れた。

　具体的にどの TCP と協力したいか（設問 23.1）について尋ねた結果を図示したものが図 9-3 である（n=125）。矢印の線の太さは回答者数を表している。協力したい相手先の TCP としては「エネルギー貯蔵 (ECES)」が 73（58.4%）と最も多くなっており，「スマート・グリッド (ISGAN)」の 59（47.2%）が続いている。これらの2つの TCP は再生可能エネルギーの需給に関連した技術分野であり，輸送分野にも密接に関連する技術である。こうしたことから多くの他の TCP の参加者から協力の相手先の候補として選ばれているものと考えられる。また，これに続く「建物とコミュニティ (EBC)」が 56（44.8%），

図 9-3　TCP 間の協力の可能性

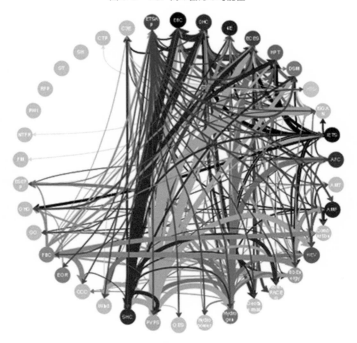

（注）矢印の始点の TCP の参加者が終点の TCP との協力を希望。矢印の太さ
　　は回答者数を示す。
（出典）Hattori and Nam（2020）に基づき著者作成。

「地域冷暖房（DHC）」が 53（42.4％）となっているが，これらの 2 つの TCP
は建物の冷暖房に関連する TCP であるが，再生可能エネルギーを含め他の
多様な TCP の技術分野との関連が考えられる。さらには，「ヒートポンプ技
術（HPT）」が 49（39.2％），「太陽熱冷暖房（SHC）」が 46（36.8％），「エネ
ルギー技術システム分析（ETSAP）」が 44（35.2％），「水素（Hydrogen）」が
44（35.2％）と続いている[29]。

　このように，TCP 参加者においては，他の TCP との協力によるシナジー効
果に対する期待がうかがえた。特に，自らが取り組んでいる技術開発・導入と
の組み合わせによる効果が見込まれる技術分野を取り扱っている他の TCP と
の協力を希望していることが見て取れた。

## ⑽　他の機関との連携

　次に，参加している TCP が他の機関との協力を行っているかどうかについて尋ねたところ（設問 24），「はい」が 98（71.0％），「いいえ」が 40（29.0％）であった（n=138）。本設問では，他の機関としてミッション・イノベーション，クリーンエネルギー大臣会合（CEM）を例示した。また，「いいえ」と回答した者に対して参加している TCP は他の機関との協力が必要であるかどうかについて尋ねたところ（設問 25），「はい」が 19（47.5％），「いいえ」が 21（52.5％）であった（n=40）。

　他の機関との協力が行われておらず必要であると回答した者からは，「他の機関との協力によってより強力なメッセージを発信できる」，「他の機関との協力はロードマップの作成において効果的である」などの自由記載があった[30]。また，他の機関との協力を行っていると回答した者に対してその協力は十分であるかどうかを尋ねたところ（設問 27），「はい」が 64（66.7％），「いいえ」が 32（33.3％）であった（n=96）。「いいえ」と回答した者からの自由記載には，「最近，他の機関との協力を始めたところである」，「改善の余地があり，取り組んでいる」といった積極的な内容から「より多くのリソースが必要である」，「他の機関のことをもっと知る必要がある」，「多くの機関が類似のトピックを扱っている」といった消極的な内容まであった[31]。

　このように，TCP においては，他の機関との協力が一定程度行われており，参加者によっては協力関係をより深めていく意向がみられた。その理由としては，他の機関との協力によって情報交換・情報提供の機会が増加すること，よりよい成果に結びつけられる可能性が高まることなどが考えられる。他方，機関間の関係の整理や協力のためのリソースが十分ではないことも見て取れる。

## 4．考察

　本節では，アンケート調査から見えてきた運営の実態と参加国における当該技術の研究開発・導入に関してクリーンエネルギー転換の加速の観点からいくつかの考察を行うこととする。

　第一に，TCP が国際目標や国家目標に沿っているとみなしている参加者が

多いことに鑑みると，クリーンエネルギー転換の加速の観点が国際目標や国家
目標として的確に位置づけられることが重要であると考えられる。1970 年代
には，石油危機の影響，石油価格の高騰を背景に代替エネルギーの開発が求め
られた。1980 年代に入ると，省エネルギーが引き続き追求されたが，1986 年
のチェルノブイリ事故の影響によりエネルギーの安全性を確保することが強く
求められるようになった。1990 年代には，1997 年の京都議定書の採択など気
候変動対策や低炭素技術の開発が必要になった。2000 年代には，デジタル技
術の普及に伴い，電力および再生可能エネルギーのネットワークの必要性が高
まった。これまでも TCP は，こうした時代の要請に合わせて，統合，廃止，
新設がなされてきた[32]。国際社会や各国がクリーンエネルギー転換の加速の必
要性を真摯に受け止めることが TCP による国際協力の方向に影響を与えるも
のと考えられる。

　第二に，クリーンエネルギー転換の加速の観点からも TCP の運営に当
たっては活動のための実施基盤が十分に整うことが必要である。Heldt and
Schmidtke（2017）は，国際機関の能力が人的資源，財政的資源に依存してい
る側面をいくつかの国際機関のデータを用いて検討している。TCP の実態に
関する本アンケート調査の結果からは，人的資源や財政的資源は現状のタスク
の遂行には十分であるとするケースが見られる一方，より多くの課題に効果的
に取り組むためにはさらなるリソースが求められることが示唆された。また，
TCP の内部のサポート体制や IEA の作業部会からのフィードバックにも改善
を求める回答があった。例えば，2015 年に開催された IEA 閣僚理事会の議長
総括では，TCP に関連して，「エネルギー技術の開発・普及，更なるコスト削
減，適切な政策を促進することの重要性に鑑み，アウトリーチ，加盟国・非加
盟国・研究コミュニティ・産業界などの参加の拡大を強化すること」が IEA
に対して促されている[33]。クリーンエネルギー転換の加速に向けた TCP の実
施基盤の充実の観点からもこうした取り組みの強化が必要となるものと考えら
れる。

　第三に，TCP のアウトプットについては，「技術に関する知識の創造」，「各
国間の情報の共有」，「他国とのネットワーキング」を中心に満足度が高かっ
た。クリーンエネルギー転換の加速のためにはこうした TCP のメリットを活

かしていくことが有益である。他方，TCP における「政策提言の策定」については満足度が低かった。このことからは，政策提言が当該 TCP の主たる活動から外れているケースも多いことが考えられる。TCP ごとに活動内容は異なっているのが実態ではあるが，各 TCP が政策提言の機能を充実させることの必要性を再検討することが望まれる。

　第四に，クリーンエネルギー転換の加速には各国における関連技術の開発・導入および関連政策の形成が的確に行われる必要がある。この観点からは，アンケート調査の結果，TCP のアウトプットが各国の政策形成に取り入れられたかどうかについて興味深い結果が得られた。各国の公開討論やヒアリングにおいて活用され，国のステートメントや演説において言及され，制度，政策，措置の策定などにつながっていることが浮き彫りとなった。このことからは，TCP は，国際的なプロセスの中で各国に対して「政策移転」や「政策波及」が進む具体的なケースと見做すことができる[34]。また，TCP のアウトプットが各国における技術の導入，経済的利益，社会的受容につながったかどうかについては，各国の政策形成に取り入れられること以上に，直接的かつ効果的に進められていることがうかがえた。ただし，半数あるいはそれ以上の割合でこれらの成果につながっていないと回答していることを鑑みれば，各国における技術の導入等につなげるには容易ではない面もあることがうかがえる。

　第五に，アンケート調査の結果からは，TCP 間の協力やミッション・イノベーションなど他の機関とのとの連携について期待していることがうかがえた。しかしながら，Urpelainen（2013）が分析したようにすべての場合に協力や連携が望ましいわけではなく，「イシュー・リンケージ」（issue linkage）のメリットとデメリットを検討することが必要であろう。TCP と他の TCP との協力について TCP 参加者の意向を見てみると（設問 23.1），その意向は必ずしも双方向ではなかった。また，それぞれの TCP について理解が不足している点もあるものと考えられる。クリーンエネルギー転換の加速の観点からも連携のあり方に関する検討をさらに進めることが重要である。

## 5．おわりに

　本章では，IEA の技術協力プログラム（TCP）の実態調査の結果を紹介した。IEA は，1975 年以来，エネルギー技術に関する国際協力の仕組みである「技術協力プログラム（TCP）」を実施してきた。TCP の実態を把握するため，2019 年 11 月に TCP 参加者 511 名に対するアンケート調査を実施した。その結果，(1) TCP が国際目標や国家目標に沿っているとみなしている参加者が多かった。(2) TCP の実施基盤についての参加者からの回答からは，人的資産や財政的資産を各国で分担することのメリットがうかがえた。(3) TCP のアウトプットについては，「技術に関する知識の創造」，「各国間の情報の共有」，「他国とのネットワーキング」を中心に満足度が高かった。(4) TCP のアウトプットが各国の政策形成に取り入れられたかどうかについては，各国の公開討論やヒアリングにおいて活用され，国のステートメントや演説において言及され，制度，政策，措置の策定などにつながっていることが浮き彫りとなった。各国における技術の導入，経済的利益，社会的受容につながったかどうかについては，各国の政策形成に取り入れられること以上に，直接的かつ効果的に進められていることがうかがえた。(5) TCP 参加者からは，参加している TCP と他の TCP との間の協力やミッション・イノベーションなど他の機関との連携を求める回答が多かった。この調査の結果からは，TCP が各国のエネルギー政策の形成に影響を与えていることがうかがえた。

【注】
1　IEA（2016c）．
2　https://www.iea.org/areas-of-work/technology-collaboration
3　https://www.iea.org/areas-of-work/technology-collaboration
4　IEA（2016c）．
5　ロジック・モデルについては，例えば，金本（2020），マンディバーグ・キム・服部（2020）を参照のこと。
6　オンラインのアンケート調査ツールの SurveyMonkey については https://www.surveymonkey.com/ を参照のこと。
7　IEA 事務局に対し，アンケート調査の対象外となった 20 件の TCP の参加者の電子メールアドレスについて問い合わせを行ったが，追加情報を得ることはできなかった。
8　すべての回答者がすべての質問に完全に回答しているわけではない。

9　Hattori and Nam（2020），p. 15.

10　Hattori and Nam（2020），p. 15.

11　Hattori and Nam（2020），p. 20.

12　511 名の地域別の分布は，ヨーロッパが 306 名（59.9%），アジアが 99 名（19.4%），北アメリカが 40 名（7.8%），オセアニアが 17 名（3.3%），南アメリカ 9 名（1.8%），アフリカ 7 名（1.4%），その他が 33 名（6.5%）となっている。Hattori and Nam（2020），pp. 14-15 を参照のこと。

13　質問票は Hattori and Nam（2020）を参照のこと。

14　アンケート調査の設問 4.1 に対する回答票による。

15　アンケート調査の設問 5.1 に対する回答票による。

16　アンケート調査の設問 6.1 に対する回答票による。

17　アンケート調査の設問 9.1.1 に対する回答票による。

18　アンケート調査の設問 9.2.2 に対する回答票による。

19　IEA（2016c）．

20　Eggler et al.（2018）．

21　アンケート調査の設問 8.1 に対する回答票による。

22　https://www.iea.org/about/structure

23　アンケート調査の設問 16.1.1 に対する回答票による。

24　アンケート調査の設問 15.2 に対する回答票による。

25　アンケート調査の設問 17.1 に対する回答票による。

26　アンケート調査の設問 19.1 に対する回答票による。

27　アンケート調査の設問 20.1 に対する回答票による。

28　目標については，国際目標（設問 3）および国家目標（設問 4）の回答のうち「はい」を 2，「いいえ」を 1 としてカウントし TCP ごとに加重平均を求めた。実施基盤については，人的資源（設問 5）および財政的資源（設問 6）の回答について，「とても十分」から「とても不十分」までの 5 つの選択肢に対する回答をそれぞれ 2，1.75，1.5，1.25，1 として，また，中央管理機関（設問 9）の回答のうち「はい」を 2，「いいえ」を 1 としてカウントし TCP ごとに加重平均を求めた。

29　さらに，DSM が 38（30.4 %），Bioenergy が 36（28.8 %），4E が 36（28.8 %），HEV が 31（24.8 %），PVPS が 30（24.0 %），IETS が 25（20.0 %），Wind が 24（19.2 %），SolarPACES が 22（17.6 %），C3E が 21（16.8 %），GHG が 19（15.2 %），Combustion が 19（15.2 %），AFC が 18（14.4 %），AMF が 16（12.8 %），Geothermal が 15（12.0 %），CCC が 13（10.4 %），AMT が 12（9.6 %），ESEFP が 11（8.8 %），FBC が 9（7.2 %），GO が 8（6.4 %），Hydropower が 5（4.0%），OES が 4（3.2%），HTS が 4（3.2%），EOR が 2（1.6%），CTP が 1（0.8%），NTFR が 1（0.8%），FM が 1（0.8%），SH が 0（0%），ST が 0（0%），RFP が 0（0%），PWI が 0（0%）であった。なお，設問 23.1 においては，相手先の TCP の選択肢として 18 の TCP 以外の TCP についても含まれていることに注意が必要である。更なる議論は Hattori and Nam（2020），p. 28 を参照のこと。

30　アンケート調査の設問 26 に対する回答票による。

31　アンケート調査の設問 27.1 に対する回答票による。

32　IEA（2016c）．

33　para 11. Summary of the Chair, The Hon. Ernest J. Moniz, U.S. Secretary of Energy（2015 IEA Ministerial Meeting, 17-18 November 2015），https://www.mofa.go.jp/mofaj/files/000113677.pdf

34　「政策移転」（policy transfer）や「政策波及」（policy diffusion）については，Tews, Busch and Jorgens（2003）などを参照のこと。

# 終章
# 総括と提言

## 1. はじめに

　本書は，気候変動に関する国際規範の受容がエネルギーに関する国際レジームおよびアジア各国のエネルギー政策の形成においてどのようになされてきたかを検討した。①国連気候変動枠組条約，②京都議定書，③コペンハーゲン合意，④パリ協定の各段階における気候変動に関する国際規範がエネルギーに関する国際レジームおよびアジア各国のエネルギー政策の形成に与えたインパクトを分析してきた。

　本章では，まず，次節において各章の要約を行う。次に，第3節において，序章で述べた4つの仮説に立ち返り，仮説の検証結果を述べる。最後に，第4節において，本研究の成果を踏まえ，エネルギーに関する国際レジームおよびアジア各国のエネルギー政策の形成に対する提言を行う。

## 2. 各章の要約

　第一部（第1章〜第3章）では，国際エネルギーレジームにおける気候変動の受容について検証した。

　第1章では，①国連気候変動枠組条約，②京都議定書，③コペンハーゲン合意，④パリ協定の4つの段階における気候変動に関する国際規範について検討した。温室効果ガス濃度安定化の目的と先進国の行動基準を与えるものであった国際規範が，2℃目標から1.5℃目標，途上国を含むすべての国の行動基準を与えるものに変容した。ただし，各国が実施するエネルギー政策に関する直接

的な行動基準を規定することとはならなかった。

　第2章では，エネルギーに関する国際レジームにおける気候変動に関する国際規範の受容過程について検討した。国際規範の受容が進むにつれて，石油備蓄の整備や石油代替エネルギーの開発から，「エネルギーと環境」（3E原則）の確立，エネルギー安全保障と気候変動の両立，クリーンエネルギー転換の推進へと変化した。こうした変化に際しては，第二期では閣僚レベルの対応，第三期では首脳レベルの対応，第四期では国際機関の対応が際立った。

　第3章では，気候変動に関する国際規範の形成におけるIEAの役割について検討した。当初，受動的なものであった役割は，京都議定書，コペンハーゲン合意，パリ協定と段階を経るごとにより積極的なものとなった。コペンハーゲン合意やパリ協定の段階には気候変動の規範化に向けた議論に対する検討材料を提供した。パリ協定の採択後は，IEAはクリーンエネルギー転換を推進する母体としての役割を果たすようになった。

　第二部（第4章～第6章）では，アジアのエネルギー政策における気候変動規範の受容について検証した。

　第4章では，日本のエネルギー政策における気候変動に関する国際規範の受容について検討した。国連気候変動枠組条約，京都議定書，コペンハーゲン合意，パリ協定が作られた期間ごとに，エネルギー政策に関する基本的な計画において気候変動に関する国際規範が反映されている点を抽出した。その結果，気候変動に関する国際規範は大枠では受容されたものの，原子力，再生可能エネルギー，石炭に関する個々の政策レベルでは逸脱が認められた。

　第5章では，中国のエネルギー政策における気候変動に関する国際規範の受容についてエネルギーに関する五カ年計画に基づき検討した。コペンハーゲン合意以降，エネルギーに関する五カ年計画に$CO_2$排出目標が掲げられ，エネルギー政策が気候変動対策としての位置づけをも持つようになった。主要な要因としては，気候変動による被害，大気汚染との関連，国際社会からの圧力，低炭素発展によるメリットが考えられる。

　第6章では，ASEANのエネルギー政策における気候変動規範の受容を検証した。首脳会合，大臣会合の動向からエネルギー政策と気候変動政策の取り扱いを検討した。ASEANの制度化が進展する中で，コペンハーゲン合意前後の

環境大臣会合とエネルギー大臣会合の気候変動政策とエネルギー政策に関する相互乗り入れを経て，パリ協定以降，エネルギー大臣会合において気候変動を視野に入れたエネルギー転換の推進が行われるようになった。

　第三部（第7章〜第9章）では，IEA の政策手法に関する実態分析を行った。

　第7章では，IEA のエネルギー政策に関する国別審査を検討した。対日審査報告書，対米審査報告書，対 EU 審査報告書に基づき，IEA の国別審査が気候変動に関する国際規範に即した審査となっているかについて検討した。IEA の国別審査は，審査基準が1993年の共通目標（Shared Goals）に基づくとの制約はあるものの，審査団の構成，訪問先，報告書の構成・内容は気候変動規範を反映する方向に審査を適応させてきた。

　第8章では，IEA の『世界エネルギー展望（WEO)』のシナリオ分析における気候変動の取り扱いについて検討した。WEO のバックキャスティングのシナリオは時々の政策ニーズに即した議論の材料を提供してきた。「450 シナリオ」は気候変動に関する議論の材料を提供した。特別報告書におけるシナリオはあるべき道筋と現実とのギャップを埋める働きをした。中国特集や ASEAN アウトルックにおけるシナリオは各国の政策選択が持つ意味合いを明らかにした。

　第9章では，IEA の技術協力プログラム（TCP）の運営の実態および参加国における当該技術の開発・導入に関する実態を明らかにした。国際目標や国家目標との整合性，運営の実施基盤，TCP のアウトプットに関する満足度は比較的高かった。TCP のアウトプットは各国の公開討論やヒアリングにおいて活用され，国のステートメントや演説において言及されていること，制度，政策，措置の策定などにつながっていることが確かめられた。

## 3．仮説の検証結果

　序章では，次の4つの仮説を提示した。

　仮説1．エネルギーに関する国際レジームは気候変動に関する国際規範を受

容してきた。気候変動に関する国際規範に則して，レジーム内の各種のアクター（国際機関，加盟国）に与える行動基準を変化させてきた。

仮説2．エネルギーに関する国際レジームの主たるアクターである IEA は，エネルギー安全保障の確保の観点を踏まえ，気候変動に関する国際規範の形成を阻害するのではなく，むしろ気候変動に関する国際規範の形成を促した。

仮説3．気候変動に関する国際規範はアジア各国のエネルギー政策の全般的な方向性に影響を及ぼしてきたが，経済発展の段階や制度上の制約により，個々のエネルギー政策の形成に与える影響は限定的であった。

仮説4．気候変動に関する国際規範の形成の一翼を担ってきた IEA は，国際機関として自らが実施する政策手法については気候変動に関する国際規範を反映させたものとした。

　本書では，これらの仮説を検証するために，①国連気候変動枠組条約，②京都議定書，③コペンハーゲン合意，④パリ協定の各段階における気候変動に関する国際規範について検討したうえで，政府間の合意文書や国際機関の報告書，政府の政策文書などを材料として，各段階における国際規範の受容の有無について検証した。
　仮説1については，第2章において，エネルギーに関する国際レジームにおいては，①国連気候変動枠組条約，②京都議定書，③コペンハーゲン合意，④パリ協定のそれぞれの段階の気候変動に関する国際規範を受容してきたことを明らかにした。エネルギーに関する国際レジームにおいては，気候変動に関する国際規範の受容に伴い，石油備蓄の整備，石油代替エネルギーの開発といった中心的な課題は，「エネルギーと環境」（3E 原則）の確立，エネルギー安全保障と気候変動の両立，クリーンエネルギー転換の推進へと変化してきた。
　仮説2については，第3章において，気候変動に関する国際規範の形成に対する IEA の役割について検討した。当初は気候変動に関する規範自体の内容

については受身の対応であったが，のちには規範の形成により積極的に介入するようになった。その過程を経て，IEA はクリーンエネルギー転換を推進する母体としての役割を果たすようになった。IEA は，エネルギー部門の現状維持のために気候変動に関する国際規範の形成の足を引っ張ったのではなく，エネルギーの特徴を踏まえて現実的に対処できる規範の形成を促した。このことは，気候変動に関する国際規範が存続するためにプラスに機能したと言うことができる。

　仮説 3 については，第 4 章から第 6 章にかけて，日本，中国，ASEAN における気候変動に関する国際規範の受容について検討した。その結果，日本と中国，ASEAN では異なる動きが見られた。初期から先進国の行動基準を規定していた規範の下，日本は，温室効果ガスの排出削減の目標設定を行うとともに，気候変動対策とエネルギー対策の間の整合性を確保する努力が払われた。しかしながら，個々の政策レベルでは乖離が残された。他方，中国では，コペンハーゲン合意以降，$CO_2$ 排出削減目標の設定の下，省エネルギーや再生可能エネルギーに関する政策を気候変動対策としても位置付けることとなった。ASEAN では，コペンハーゲン合意前後の環境大臣会合とエネルギー大臣会合の気候変動政策とエネルギー政策に関する相互乗り入れを経て，パリ協定以降，若干ではあるものの，エネルギー大臣会合における気候変動を視野に入れたエネルギー転換の推進が行われている。アジアでは，すべての国の行動基準を定める気候変動規範に則りクリーンエネルギー転換を進めることへと踏み出している。しかしながら，日本，中国，ASEAN は，それぞれの事情を抱え，クリーンエネルギー転換への取り組みは未だ十分ではない。

　仮説 4 については，第 7 章から第 9 章にかけて，IEA の政策手法の実態分析を通じて検証した。IEA は，各国のエネルギー政策に関する国別審査，WEO のシナリオ分析の提示，TCP による技術に関する国際協力において，必ずしも十分ではないものの，気候変動に関する国際規範を反映させてきた。IEA の国別審査は，1993 年の共同目標に基づくとの制約はあるものの，気候変動に関する国際規範を反映する方向に審査を適応させてきている。WEO のバックキャスティングのシナリオはその時々の政策ニーズに即した議論の材料を提供してきてきた。TCP は各国のエネルギー政策の形成に影響を与えてき

た。IEA による政策手法は各国のエネルギー政策の形成における気候変動に関する国際規範の浸透に資するものと言うことができる。

## 4. 提言

　本書は，気候変動問題が顕在化した 1985 年以降，おおむね 2020 年までを対象とした。この間，①国連気候変動枠組条約，②京都議定書，③コペンハーゲン合意，④パリ協定の策定を契機に気候変動規範が形成，変容してきた。これを受け，1970 年代の IEA 設立以来の国際エネルギーレジームは気候変動規範を受容しつつ，変化を遂げてきた。気候変動規範の受容を通じ，日本，中国，ASEAN のエネルギー政策についてもその具体的な内容は変化を続けている。

　2021 年に入ってからも気候変動規範のさらなる精緻化と国際エネルギーレジームにおける気候変動規範の積極的な受容および気候変動規範に対する働きかけは続いている。2020 年から 2021 年に世界各地に広がった新型コロナウイルス感染症（COVID-19）によるパンデミックは，気候変動に対する迅速な対応，そして，世界のエネルギー転換の推進が重要であることを示唆している。

　IEA は，2020 年 6 月の WEO 特別報告書では，COVID-19 からの「持続可能な回復（Sustainable Recovery）」を取り上げた[1]。そして，2021 年 5 月には特別報告書『2050 年までのネット・ゼロ（Net Zero by 2050）』を発表した[2]。後者では，バックキャスティングのシナリオ「ネット・ゼロ・エミッション（NZE）シナリオ」を用いたシナリオ分析を行い，2050 年までのロードマップを提示した。2021 年の特別報告書におけるこのシナリオでは，足元の 2021 年において石油，ガスへの新規開発を停止する必要があるとの，エネルギー業界にとっては衝撃的な措置を盛り込む必要があった[3]。

　日本では，2020 年 10 月，菅義偉首相（当時）から 2050 年のカーボンニュートラルを目指すことが発表された。2021 年には，第六次エネルギー基本計画の策定作業，また，地球温暖化対策計画の改定作業が進められてきた。本書で分析してきたように，気候変動に関する基本的な計画とエネルギーに関する基本的な計画との間の乖離は存在するものの，改訂作業を経るごとに，両者の調整は進んできた。第六次エネルギー基本計画，さらにはその後の第七次エネル

ギー基本計画に向けて，気候変動規範のさらなる精緻化を踏まえて，エネルギー転換を加速する方向性を打ち出すことが期待される。

　中国では，2020年9月，習近平国家主席が2060年のカーボンニュートラルを目指すことを表明した。2021年3月，国民経済と社会発展に関する第十四次五カ年計画が発表された。これに対応するエネルギーに関する五カ年計画も策定されるものと考えられる。トップダウンの結果が中国の各省，関係機関においていかに具体化されていくかが注目される。カーボンニュートラルの2050年への目標年次の前倒しの可能性も含め，今後，どのような検討がなされるかが注目される。中国が気候変動におけるリーダーシップを真に発揮するには中国国内のエネルギー転換をさらに迅速化することが重要となる。

　ASEAN各国からも世界全体としての2050年のカーボンニュートラルに関する関心が表明されている。しかしながら，ASEAN各国は，経済発展の段階や各国の置かれた事情には多様性があり，カーボンニュートラルに対する関心の度合いも異なっている。ASEANとしてのエネルギー協力についてはエネルギー転換を強く意識したAPAEC 2016-2025 Phase II: 2021-2025が進められているところである。ASEANの各国における気候変動とエネルギーの関連を意識した政策形成がさらに進展し，ASEAN全体としてのエネルギー転換に向けた動きが促進されることが期待される。

　2021年8月，IPCCの第六次評価報告書のうちの第一作業部会報告書が公表された[4]。同報告書は，行ったすべてのシナリオにおいて2040年までに1.5℃上昇する蓋然性が高いとの結果を含んでいる。このことはエネルギー転換のさらなる迅速化が必要であることを示唆している。他方，各国におけるエネルギーの安定供給などエネルギー安全保障の重要性は減じているわけではなく，各国においてはクリーンエネルギー転換に向けてさらなる課題の克服が必要であることが浮き彫りになったということができる。

　本書は，気候変動規範と国際エネルギーレジームの分析を通じ，気候変動のグローバル・ガバナンスとエネルギーのグローバル・ガバナンスを統合する新たなグローバル・ガバナンス論の構築を目指してきた。いくつかここに記して置きたい点がある。

　第一に，本書の分析を通じ，コンストラクティビズムに関する研究，なかん

ずく，国際規範に関する研究に関し，気候変動とエネルギーの政策領域からの
貢献を行うことができた。本書では，1985 年以降 2020 年までの期間の気候変
動規範の変容を取り扱った。規範研究においては，国際規範は固定したもので
はなく，変容することに対する関心が寄せられるようになってきているが，気
候変動における具体的な変容を取り上げることができた。各種アクターの働き
かけ，政策領域間の関係などが国際規範の変容に影響を与えていることが見て
取れた。このことは，規範に関する研究における国際規範の変容の可能性に対
してより一層注目すべきことを示している。

　第二に，エネルギーに関する国際レジーム研究に対して，気候変動問題との
関係を視野に入れた分析研究の重要性を示すことができた。特に，気候変動と
エネルギーという複数の政策領域におけるレジーム・コンプレックスに対する
アプローチの仕方として，規範とレジームとの複合関係を視座に入れることの
有効性を示すことができた。気候変動とエネルギーの関わりを歴史的な経緯と
ともに分析することの必要性を示すことができた。

　第三に，本書は，アクターとしての国際機関である IEA による気候変動規
範や国際エネルギーレジームの形成，変化における役割の検証，さらには，
IEA による政策手法の実態分析を通じ，いわば「IEA の国際政治経済学」を
追求した。気候変動とエネルギーという密接不可分ではあるがそれぞれ異なっ
た扱いを受けている政策領域における国際機関の役割を検証することにより，
国際規範と国際レジームの複数の政策領域の複層的な関係における国際機関の
役割に関する研究を示すことができた。

　さらに，本書は，現代アジア環境・エネルギー論に，アジア各国のエネル
ギー政策における気候変動規範の受容に関する政策分析という新たな視座を
提供することを試みた。日本，中国，ASEAN に関する事例研究であると同時
に，国際規範，国際レジームの形成，展開の中で各国における政策形成がどの
ように図られるのかについて政策文書を元に分析することの有効性を示した。
これは政策波及に関する研究に対し，アジア各国のエネルギー政策の具体的な
分析結果を提供するものでもある。

　本書の分析からは，国際交渉の担当者，エネルギー政策の担当者にあって
は，その時々にどのような政策文書に合意できるか，どのような政策文書が合

意されているかが極めて重要であることがうかがえた。コンストラクティビズ
ムの観点にいう「社会的構成」が政策の現場でも重視されていることがうかが
えた。

　以上のように，本書は，気候変動とエネルギーを統合する新たなグローバ
ル・ガバナンス論および現代アジア環境・エネルギー論の構築を目指して，国
際エネルギーレジームおよびアジア各国のエネルギー政策における気候変動規
範の受容を検証した。気候変動とエネルギーは密接不可分であるが，本書にお
ける検証を通じ，国際エネルギーレジームおよび各国のエネルギー政策におけ
る気候変動規範の的確な受容および具体的なエネルギー政策における政策の転
換が重要であることが強く示唆された。

　こうした検証を踏まえ，最後に国際エネルギーレジームおよびアジア各国の
エネルギー政策に関する下記の3つの提言を行い，本書を終えることにしたい。

　提言1：国際エネルギーレジームにおいては，国際機関，各国は，気候変動
　規範をグローバルに浸透させる努力を払うべきである。今後もより厳しい行
　動を課す方向に変容することが想定される気候変動規範にグローバルに対処
　するために国際エネルギーレジームのあり方を再検討すべきである。

　提言2：アジアの各国はクリーンエネルギー転換を実現するためにエネル
　ギー政策を抜本的に見直すべきである。当面は2050年のカーボンニュート
　ラルを目標に，短期，中期，長期の政策転換をデザインすべきである。日本
　は第六次エネルギー基本計画の策定，中国は第十四次五カ年計画の下でのエ
　ネルギーに関する五カ年計画の策定，ASEANはAPAEC第四期の実施の
　時期に当たっているが，これらの機会を含め，変容する気候変動規範に即し
　た政策デザインを検討すべきである。

　提言3：IEAは，その政策手法を動員し，各国のクリーンエネルギー転換
　の推進に貢献すべきである。国別審査の実施，WEOのシナリオの検討，
　TCPの活用に加え，グローバルなクリーンエネルギー転換を視野に政策手
　法の改善を行うべきである。

**【注】**

1　IEA (2020c).
2　IEA (2021).
3　IEA (2021), p.20.
4　IPCC (2021).

# 参考文献

## 英語文献

Abbott, Kenneth W. (2012), "The Transnational Regime Complex for Climate Change," *Environmental and Planning C: Government and Policy*, 39, pp. 571–590.

Aklin, Michaël and Johannes Urpelainen (2018), *Renewables: The Politics of a Global Energy Transition*, Cambridge: MIT Press.

Alter, Karen J. and Kal Raustiala (2018), "The Rise of International Regime Complexity," *Annual Review of Law and Social Science*, 14, pp. 329–349.

Archer, Clive (2014), *International Organizations*, 4th edition, New York: Routledge.

ASEAN (1980), Joint Press Release for the First Meeting of the ASEAN Economic Ministers on Energy Cooperation Bali, 29–30 September 1980. https://asean.org/?static_post=joint-press-release-for-the-first-meeting-of-the-asean-economic-ministers-on-energy-cooperation-bali-29-30-september-1980

ASEAN (1986), Agreement On ASEAN Energy Cooperation Manila, 24 June 1986. https://asean.org/?static_post=agreement-on-asean-energy-cooperation-manila-24-june-1986

ASEAN (1992), Singapore Resolution on Environment and Development. https://cil.nus.edu.sg/wp-content/uploads/formidable/18/1992-Singapore-Resolution-on-Environment-and-Development.pdf

ASEAN (1995), Joint Press Release The 13th Meeting of the ASEAN Economic Ministers on Energy Cooperation Bali, Indonesia, 26 October 1995. https://asean.org/?static_post=joint-press-release-the-13th-meeting-of-the-asean-economic-ministers-on-energy-cooperation-bali-indonesia-26-october-1995

ASEAN (1996), Joint Press Statement For The 14th ASEAN Ministers on Energy Meeting Kuala Lumpur, 1 July 1996. https://asean.org/?static_post=joint-press-statement-for-the-14th-asean-ministers-on-energy-meeting-kuala-lumpur-1-july-1996

ASEAN (1997), *ASEAN Vision 2020*. https://asean.org/?static_post=asean-vision-2020

ASEAN (1997b), Jakarta Declaration on Environment and Development. https://environment.asean.org/jakarta-declaration-on-environment-and-development/

ASEAN (1998), *Hanoi Plan of Action*. https://asean.org/?static_post=hanoi-plan-of-action

ASEAN (1999), Joint Press Statement The 17th ASEAN Ministers on Energy Meeting (17th AMEM) 3 July 1999, Bangkok, Thailand. https://asean.org/?static_post=joint-press-statement-the-17th-asean-ministers-on-energy-meeting-17th-amem-3-july-1999-bangkok-thailand

ASEAN (2006), Cebu Resolution on Sustainable Development. https://environment.asean.org/cebu-resolution-on-sustainable-development/

ASEAN (2007), ASEAN Declaration on Environmental Sustainability. https://asean.org/?static_post=asean-declaration-on-environmental-sustainability

ASEAN (2007b), ASEAN Declaration on the 13th session of the Conference of the Parties to the

UNFCCC and the 3rd session of the CMP to the Kyoto Protocol. https://asean.org/?static_
post=asean-declaration-on-the-13th-session-of-the-conference-of-parties-cop-to-the-un-
framework-convention-on-climate-change-unfccc-and-the-3rd-session-of-the-conference-
of-the-parties-serving-as-the-meeti

ASEAN (2007c), Joint Press Statement of the 25th ASEAN Ministers on Energy Meeting. https://
asean.org/?static_post=joint-ministerial-statement-the-25th-asean-ministers-on-energy-
meeting-amem-energising-asean-to-power-a-dynamic-asia-singapore-23-august-2007

ASEAN (2007d), Singapore Resolution on Environmental Sustainability and Climate Change.

ASEAN (2008), Joint Press Statement of the 26th ASEAN Ministers on Energy Meeting. https://
asean.org/?static_post=joint-ministerial-statement-of-the-26th-asean-ministers-on-energy-
meeting-amem-asean-cooperation-to-strengthen-energy-security-bangkok-7-august-2008

ASEAN (2009), *ASEAN Socio-Cultural Community Blueprint*. http://www.aseanthai.net/english/
images/content/ASEAN%20Socio-Cultural%20Community%20Blueprint.pdf

ASEAN (2009b), ASEAN Joint Statement on Climate Change to COP-15 to the UNFCCC and
CMP-5 to the Kyoto Protocol. https://asean.org/?static_post=asean-joint-statement-on-
climate-change-to-the-15th-session-of-the-conference-of-the-parties-to-the-united-nations-
framework-convention-on-climate-change-and-the-5th-session-of-the-conference-of-parti

ASEAN (2009c), Joint Ministerial Statement of the 27th ASEAN Ministers on Energy Meeting,
Mandalay, Myanmar, 29 July 2009. https://www.asean.org/wp-content/uploads/images/2012/
Economic/AMEM/documents/Joint%20Ministerial%20Statement%20of%20the%2027th%20
ASEAN%20Ministers%20on%20Energy%20Meeting.pdf

ASEAN (2009d), Singapore Resolution on Environmental Sustainability and Climate Change.
http://environment.asean.org/wp-content/uploads/2015/06/Singapore-AMME-Resolution.pdf

ASEAN (2010), ASEAN Leaders' Statement on Joint Response to Climate Change. https://
environment.asean.org/asean-leaders-statement-on-joint-response-to-climate-change-ha-
noi-9-april-2010/

ASEAN (2010b), Joint Media Statement of the 28th ASEAN Ministers on Energy Meeting, Da
Lat, Viet Nam, 23 July 2010. https://www.asean.org/wp-content/uploads/images/2012/
Economic/AMEM/documents/Joint%20Media%20Statement%20of%20the%2028th%20
ASEAN%20Ministers%20on%20Energy%20Meeting%20(AMEM).pdf

ASEAN (2011), ASEAN Leaders Statement on Climate Change to COP-17 to the UNFCCC and
CMP-7 to the Kyoto Protocol (19th ASEAN Summit, 2011). http://environment.asean.org/
wp-content/uploads/2015/06/ASEAN_Leaders_Statement_on_Climate_Change.pdf

ASEAN (2012), *ASEAN Action Plan on Joint Response to Climate Change*. https://cil.nus.edu.
sg/wp-content/uploads/2019/02/2012-ASEAN-Action-Plan-to-Joint-Response-to-Climate-
Change-1.pdf

ASEAN (2012b), Bangkok Resolution on ASEAN Environmental Cooperation. http://environment.
asean.org/wp-content/uploads/2015/06/ADOPTED-Bangkok_Resolution_12AMME-26Sep.
pdf

ASEAN (2012c), Joint Ministerial Statement of the 30th ASEAN Ministers of Energy Meeting
(AMEM). https://asean.org/joint-ministerial-statement-of-the-30thasean-ministers-of-
energy-meeting-amem/?category_id=26

ASEAN (2013), Joint Ministerial Statement of the 31st ASEAN Ministers of Energy Meeting
(AMEM). https://www.asean.org/wp-content/uploads/images/2013/socio_cultural/amem%20

31%20-%20jms%20final.pdf

ASEAN (2014), ASEAN Joint Statement on Climate Change 2014. http://environment.asean.org/wp-content/uploads/2015/06/ASEAN-Joint-Statement-on-Climate-Change-2014.pdf

ASEAN (2014b), Joint Ministerial Statement of the Thirty Second ASEAN Ministers of Energy Meeting (32nd AMEM). https://asean.org/wp-content/uploads/2017/01/Annex-12-AMEM-32-32nd-AMEM-JMS-final1.pdf

ASEAN (2015), ASEAN Joint Statement on Climate Change 2015. http://environment.asean.org/wp-content/uploads/2018/11/ASEAN-Joint-Statement-on-Climate-Change-Adopted-2015.pdf

ASEAN (2015b), Declaration on ASEAN Post-2015 Environmental Sustainability and Climate Change Agenda. http://environment.asean.org/wp-content/uploads/2018/11/Declaration-on-ASEAN-Post-2015-Env-Sustainability-and-CC-Agenda.pdf

ASEAN (2015c), Joint Ministerial Statement the Thirty Third ASEAN Ministers of Energy Meeting ((33rd AMEM), 7 October 2015, Kuala Lumpur, Malaysia. https://asean.org/wp-content/uploads/images/2015/October/statement-and-communique/JMS%2033rd%20AMEM%20-%20Final2.pdf

ASEAN (2016), ASEAN Socio-Cultural Community Blueprint 2025. https://asean.org/wp-content/uploads/2012/05/8.-March-2016-ASCC-Blueprint-2025.pdf

ASEAN (2016b), ASEAN Joint Statement on Climate Change to the 22nd Conference of the Parties (COP 22) to the United Nations Framework Convention on Climate Change. http://environment.asean.org/wp-content/uploads/2016/10/ASEAN-Joint-Statement-on-Climate-Change-28th-and-29th-AS-Final.pdf

ASEAN (2016c), Joint Ministerial Statement of the 34th ASEAN Ministers on Energy Meeting (AMEM). https://asean.org/wp-content/uploads/2016/09/JMS-34th-AMEM-Final.pdf

ASEAN (2017), ASEAN Joint Statement on Climate Change to the 23rd Session of the Conference of the Parties to the United Nations Framework Convention on Climate Change. http://environment.asean.org/wp-content/uploads/2017/12/ADOPTION_ASEAN-JSCC-COP23-Adopted-by-31st-Summit.pdf

ASEAN (2017b), Joint Ministerial Statement of the 35th ASEAN Ministers on Energy Meeting. https://asean.org/wp-content/uploads/2017/09/14-AMEM-35-JMS-of-the-35th-AMEM-Final.pdf

ASEAN (2018), ASEAN Joint Statement on Climate Change to the 24th Session of the Conference of the Parties to the United Nations Framework Convention on Climate Change. http://environment.asean.org/wp-content/uploads/2018/11/Adopted-AJSCC-to-COP24.pdf

ASEAN (2018b), Joint Ministerial Statement of the 36th ASEAN Ministers on Energy Meeting. https://asean.org/storage/2018/10/JMS-of-the-36th-AMEM-Final.pdf

ASEAN (2019), ASEAN Joint Statement on Climate Change to the 25th Session of the Conference of the Parties to the United Nations Framework Convention on Climate Change (UNFCCC COP25). https://www.asean2019.go.th/wp-content/uploads/2019/11/4d14e88c5a0540b5f3860b16324871e6.pdf

ASEAN (2019b), Joint Ministerial Statement of the 37th ASEAN Ministers on Energy Meeting. https://asean.org/storage/2019/09/AMEM37_JMS-Final.pdf

ASEAN (2020), Joint Ministerial Statement of the 38th ASEAN Ministers on Energy Meeting. https://asean.org/storage/JMS-of-the-38th-AMEM-Final_Clean.pdf

ASEAN Center for Energy (1999), *ASEAN Plan of Action for Energy Cooperation 1999–2004*. https://aseanenergy.org/1999-2004-asean-plan-of-action-for-energy-cooperation-apaec/

ASEAN Center for Energy (2004), *ASEAN Plan of Action for Energy Cooperation 2004–2009*. https://aseanenergy.org/2004-2009-asean-plan-of-action-for-energy-cooperation-apaec/

ASEAN Center for Energy (2009), *ASEAN Plan for Action for Energy Cooperation 2010–2015*. https://aseanenergy.org/2010-2015-asean-plan-of-action-for-energy-cooperation-apaec/

ASEAN Center for Energy (2015), *ASEAN Plan of Action for Energy Cooperation 2016–2025 Phase I: 2016–2020*. https://aseanenergy.org/2016-2025-asean-plan-of-action-for-energy-cooperation-apaec/

ASEAN Center for Energy (2020), *ASEAN Plan of Action for Energy Cooperation 2016–2025 (Phase II: 2021–2025)*. https://aseanenergy.org/asean-plan-of-action-and-energy-cooperation-apaec-phase-ii-2021-2025/

Balmaceda, Margarita M. (2013), *The Politics of Energy Dependency: Ukraine, Belarus, and Lithuania between Domestic Oligarchs and Russian Pressure*, University of Toronto Press.

Bamberger, Craig S. (2004), *The History of the International Energy Agency: The First Forty Years, Volume IV*, Paris: OECD.

Barnett, Michael N. and Martha Finnemore (1999), "The Politics, Power, and Pathologies of International Organizations," *International Organization*, 53 (4), pp. 699–732.

Baron, R., J. Reinaud, M, Genasci and C. Philibert (2007), Sectoral Approaches to Greenhouse Gas Mitigation, *IEA Information Paper*.

Benoit, Ken (2020), "Text as Data: An Overview," in Curini, L. and R. Rfanzese, (eds.), *Research Methods in Political Science and International Relations Volume 1*, London: Sage.

Bhasin, Shikha (2014), *Enhancing international technology cooperation for climate change mitigation; Lessons from an electromobility case study* (Discussion Paper), Bonn: Deutsches Institut für Entwicklungspolitik.

Bloomberg New Energy Finance (BNEF) (2013), *Global Trends in Renewable Energy Investment*.

Brandi, Clara (2017), "The Trade Regime Complex and Megaregionals: An Exploration from the Perspective of International Domination," *Global Justice: Theory Practice Rhetoric*, 10 (1), pp. 24–42.

Briner, Gregory, Takayoshi Kato and Takashi Hattori (2014), "Built to Last: Designing a Flexible and Durable 2015 Climate Change Agreement," *Climate Change Expert Group Paper*, No. 2014 (3).

Calder, Kent. E. (2012), *The New Continentalism: Energy and Twenty-First-Century Eurasian Geopolitics*, New Heaven: Yale University Press.

Calder, Kent. E. (2019), *Super Continent: The Logic of Eurasian Integration*, Stanford: Stanford University Press.

Checkel, Jeffrey T. (1999), "Norms, Institutions, and National Identity in Contemporary Europe," *International Studies Quarterly*, 43 (1), pp. 83–114.

Colgan, Jeff D., Robert O. Keohane and Thijs Van de Graaf (2012), "Punctuated Equilibrium in the Energy Regime Complex," *Review of International Organizations*, 7, pp. 117–143.

de Coninck, H. and K. Backstrand (2011), "An International Relations perspective on the global politics of carbon dioxide capture and storage," *Global Environmental Change*, 21, pp. 368–378.

Dupont, Claire (2016), *Climate Policy Integration into EU Energy Policy: Progress and prospects*, New York: Routledge.

Eggler, L., A. Indinger and L. Zwieb (2018), *Mapping of IEA TCPs; Mapping of activities in Technology Collaboration Programmes (TCPs) in the Energy Technology Network of the International Energy Agency (IEA)*, Vienna, Austria: Austrian Ministry of Transport, Innovation and Technology.

Finnemore, Martha (1993), "International organizations as teachers of norms: The United Nations Educational, Scientific, and Cultural Organization and science policy," *International Organization*, 47 (4), pp. 565–597.

Finnemore, Martha (1996), *National Interests in International Society*, Ithaca: Cornell University Press.

Finnemore, Martha and Duncan B. Hollis (2016), "Constructing Norms for Global Cybersecurity," *The American Journal of International Law*, 110 (3) (July 2016), pp. 425–479.

Finnemore, Martha and Kathryn Sikkink (1998), "International Norm Dynamics and Political Change," *International Organization*, 52 (4), pp. 887–917.

Fitch-Roy, Oscar and Jenny Fairbrass (2018), *Negotiating the EU's 2030 Climate and Energy Framework: Agendas, Ideas and European Interest Groups*, London: Palgrave Macmillan.

Florini, Ann (1996), "The Evolution of International Norms," *International Studies Quarterly*, 40 (3), pp. 363–389.

Fukuda-Parr, Sakiko and David Hulme (2011), "International norm dynamics and the "end of poverty": understanding the Millennium Development Goals," *Global Governance*, 17 (1), pp. 17–36.

G8 (2005), Gleneagles Communique on Climate Change, Energy and Sustainable Development, and the Gleneagles Plan of Action with leaders' signatures. http://www.g8.utoronto.ca/summit/2005gleneagles/communique.pdf

G20 (2014), G20 Energy Efficiency Action Plan: Voluntary Collaboration on Energy Efficiency. https://www.mofa.go.jp/mofaj/files/000059862.pdf

G20 (2015), G20 Energy Access Action Plan: Voluntary Collaboration on Energy Access. https://www.mofa.go.jp/files/000111173.pdf

G20 (2015b), G20 Toolkit of Voluntary Options on Renewable Energy Development in 2015. https://www.irena.org/-/media/Files/IRENA/Agency/Press-Release/2015/Oct/G20_Toolkit.pdf

G20 (2016), G20 Action Plan on the 2030 Agenda for Sustainable Development. https://www.b20germany.org/fileadmin/user_upload/G20_Action_Plan_on_the_2030_Agenda_for_Sustainable_Development.pdf

G20 (2016b), G20 Energy Efficiency Leading Program. https://ec.europa.eu/energy/sites/ener/files/documents/G20%20Energy%20Efficiency%20Leading%20Programme.pdf

G20 (2016c), G20 Voluntary Action Plan on Renewable Energy. https://ec.europa.eu/energy/sites/ener/files/documents/G20%20voluntary%20Actio%20Plan%20on%20Renewable%20Energy.pdf

G20 (2017), G20 Hamburg Climate and Energy Action Plan for Growth. https://www.consilium.europa.eu/media/23547/2017-g20-climate-and-energy-en.pdf

Gest, Justin, Carolyn Armstrong, Elizabeth Carolan, Elliott Fox, Vanessa Holzer, Tim McLellan, Audrey Cherryl Mogan and Meher Talib (2013), "Tracking the Process of International Norm Emergence: A Comparative Analysis of Six Agendas and Emerging Migrants' Rights," *Global Governance* 19, pp. 153–185.

Geyer, M., C. Tyner and M. Epstein (2004), *The SolarPACES Implementing Agreement mid term report for the period Jannuary to June 2004*, IEA/CERT（2004）27.

Gilardi, Fabrizio (2013), "Transnational diffusion: Norms, Ideas and Politics," in Walter Carlsnaes, Thomas Risse and Beth A. Simmons (eds.), *Handbook of International Relations*, London: Sage, pp. 453-477.

Goldthau, Andreas (ed.) (2013), *The Handbook of Global Energy Policy*, Willy-Blackwell.

Goldthau, Andreas and Jan Martin Witte (eds.) (2010), *Global Energy Governance: The New Rules of the Game*, Brookings Institution Press.

Hattori, Takashi (1999), "The Road to the Kyoto Conference: An Assessment of the Japanese Two-Dimensional Negotiation," *International Negotiation* 4 (2), pp. 167-195.

Hattori, Takashi (2018), "Japanese Foreign Policies on Global Climate Change: From Kyoto to Paris," in M. McCarthy (ed.), *Routledge Handbook of Japanese Foreign Policy*, New York: Routledge.

Hattori, Takashi and Hoseok Nam (2020), "Essence of Multilateral Energy Technology Collaboration: A Case Study of International Energy Agency (IEA) Technology Collaboration Programmes (TCPs)," *KIER Discussion Paper*, No. 1023.

Heldt, Eugénia and Henning Schmidtke (2017), "Measuring the Empowerment of International Organizations: The Evolution of Financial and Staff Capacities," *Global Policy*, 8, Supplement 5, pp. 51-61.

Hindmarsh, Richard A. and Rebecca Priestley (eds.) (2016), *The Fukushima Effect: A New Geopolitical Terrain*, New York: Routledge.

IEA (2000), *Energy Policies of IEA Countries: Japan 1999 Review*, OECD/IEA.

IEA (2002), *Energy Policies of IEA Countries: The United States 2002 Review*, OECD/IEA.

IEA (2003), *Energy Policies of IEA Countries: Japan 2003 Review*, OECD/IEA.

IEA (2007), *World Energy Outlook 2007*, OECD/IEA.

IEA (2008), *Energy Policies of IEA Countries: Japan 2008 Review*, OECD/IEA.

IEA (2008b), *Energy Policies of IEA Countries: The United States 2007 Review*, OECD/IEA.

IEA (2008c), *IEA Energy Policies Review: The European Union 2008*, OECD/IEA.

IEA (2008d), *World Energy Outlook 2008*, OECD/IEA.

IEA (2009), *World Energy Outlook 2009*, OECD/IEA.

IEA (2009b), *Sectoral Approaches in Electricity: Building Bridges to a Safe Climate*, OECD/IEA.

IEA (2010), *World Energy Outlook 2010*, OECD/IEA.

IEA (2011), *World Energy Outlook 2011*, OECD/IEA.

IEA (2012), *Beyond Kyoto: Energy Dynamics and Climate Stabilisation*, OECD/IEA.

IEA (2012b), *World Energy Outlook 2012*, OECD/IEA.

IEA (2013), *Redrawing the Energy-Climate Map: WEO Special Report*, OECD/IEA.

IEA (2013b), *World Energy Outlook 2013*, OECD/IEA.

IEA (2014), *Energy Policies of IEA Countries: European Union 2014 Review*, OECD/IEA.

IEA (2014b), *Energy Policies of IEA Countries: The United States 2014 Review*, OECD/IEA.

IEA (2014c), *Energy, Climate Change and Environment: 2014 Insights*, OECD/IEA.

IEA (2014d), *World Energy Outlook 2014*, OECD/IEA.

IEA (2015), *Energy Policies beyond IEA Countries: Eastern Europe, Caucasus and Central Asia*, OECD/IEA.

IEA (2015b), *WEO Special Report on Energy and Climate Change*, OECD/IEA.

IEA (2015c), *World Energy Outlook 2015*, OECD/IEA.

IEA (2016), *Energy Policies of IEA Countries: Japan 2016 Review*, OECD/IEA.

IEA (2016b), *Energy, Climate Change and Environment: 2016 Insights*, OECD/IEA.

IEA (2016c), *Technology Collaboration Programmes: Highlights and Outcomes*, OECD/IEA.

IEA (2016d), *World Energy Outlook 2016*, OECD/IEA.

IEA (2017), *World Energy Outlook 2017*, OECD/IEA.

IEA (2018), *Energy Transitions in G20 Countries: Energy Transitions towards Cleaner, More Flexible and Transparent Systems*, OECD/IEA.

IEA (2018b), *Energy Transitions in G20 Countries: Energy Data Transparency and Market Digitalization*, OECD/IEA.

IEA (2018c), *World Energy Outlook 2018*, OECD/IEA.

IEA (2019), *Energy Policies of IEA Countries: The United States 2019 Review*, OECD/IEA.

IEA (2019b), *World Energy Outlook 2019*, OECD/IEA.

IEA (2020), *European Union 2020: Energy Policy Review*, OECD/IEA.

IEA (2020b), *World Energy Outlook 2020*, OECD/IEA.

IEA (2020c), *World Energy Outlook Special Report on Sustainable Recovery*, OECD/IEA.

IEA (2021), *Net Zero by 2050: A Roadmap for the Global Energy Sector*, OEDC/IEA.

IEA and IRENA (2017), *Perspectives for the Energy Transition: Investment Needs for a Low-Carbon Energy System*, OECD/IEA and IRENA.

IPCC (1990), *First Assessment Report: Climate Change 1990*.

IPCC (1995), *Second Assessment Report: Climate Change 1995*.

IPCC (2001), *Third Assessment Report: Climate Change 2001*.

IPCC (2007), *Fourth Assessment Report: Climate Change 2007*.

IPCC (2014), *Fifth Assessment Report: Climate Change 2014 Synthesis Report*.

IPCC (2018), *Global Warming of 1.5℃. An IPCC Special Report on the impacts of global warming of 1.5℃ above pre-industrial levels and related global greenhouse gas emission pathways, in the context of strengthening the global response to the threat of climate change, sustainable development, and efforts to eradicate poverty*. (Masson-Delmotte, V., P. Zhai, H.-O. Pörtner, D. Roberts, J. Skea, P. R. Shukla, A. Pirani, W. Moufouma-Okia, C. Péan, R. Pidcock, S. Connors, J. B. R. Matthews, Y. Chen, X. Zhou, M. I. Gomis, E. Lonnoy, T. Maycock, M. Tignor and T. Waterfield (eds.)).

IPCC (2021), *Climate Change 2021: The Physical Science Basis. Contribution of Working Group I to the Sixth Assessment Report of the Intergovernmental Panel on Climate Change*.

IPEEC (2019), *Advancing Energy Efficiency on the Global Agenda: Interactive Report 2009-2019*, IPEEC.

Jacobsson, Elin (2018), *Norm Acceptance in the International Community: A study of disaster risk reduction and climate-induced migration*, Stockholm University, Faculty of Social Sciences, Department of Economic History and International Relations.

Kameyama, Yasuko (2016), *Climate Change Policy in Japan: From the 1980s to 2015*, New York: Routledge.

Keohane, Robert O. (1984), *After Hegemony: Cooperation and Discord in the World Political Economy*, Princeton: Princeton University Press.

Keohane, Robert O. and David G. Victor (2011), "The Regime Complex for Climate Change," *Perspectives on Politics*, 9 (1), pp. 7-23.

Kern, Kristine, Helge Jörgens and Martin Jänicke (2005), "The Diffusion of Environmental Policy

Innovations: A Contribution to the Globalisation of Environmental Policy," *WZB Working Paper*, No. FS II 01-302.

Klein, Daniel R., Maria Pia Carazo, Meinhard Doelle, Jane Bulmer and Andrew Higham (eds.) (2017), *Paris Agreement on Climate Change: Analysis and Commentary*, Oxford: Oxford University Press.

Krasner, Stephen D. (ed.) (1983), *International Regimes*, Ithaca: Cornell University Press. (スティーブン・D・クラズナー編『国際レジーム』勁草書房，2020 年。)

Lesage, D., T. Van de Graaf and K. Westphal (2010), *Global Energy Governance in a Multipolar World*, London: Ashgate.

Margulis, Matias E. (2013), "The Regime Complex for Food Security: Implications for the Global Hunger Challenge," *Global Governance*, 19 (1), pp. 53-67.

Metayer, Matthieu, Christian Breyer and Hans-Josef Fell (2015), "The projections for the future and quality in the past of the World Energy Outlook for solar PV and other renewable energy technologies," Proceedings, 31st European PV Solar Energy Conference, 14-18 September, Hamberg, Germany.

Michida, Etsuyo, John Humphrey and David Vogel (eds.) (2021), *The Diffusion of Public and Private Sustainability Regulations: The Responses of Follower Countries*, Edward Elgar Publishing.

Mohn, Klaus (2016), "Undressing the emperor: A critical review of IEA's WEO," *UiS Working Papers in Economics and Finance*, University of Stavanger.

Mommer, Bernard (2000), *The Governance of International Oil: The Changing Rules of the Game*, Oxford Institute for Energy Studies.

Mori, Akihisa (ed.) (2018), *China's Climate-Energy Policy: Domestic and International Impacts*, New York: Routledge.

Osmundsen, Terje (2014), "How the IEA exaggerates the costs and underestimates the growth of solar power," *Energy Post*, 4 March. https//energypost.eu/iea-exaggerates-costs-underestimates-growth-solar-power/

O'Sullivan, Meghan L. (2017), *Windfall: How the New Energy Abundance Upends Global Politics and Strengthens America's Power*, New York: Simon & Schuster.

Panke, Diana and Ulrich Petersohn (2012), "Why international norms disappear sometimes," *European Journal of International Relations*, 18 (4), pp. 719-742.

Paterson, Matthew (1996), *Global Warming and Global Politics*, Routledge.

Peterson, Thomas C., William M. Connolley and John Fleck (2008), "The Myth of the 1970s Global Cooling Scientific Consensus," *Bulletin of the American Meteorological Society*, Vol. 89, No. 9, pp. 1325-1338.

Pratt, Tyler (2018), "Deference and Hierarchy in International Regime Complexes," *International Organization*, 72 (Summer), pp. 561-590.

Rabitz, Florian (2018), "Regime Complexes, Critical Actors and Institutional Layering," *Journal of International Relations and Development* 21: 300-321.

Raustiala, Kal and David G. Victor (2004), "The Regime Complex for Plant Genetic Resources," *International Organization*, 58 (2), pp. 277-309.

Roberts, David (2015), "The International Energy Agency consistently underestimates wind and solar power. Why?" *VOX Energy and Environment*, 12 October. https://www.vox.com/2015/10/12/9510879/iea-underestimate-renewables

Scholten, Daniel (ed.) (2018), *The Geopolitics of Renewables*, Basel: Springer International Publishing.

Scott, Richard (1994), *The History of the International Energy Agency, Volume I,* Paris: OECD.

Scott, Richard (1994b), *The History of the International Energy Agency, Volume II: Major Policies and Actions,* Paris: OECD.

Scott, Richard (1995), *The History of the International Energy Agency, Volume III,* Paris: OECD.

Skjærseth, Jon Birger, Per Ove Eikeland, Lars H. Gulbrandsen and Torbjørg Jevnaker (2016), *Linking EU Climate and Energy Policies: Decision-making, Implementation and Reform,* Cheltenham: Edward Elgar.

Susskind, Lawrence E. (1994), *Environmental Diplomacy: Negotiating More Effective Global Agreements,* New York: Oxford University Press.

Tews, K., P-O. Busch and H. Jorgens (2003), "The diffusion of new environmental policy instruments," *European Journal of Political Research,* 42, pp. 569-600.

UNFCCC (1992), United Nations Framework Convention on Climate Change, https://unfccc.int/files/essential_background/background_publications_htmlpdf/application/pdf/conveng.pdf

UNFCCC (1997), Kyoto Protocol, https://unfccc.int/resource/docs/convkp/kpeng.pdf

UNFCCC (2009), Copenhagen Accord, https://unfccc.int/resource/docs/2009/cop15/eng/11a01.pdf#page=4

UNFCCC (2015), Paris Agreement, https://unfccc.int/files/essential_background/convention/application/pdf/english_paris_agreement.pdf

Urpelainen, Johannes (2013), "Issue linkage in clean technology cooperation: for better or worse?" *Clean Technologies and Environmental Policy,* 15, pp. 147-155.

Van de Graaf, Thijs (2013), *The Politics and Institutions of Global Energy Governance,* London: Palgrave Macmillan.

Whitmore, Adam (2013), "Why Have IEA Renewable Growth Projections Been So Much Lower Than the Out-Turn?" *Energy Central,* 14 October. https://energycentral.com/c/ec/why-have-iea-renewables-growth-projections-been-so-much-lower-out-turn

Yergin, Daniel (1911), *The Prize: The Epic Quest for Oil, Money and Power,* New York: Simon & Schuster.

Yergin, Daniel (2011), *The Quest: Energy, Security, and the Remaking of the Modern World,* New York: Penguin Books.

Yergin, Daniel (2020), *The New Map: Energy, Climate, and the Clash of Nations,* New York: Penguin Books.

Zang, Dongsheng (2009), "From environment to energy: China's reconceptualization of climate change," *Wisconsin International Law Journal,* 27 (3), pp. 543-574.

**日本語文献**

明日香壽川 (2005)「途上国と地球温暖化問題（特集　地球温暖化問題の最新事情と対策の行方―発効する京都議定書と日本の対応）」『資源環境対策』41 (1), 89-93 頁。

足立研幾 (2015)「毒禁止規範から化学兵器禁止規範へ―『変容し続ける規範』という分析視角による事例研究」『グローバル・ガバナンス』2, 1-14 頁。

池島祥文 (2014)『国際機関の政治経済学』京都大学学術出版会。

伊藤新 (2017)「わが国における政策の不確実性」*RIETI Policy Discussion Paper Series* 17-P-019。

遠藤環・伊藤亜聖・大泉啓一郎・後藤健太編 (2018)『現代アジア経済論―「アジアの世紀」を学ぶ』

有斐閣。

大塚健司（2009）「中国における温暖化対策の 20 年—その原則と関心をめぐって（特集　発展途上国から見た地球環境問題）」『アジ研ワールド・トレンド』15（1），7-11 頁。

大矢根聡編（2013）『コンストラクティヴィズムの国際関係論』有斐閣。

小川裕子（2011）『国際開発協力の政治過程—国際規範の制度化とアメリカ対外援助政策の変容』東信堂。

奥村耕一（資源エネルギー庁省エネルギー対策室）（1977）「我が国における省エネルギー政策」『通産ジャーナル』9（11），2 月号，62-67 頁。

賈軍・浅野浩子（2013）「中国の石炭産業による環境汚染とその対策—$SO_2$ 排出量削減を中心に」『仙台白百合女子大学紀要』17，39-47 頁。

環境エネルギー政策研究所（2019）『自然エネルギー白書 2018/2019 サマリー版』。

環境省（1997）『平成 9 年版環境白書』。

金森俊樹（2021）「中国の『5 ヵ年規画』…その位置付け，役割，意味合いは？」幻冬舎ゴールドオンライン，2021 年 2 月 16 日掲載。

金本吉嗣（2020）「EBPM を政策形成の現場で役立たせるために」大橋弘編『EBPM の経済学』東京大学出版会，1-41 頁。

曲暁光（2006）「二酸化炭素削減をめぐる中国の動き」『NEDO 海外レポート』985 号。

金振・馬場健・田頭直（2011）「中国における環境配慮型都市政策の形成過程の分析」『環境システム研究論文発表会講演集』39，303-308 頁。

黒住淳人（2015）『「世界エネルギー展望」の読み方—WEO 非公式ガイドブック』エネルギーフォーラム。

グローバル・ガバナンス学会編（2018）『グローバル・ガバナンス学 I —理論・歴史・規範』法律文化社。

グローバル・ガバナンス学会編（2018b）『グローバル・ガバナンス学 II —主体・地域・新領域』法律文化社。

経済産業省（2003）『エネルギー基本計画（平成 15 年 10 月）』https://www.enecho.meti.go.jp/category/others/basic_plan/pdf/0301007energy.pdf.

経済産業省（2007）『エネルギー基本計画（平成 19 年 3 月）』https://www.enecho.meti.go.jp/category/others/basic_plan/pdf/keikaku.pdf.

経済産業省（2010）『エネルギー基本計画（平成 22 年 6 月）』https://www.enecho.meti.go.jp/category/others/basic_plan/pdf/100618honbun.pdf.

経済産業省（2014）『エネルギー基本計画（平成 26 年 4 月）』https://www.enecho.meti.go.jp/category/others/basic_plan/pdf/140411.pdf.

経済産業省（2018）『エネルギー基本計画（平成 30 年 7 月）』https://www.enecho.meti.go.jp/category/others/basic_plan/pdf/180703.pdf.

国際協力機構（JICA）国際協力総合研修所（2006）『東南アジア地域援助研究会報告書—地域統合と開発援助—総論』国際協力機構。

小林翼・大沼進・森康浩（2014）「テキストマイニングを用いた省エネルギーへの態度・行動の質的変化：旭川『Ene-Eco プロジェクト』の事例研究」環境情報科学学術研究論文 28。

坂本昭夫（1998）『国際政治経済学とは何か』青木書店。

佐々木隆生（2010）『国際公共財の政治経済学—危機・構造変化・国際協力—』岩波書店。

鈴木基史（2017）『グローバル・ガバナンス論講義』東京大学出版会。

外山弘（1972）「巻頭言　資源・エネルギー政策の課題」『通産ジャーナル』12 月号，1 頁。

高橋一生（2005）『地球公共財の政治経済学』国際書院。

田中信男（2013）『「油断」への警鐘』エネルギーフォーラム。

鄭方婷（2017）『重複レジームと気候変動交渉―米中対立から協調，そして「パリ協定」へ―』現代図書。

通商産業政策史編集委員会編／橘川武郎著（2011）『通商産業政策史 10　資源エネルギー政策 1980-2000』財団法人経済産業調査会。

中谷隼・明村聖加・森口祐一（2014）「テキストマイニングによる東日本大震災前後の総合資源エネルギー調査会における論点の分析」環境情報科学学術研究論文集 28。

日本貿易振興機構（JETRO）（2021）「世界最大の再生可能エネルギー市場・設備製造国として，対外進出にも意欲」『ビジネス短信』2021 年 4 月 7 日掲載。

野口剛（2008）「中国の国際的気候変動問題対策参加と地域環境協力」『社学研論集』（11），57-72 頁。

服部崇（1999）「京都議定書の実施体制に関する課題と展望―地球温暖化対策推進本部の設置から地球温暖化対策推進大綱の策定まで」『地球温暖化への挑戦』環境経済・政策学会年報第 4 号，183-200 頁。

フェアクラフ，ノーマン（2012）『ディスコースを分析する：社会研究のためのテキスト分析』くろしお出版。

マンディバーグ，ジェームズ・M，ソンミ・キム，服部崇（2020）「不確実性と公的・非営利組織のマネジメント」樽見弘紀・服部篤子編『新・公共経営論』ミネルヴァ書房，86-106 頁。

三浦聡（2005）「複合規範の分散革新―オープンソースとしての企業の社会的責任（CSR）―」『国際政治』143，92-105 頁。

御厨貴（1996）『政策の総合と権力―日本政治の戦前と戦後』東京大学出版会。

森晶寿編（2012）『東アジアの環境政策』昭和堂。

山田哲也（2018）『国際機構論入門』東京大学出版会。

横塚仁士（2009）「中国の温暖化政策の動向と今後の展望　企業・政府・民間への個別アプローチが重要に」『大和総研経営戦略研究 2009 年春季号』21，35-56 頁。

李志東（2009）「ポスト京都議定書における中国の出方」IEEJ 研究レポート，2009 年 3 月，1-3 頁。

渡邉理絵（2015）『日本とドイツの気候エネルギー政策転換：パラダイム転換のメカニズム』有信堂。


## 中国語文献

21 世紀経済報道，IEA 需要中国 中国也需要 IEA，2013 年 7 月 9 日，http://finance.sina.com.cn/money/future/fmnews/20130709/021316055150.shtml

博鰲亜洲论坛，曾培炎倡议在 G20 框架下建立全球能源资源市场稳定机制，2011 年 7 月 11 日，http://www.boaoforum.org/psmeetingo/2151.jhtml

方婷婷（2019）全球能源治理的国际政治分析，《国际展望》，2019 年第一期。

国家经济贸易委员会（2001）新能源和可再生能源产业发展"十五"规划。

国家发展和改革委员会（2007）中国应对气候变化国家方案。

国家发展和改革委员会（2008）可再生能源发展"十一五"规划。

国家发展和改革委员会（2012）可再生能源发展"十二五"规划。

国家发展和改革委员会（2016）可再生能源发展"十三五"规划。

国家计划委员会（2001）国民经济和社会发展第十个五年计划能源发展重点专项规划。

国家发展和改革委员会（2007）能源发展"十一五"规划。

国家发展和改革委员会能源研究所，英国帝国理工大学葛量洪气候变化研究所（2014）全球能源治理改革与中国的参与，https://www.imperial.ac.uk/media/imperial-college/grantham-institute/public/publications/collaborative-publications/Global-Energy-Governance-and-China%27s-Participation---Consultation-report-(Chinese).pdf

国家发展改革委员会・国家能源局（2016）能源发展"十三五"规划。

王娟（2017）国际能源署（IEA）和中国建立广泛，深入的合作关系，《天然气勘探与开发》，2017 年，1: 113。

新华社，中国专家：温室气体减少排放应与可持续发展并行，2007 年 5 月 5 日，http://www.gov.cn/wszb/zhibo67/content_631566.htm

新华社，胡锦涛出席八国集团同发展中国家领导人对话会议，2006 年 7 月 17 日，http://www.gov.cn/ldhd/2006-07/17/content_338298.htm

新华社，温家宝总理在世界未来能源峰会上的讲话（全文），2012 年 1 月 16 日，http://www.gov.cn/ldhd/2012-01/16/content_2045746.htm

中国电力企业联合会（2016）中国电力行业年度发展报告，《电力装备》，2016 年，4: 40-45。

中国国务院（1996）中华人民共和国国民经济和社会发展"九五"计划和2010 年远景目标纲要。

中国国务院（2001）中华人民共和国国民经济和社会发展第十个五年计划纲要。

中国国务院（2006）中华人民共和国国民经济和社会发展第十一个五年计划纲要。

中国国务院（2011）中华人民共和国国民经济和社会发展第十二个五年计划纲要。

中国国务院（2016）中华人民共和国国民经济和社会发展第十三个五年计划纲要。

中国国务院（2013）能源发展"十二五"规划。

中央政府「中国到 2020 年单位 GDP 二氧化碳排放降低 40%-45%」2010 年 9 月 29 日，http://www.gov.cn/wszb/zhibo409/content_1712489.htm

# 初出一覧

　下記の既出論文につき，本書への掲載をご承諾くださいました共同執筆者及び学会・機関に厚くお礼申し上げます。

序　章　書き下ろし
第1章　書き下ろし
第2章　書き下ろし
第3章　書き下ろし
第4章は次の論文の一部をもとに加筆修正したものである。
　Hattori, Takashi and Yi-chun Chen (2020), "Discrepancy in Japan's Energy and Climate Policies," *KIER Discussion Paper*, No. 1046.
第5章　書き下ろし
第6章　書き下ろし
第7章　書き下ろし
第8章　書き下ろし
第9章は以下の論文に加筆修正したものである。
　Hattori, Takashi and Hoseok Nam (2019), "Essence of Multilateral Energy Technology Collaboration: A Case Study of International Energy Agency (IEA) Technology Collaboration Programmes (TCPs)," *KIER Discussion Paper*, No. 1023.
　服部崇・南昊錫 (2021)「国際エネルギー機関の技術協力プログラムに関する実態調査―エネルギー技術に関する国際協力の方向性―」『計画行政』44 (4)。
終　章　書き下ろし

# あとがき

　著者は，2018（平成30）年7月から2021（令和3）年6月まで京都大学経済研究所先端政策分析研究センター（CAPS）において研究に専念する機会を得た。本書は，この間の研究成果を取りまとめたものである。研究の推進に当たっては多方面の方々からご知見とアドバイスをいただいた。特に，経済研究所の溝端佐登史特任教授・CAPSセンター長，経済研究科の諸富徹教授，公共政策大学院の坂出健准教授には懇切丁寧なアドバイスをいただいた。また，経済研究所の西山慶彦所長・教授からは研究の推進に当たっての包括的なアドバイスをいただいた。深くお礼申し上げたい。

　本書のためのインタビュー調査やアンケート調査に応じてくれた国際エネルギー機関（IEA），国際再生可能エネルギー機関（IRENA），国際省エネルギー協力パートナーシップ（IPEEC），国連気候変動枠組条約（UNFCCC）事務局の関係者や経済産業省をはじめとする政府関係者にもお礼申し上げたい。

　本書は，京都大学と独立行政法人経済産業研究所（RIETI）との共同研究事業の成果でもある。矢野誠理事長をはじめRIETI関係者にもお礼申し上げたい。共同研究に参加してくれた松本明日香，車競飛，陳奕均，南昊錫，呉江城，河村充起，藤祐司の各位に深くお礼申し上げたい。特に，本書第5章は著者の語学能力の観点からも車競飛研究員の協力なしには実現しなかった。秘書の庵原文子さんにもお世話になりました。

　最後に，本書の出版をお引き受けくださいました文眞堂の前野隆社長，前野弘太氏および山崎勝徳氏にお礼申し上げます。

2021年11月

# 索　　引

## 著者紹介

### 服部　崇（はっとり・たかし）

1967年生まれ。1991年，東京大学教養学部卒業後，通商産業省（現・経済産業省）に入省。国際エネルギー機関（IEA）環境・気候変動ユニット長，経済産業省経済連携交渉官等を経て，2018年7月，京都大学経済研究所特定准教授に着任。2020年10月より2021年6月まで特定教授，2021年10月より特任教授。ハーバード大学ケネディ行政大学院修士（公共政策），東京工業大学博士（学術）。主な著書に『新・公共経営論』（共著）（2020年，ミネルヴァ書房），『文明と国際経済の地平』（共著）（2020年，東洋経済新報社），*Routledge Handbook of Japanese Foreign Policy*（共著）（2018年，Routledge），『ソーシャル・イノベーション―営利と非営利を超えて―』（共著）（2010年，日本経済評論社），『APECの素顔―アジア太平洋最前線―』（2009年，幻冬舎ルネッサンス），*The Social Construction of Climate Change*（共著）（2007年，Ashgate）など。

**気候変動規範と国際エネルギーレジーム**
―国際エネルギー機関の役割とアジアのエネルギー政策の変遷―

2021年11月10日　第1版第1刷発行　　　　　　　　　　検印省略

著　者　服　部　　　崇

発行者　前　野　　　隆

発行所　株式会社　文　眞　堂
東京都新宿区早稲田鶴巻町533
電　話　03（3202）8480
ＦＡＸ　03（3203）2638
http://www.bunshin-do.co.jp/
〒162-0041 振替00120-2-96437

製作・モリモト印刷
©2021
定価はカバー裏に表示してあります
ISBN978-4-8309-5145-9　C3031